亚布力✹
企业思想家系列丛书
Business Thinkers Series

特别鸣谢 *其昌2* 对本书的鼎力支持

突围
中国经济

亚布力中国企业家论坛◎编著

知识产权出版社
全国百佳图书出版单位

图书在版编目（CIP）数据

突围：中国经济/亚布力中国企业家论坛编著. —北京：知识产权出版社，2017.8
（亚布力企业思想家系列丛书）
ISBN 978 - 7 - 5130 - 4709 - 8

Ⅰ.①突… Ⅱ.①亚… Ⅲ.①中国经济—研究 Ⅳ.①F12

中国版本图书馆 CIP 数据核字（2017）第 207775 号

内容提要

世界经济又走到了一个关键当口。一方面，全球经济复苏乏力，保护主义抬头，贸易和投资低迷；另一方面，新一轮的科技和产业革命正孕育兴起，全球价值链面临深度重塑。

与此同时，中国经济既面临民间投资疲软、消费能力降低、产能过剩等问题，又拥有凭借人工智能、共享经济等新业态变道超车的可能。

面对国际、国内经济形势的不确定性，中国企业该如何突围？而这正是本书想解答的问题。

责任编辑：陈晶晶　　　　　　　　责任校对：谷　洋
装帧设计：李志伟　　　　　　　　责任出版：孙婷婷

突围

——中国经济
亚布力中国企业家论坛　编著

出版发行：知识产权出版社有限责任公司	网　　址：http://www.ipph.cn
社　　址：北京市海淀区气象路 50 号院	邮　　编：100081
责编电话：010 - 82000860 转 8391	责编邮箱：shiny-chjj@163.com
发行电话：010 - 82000860 转 8101/8102	发行传真：010 - 82000893/82005070/82000270
印　　刷：三河市国英印务有限公司	经　　销：各大网上书店、新华书店及相关专业书店
开　　本：720mm×1000mm　1/16	印　　张：17.75
版　　次：2017 年 8 月第 1 版	印　　次：2017 年 8 月第 1 次印刷
字　　数：260 千字	定　　价：49.00 元

ISBN 978 - 7 - 5130 - 4709 - 8

信心的来源

文 冯 仑 ▶ 亚布力中国企业家论坛轮值主席
御风资本董事长

　　亚布力企业家发展信心指数报告出来以后，总会引起大家的关注。在阅读这份报告的时候，人们总是会掺杂着对当下经济的各种感受，同时也会引起人们对未来经济进行判断和预测的冲动。对当下的判断以及对未来的预测，恰恰形成了人们信心的来源和参考标准。对中国的经济发展是否有信心，对一个企业的发展是否有信心，或者说对一个人的发展是否有信心，无不来源于人们对未来的心理预期，以及人们在现有条件下实现这一预期的条件和手段。

　　无论未来怎么样，只要现在我们的手里有足够的粮草、弹药和人马，并且有足够的智慧和手段，那么我们对未来的预期就会是好的。若我们现在的实力还不够，但如果对未来的预期是好的，那也同样会对未来充满信心。我们相信，暂时的困难不会成为我们取得长远成功的障碍。

　　2016年就这么不声不响地从我们身边溜走了，当我们再次睁开眼来到2017年时，看到的却是漫天的雾霾，但当你再定睛细看，看到的又将是雾霾背后新一天的太阳，这时候我们就会去憧憬和计划自己的2017年，去考虑自己最新一年的信心来源以及自己将要面临的不确定因素。

　　对于中国企业家来说，大家心里都确定的事情，就是我们会继续沿着改革开放的方向深入发展。一方面，改革过程中的所有指向都是给企业家带来信心的重要来源和支撑，那就是建立更加公平、透明、开放、法治的市场经济体系。另一方面我们看到持续出台的一系列法律和政策，正是对政府职能和社会服务体系的不断完善，这也给企业家带来了信心。在未来

的改革中，如果政府能够通过司法制度更好地促进社会的公平、正义，更好地保护公民与企业的人身和财产安全，进而使我们的社会按照健康、良好的方向发展，使人与人之间的关系更加融洽与和谐，就一定都会给未来的信心以强有力的支持。

未来还有一件事是确定的，那就是我国的中产阶层会逐步地形成并扩大，它将会使中国成为全球最大的消费市场，进而给中国的企业家带来历史上前所未有的战略机会，使企业家在未来的投资、发展和创新中得到强大的市场支持。具体来讲，未来会给市场带来很多新机会的"五大美女"（新兴行业）是：互联网（云计算、大数据）、人工智能、基因生物、大娱乐以及大健康。中国的企业家将在这五大行业中找到自己的立足点，并进一步去创新和发展。这些既是我们未来的信心来源，同时也是中国经济发展的内在动力以及逐步蔓延和扩张到全球市场的强大基因。

最后，还有一件事情是确定的，那就是随着中国将近40年的改革开放，中国的市场经济已经发展到比较成熟的程度。在这一过程中历练和成长出一大批具有全球眼光和创新精神的企业家和商业领袖，同时也培养了一大批更具时代精神、更了解未来和科技的年轻创业者。企业家群体的不断壮大和更新，也将会为中国未来的经济发展贡献更多的智慧和动力。

以上这些确定因素的存在，将会使我们对未来的目光所及之处都保持着良好的预期，也是我们对未来抱有信心的根源。然而在短期之内，我们也面临着很多不确定因素，它会时不时地出来干扰我们对未来的信心。比如美国总统特朗普上台之后，中美之间的贸易会不会产生更多的摩擦？更多的摩擦会不会导致一场贸易战争？而贸易战争会不会影响"中国制造"，影响我们的出口和人民币汇率？同时随着中国市场的进一步开放，我们对资本的流动性和安全性的要求会越来越高，我们对自己的消费能力和消费地域以及选择居住地的要求也会越来越高，这些都会使中国和其他各国的关系变得越来越紧密，同时也越来越复杂，这就使我们对中国和其他各国之间的经济连接点，也就是汇率，有更高的稳定性要求。如果汇率是稳定的，或者是升值的，那么就有利于我们在国外的消费、旅游和投资。反之，则会为我们带来心理上的恐慌，进而降低自己对未来的乐观预期。显然这些不确定因素都会使中国经济进入一种恐慌和紧缩的状态。越恐慌越紧缩，经济势头就可能越往下，同时经济越往下又会引起更多的恐慌和紧缩，进而陷入一种短期的恶性循环，这样就会对经济的发展和企业家的预期与判断形成干扰。

另外一部分不确定因素来自越发恶劣的自然环境和恶性突发事件的发生。最近北方持续的雾霾天气确实让很多人心里堵得慌。迫使人们想要到拥有更多蓝天和阳光的地方去投资和生活。同理，良好的经济制度和市场体系就像阳光，让我们可以清晰地看到未来，并对它充满信心。反之，如果没有公平、透明和法治的市场环境，就像在我们的心里蒙上了一层雾霾，为身体埋下很多病因，使大家看上去都是一副病恹恹的样子。

我们对未来的判断，就两句话：长期看好，信心满满；短期不确定因素较多，情况复杂。这将贯穿2017年的始终，成为一种常态。在这种情况下，我们就要在矛盾中前进，在前进中突破，在突破中发展，这正是企业家的使命和价值所在。

迎接新世界格局的到来

文 **陈东升** ▶ 泰康保险集团股份有限公司董事长兼CEO[①]

回过头来看这届亚布力的特点，在过去的基础上有了很大的发展，特色之一：青年论坛经过连续几年的运作，已经步入正规，特别是这次青年论坛上年轻人的创业思路、思想，他们对中国经济发展，对世界的判断和认识，以及他们的担当都不亚于我们这代人。中国的未来将非常有希望，因为有这么一批有希望的年轻人。

特色之二，随着中国经济的发展，创新扮演着越来越重要的作用。这两年，科技创新成为投资者、创业者乃至大众关注的焦点，而科技又跟最前沿的科学思想有着密切的联系。2015年，我们第一次邀请美国国家科学院院士、斯坦福大学物理系教授沈志勋先生在亚布力会议上发言。2016年，我们又邀请了北京生命科学研究所所长、美国国家科学院院士王晓东，斯坦福大学物理系、电子工程系和应用物理系终身教授张首晟出席会议并做分享。此次，我们继续邀请沈志勋先生与清华大学副教授、中国科学院院士、清华大学物理系教授薛其坤先生就物理世界的未来展开对话。因为我们相信，科学思想、前沿思想和现实应用应有紧密的结合，汲取科学家的前沿科学思想对我们发现新的领域、新的机会有很大的帮助。

特色之三，每一个演讲，演讲者都需要在20分钟内阐述清楚自己的思想或者观点，但隐藏在阐述背后的深刻领悟更使人大受启发。比如通过钟玉的演讲，我们会思考一点：中关村第一代创业家走到今天，依靠的力量

---

① Chief Executive Officer，首席执行官。

是什么？那就是不断拥抱科技和不断创新，所以也就造就了一个700亿元市值的公司。

2017年将是一个不轻松的年份，美国新总统上台、整个世界格局动荡不安、文明的冲突、宗教的分歧、恐怖主义的威胁、中国经济40年高速增长后的变化等都会带来各种各样的问题。二战后，在美国的主导下，新的世界秩序形成，包括政治秩序、经济秩序、金融秩序。在美国当了将近80年老大的时候，如今他突然提出要专注自身发展，不再管那么多闲事。在这样的情况下，未来世界格局将如何演变？我觉得序幕才刚刚拉开。

另外，中国经济面临"新常态"，供给侧结构性改革也在进行，中国经济结构面临着重大的调整。在未来整个世界格局的演变中，中国乃至中国企业应该扮演什么样的角色？我相信很多企业家已经找到了答案。元庆在演讲中提到，我们不仅需要更加积极地走出去，参与甚至主导国际规则的制订，更重要的在于我们必须加快国内经济体制的改革，让外资能够更加顺畅地走进来，打破行业垄断，打破国企垄断，更好地保护知识产权，营造公平、正义的市场环境。振华的演讲对"一带一路"分析得也非常深刻，他把各种经济成分在整个中国经济发展、金融演变、对外投资的过程中扮演的角色以及变化做了详细分析，并且鼓励民营企业走出去。我们在轻松的环境中，迎接严峻世界大格局变化的到来。过去有一句话说"大破大立"，还有一句话叫"在大风大浪中锻炼成长"，今天我们是否也面临着同样的问题？我们是否已经做好思想准备？这些都是所有企业家应该思考的一个大问题。

亚布力中国企业家论坛（以下简称"亚布力论坛"）走了17年，一个企业家的群体，成员来自五湖四海，每个人都有想法，每个人都希望在这里发挥作用，这个时候确定组织的发展方向非常重要，因此亚布力论坛的定位是"思想性、建设性"，这六个字一直指引着亚布力论坛的发展。亚布力论坛的两个拳头产品——冬季年会和夏季高峰会，都要求有思想、有深度，形式多样。亚布力论坛也形成了有组织、无纪律的文化，对于参与活动完全自由选择，感兴趣的话题可以去听，听后觉得没意思也可以离席。这也是冯仑讲到的亚布力论坛的三大好处：思想交流、朋友相见、休闲。在这里，不管钱多钱少，不管公司大小，谁有闪光的思想，谁就会在亚布力论坛有地位。对于这样一种文化，我们会继续坚持下去，我们应该在一起学习、交流、成长和进步。所以，还是那句老话，我是亚布力论坛的一个永远的义工，为亚布力论坛的成长贡献自己的一份力量。

最后，还是要感谢陆昊省长的支持，我觉得没有黑龙江省17年持续的支持，亚布力论坛走到今天不能说不可能，但应该没那么完满，没那么顺当。更重要的是感谢参会的企业家们，感谢大家17年来的不离不弃。最后感谢志愿者们，希望你们在看到与听到中国精英阶层的所思、所想后有所启发，我也相信你们当中一定会诞生下一个马云，也会出现更多的优秀人才。

目录
CONTENTS

2017经济走向

对于 2017 年的世界经济，我认为有两个特征：低迷和面临巨大的变局。在经历了重大经济和金融危机后的基本面从 2010 年至今仍未改变，而特朗普的新政将带来不确定性和冲击面。简而言之，可称为"两面一点"。

世界经济2017

文 朱 民 ▶ 清华大学国家金融研究院院长
国际货币基金组织（IMF）前副总裁

对于2017年的世界经济，我认为有两个特征：低迷和面临巨大的变局。在经历了重大经济和金融危机后的基本面从2010年至今仍未改变，而特朗普的新政将带来不确定性和冲击面。简而言之，可称之为"两面一点"。

世界经济仍在低迷运行，全球经济增长持续下降，这是非常典型的危机后的经济状况。与此同时，因经济增长较低，通货膨胀率也很低，世界范围内有15个国家处于负通货膨胀率，30余个国家通货膨胀率为1%，40多个国家通货膨胀率为2%，全球平均通货膨胀预期为2%，所以我们处于通货紧缩的状态。而全球的增值利率在不断下降，2017年全球仍处于平均负率，这在过去70年中从未发生。经济危机以来，贸易增长速度低于GDP（Gross Domestic Product，国内生产总值）增长速度，这在过去50年中也从未发生过。

更加使人意外的是全球FDI（Foreign Direct Investment，外商直接投资）占全球GDP的比重，从2010年的4.8%下降到现在的2.8%左右。全球化的基本特征是贸易增长强劲，如果贸易不再增长，资本不再流动，那全球化在哪里？这些低增长的出现也导致了石油价格的下跌和供给结构的变化。在过去三年里，全球处于低增长、低投资、低通胀、低利率、低FDI、低贸易、低油价的状态。当然我们也看到了世界经济在发生一些很有趣的变化。

经济危机把全球经济运行的轨迹平衡下移到低水平，使全球GDP的实

际水平远低于当年所做出的预测，世界经济由此出现了一个大缺口。而且在危机过后，全世界的潜在经济增长仍在未来五年内处于低水平。当今所面临的经济环境重要的一面就是运行水平面的下降和动态上增速的下降。

危机对全球经济造成了一个很大的物理性冲击，就是把运行的水平面降下来了，在动态上把增长的速度降下来了，这是理解我们现在面临的经济环境的很重要的一个方面。而且全球人口结构发生了很大变化，人口总量不断增长，非洲南部的工作年龄人口将在2055年达到高峰。但全世界其他地区和新经济国家、发达国家的人口供应量会从2018年开始下降，到2035年左右变为负值。人口增长由高收入国家降到低收入国家是全球需求方程的巨大变化，这也会推动经济增长放缓。

全球经济还在继续变轻。奥巴马当初宣称要把制造业重新带回美国，8年以后，美国的制造业、服务业占GDP的比重并没有根本变化。服务业仍然占据高位，且比重还在继续上升，全世界的经济在轻化——这又是一个很大的变化。经济结构的轻化同时导致了投资的下降。以美国为例，今天比2007年累计损失了25个百分点的GDP投资，这在以前几乎不可想象。平均每年下跌3个百分点，怎么可能有强劲的经济增长？还有一个目前难以解释的现象就是人类需求偏好的变化。包括发达国家、新经济国家在内，居民每增加一块钱的收入中，用于边际消费和进口商品的比重在下降，用于国内服务业的比重在上升，将之与产业轻化、服务业比重联系来看，别有意味。而人口的结构变化和人的需求偏好变化难以改变，这些变化将对未来世界的物理生产带来怎样的影响？未来10年，石油产量将会减半，批量小、投资成本低的原油将取而代之，并决定石油的价格。科技创新和人工智能的到来也将给未来带来更多变化。

特朗普成为新一任美国总统给这个世界带来了很多变化。他的政策主要有三条：公司减税、扩大基础设施投资和贸易战。

美国的公司减税，从历史上来看处于持续下降的状态，现在的税率为35%左右。发达国家中税率最低的英国和加拿大为15%，美国仍有很大的空间下降公司税。共和党向来主张降税，这样的供给侧改革是一种必然选择。

将5000亿~10000亿美元用于基础设施投资也不无道理。美国的基础设施质量在经济危机后急剧下降，很多人都对老旧的设施不满。而美国政府对基础设施的投资从90年代占GDP的2.8%，到今天跌至占1.4%左右，这在美国近100年的历史上从未发生。由政府来加大基础设施投资，从而增加就业，这一政策并没有什么问题。

在打贸易战这一点上，特朗普的政策也是有道理的。他用紧缩的货币政策，提高利率水平，增加流回美国的资本；用宽松的财政政策，增加就业和收入，刺激经济增长，进行供给侧改革，为企业减税，减少监管；最后以贸易战为美国的出口创造政治空间。这是一套针对美国现存问题的组合政策，但问题是政策的实施在技术上十分困难。同时他的行事风格，也增加了政策实施的不确定性。

特朗普的政策会产生一系列的全球影响。首先是美联储加息问题，加息导致市场改变了对美联储利率水平的预期。此前一直都是美联储的指标向市场预期靠拢，但在2016年12月之后，加息成为既成事实，风险溢价改变，对全球的金融资产配置产生了巨大影响，美联储曲线和市场曲线的靠拢将成为必然。

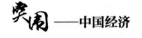

其次是美元继续走强。在美元走强的状态下，其他国家的资产负债表将会恶化，资金回流美国本土，当地的市场将承受极大的压力，故而历史上两次美元走强时期内都出现了世界金融危机。目前处于美元第三次走强的上升阶段，其风险目前还不可估量。但在特朗普强化刺激的政策下，美国的财政赤字和经常账户赤字将会上升，在2017年可以突破4个百分点的负值，在这样双高峰赤字的情况下美元又将走弱，因此将具有很大的不确定性。与此同时，特朗普的减息政策需要增加开支，唯一的可能便是通过借债来获取资金。但美国借债需要国会批准，难度很大，2017年3月还要请求国会批准美元债务上线的问题，这又带来了更多的不确定性。目前美国经济的潜在增长率只有2%左右，要达到3.5%~4%的增长率十分困难，因此未来两年其经济增长会有很大的波动性。以上种种不确定性和风险都会给全球的经济发展造成冲击，这也是2017年我们将面临的有意思的事情。

因为特朗普的政策，全球经济的走势将发生改变。他的行为出人意料，难以预测，导致了市场预期的改变。这一改变所引发的一系列变化将是2017年世界经济发展的关键。美联储的基准利率从20世纪60年代开始上升，里根上台时期升至顶点后走低，经济危机时期无路可走出现了零利率，而如今我们又需要开始讨论加息后利率将走到多高——这是一个重大的市场变化。与此同时，特朗普竞选成功的八周里，十年期国债收益率上升了40%，美国的长期利率水平将开始上升，通货膨胀率也开始反弹。这些变化的关键在于利率的预期改变，货币政策不再是唯一政策，世界进入了政策不确定和波动的时期。这也是特朗普带来的非常重要的面的改变。

政治的不确定性将困扰所有的金融行为，任何的政治波动都会引起市场的巨大波动，而市场波动一定会引起流动性紧缩，最终导致危机。因此2017年经济整体运行还将处于低位，这个基本面不会有很大变化，全球经济整体的结构性继续处于低位也是确定的。但是特朗普的经济政策，尤其是政策实施的不确定性，会导致美国的金融走势成为全球经济最大的不确定性，变局和拐点正在逐渐到来。但拐点如何变化仍是未知的，全球经济的增长和波动则会加大，危机仍然若隐若现。2017年我们将面对无数的变动和无数的不确定性。

2017中国宏观经济预测

国内经济下行、汇率政策调整、人民币加入 SDR[①]、资本市场进一步开放；国际上美国经济好转、英国"脱欧"，这些因素加剧了人民币对美元的短期贬值。而新型城镇化、"一带一路"建设及国际产能合作等国家战略使得中国经济韧性有余。

在 2017 亚布力中国企业家论坛第十七届年会上，就 2017 年宏观经济局势及人民币汇率等话题，北京大学国家发展研究院教授、副院长黄益平，中国人民大学教授、博士生导师曹远征，民生证券首席经济学家邱晓华，时任高盛私人财富管理中国区副主席暨首席投资策略师哈继铭以及中国金融 40 人论坛高级研究员管涛进行了深入讨论。中国诚信信用管理有限公司创始人毛振华主持了该场论坛。

毛振华：今天的讨论主要聚焦于两个方面：宏观经济与人民币汇率，首先请各位谈谈对中国宏观经济的认识。

黄益平：第一，从经济发展和增长的角度来看，我觉得我们现在碰到的根本性问题是新旧动能的转换，或者说是产业的更替，而不是简单的周期或趋势性变化。简单来说，经济学家经常把经济发展的动能分解成三驾马车：投资、出口和消费。过去我们的消费比较疲软，出口和投资比较强劲，但支持出口和投资的是庞大的制造业。在中国，制造业主要集中在两

---

① Special Drawing Right，特别提款权。

个地方：一是东南沿海的劳动密集型制造业，二是东北与西北的资源型重工业。前者主要生产出口产品，后者主要生产投资品。这两块支撑起了中国所谓的"世界工厂"的美名，也支撑了中国过去30年接近10%的增长率，创造了所谓的"中国奇迹"。

为什么现在的情况不再是简单的周期性变化和趋势性变化呢？因为我们碰到了一个转折点。由于劳动力成本上升、投资率下降、过剩产能严重等原因，过去做得好的产业现在都不行了。经常有人问我，下一轮哪些行业会比较好，其实我也不知道，但简单来看，消费行业会比较好，因为跟消费有关的需求可能会比较强劲。

成本提高以后，什么样的行业有竞争力？了解这一点对投资者及企业家来说非常关键。经济下行，很多企业家尤其是江浙一带的企业家都在说要熬着，看什么时候能熬过去，我说这一次是熬不过去的。2008—2009年全球经济下行，但刺激后经济增长速度又起来了，好日子又回来了。但现在的情况是即使全球需求水平回升了，我们的产品也不一定会再具备竞争力了。

第二，从短期来看，下行压力依然存在。跟投资者交流的时候，我发现越来越多的人在最近一两个月变得乐观了，主要的原因可能是2016年的经济增长比较平稳，最近发布的高频数据看上去也都不错，所以很多人觉得2017年的经济发展应该也会不错。但我个人还是有一点担心，下行压力肯定还会存在，原因就是新旧产业更替没有完成。新产业尚在兴起，但是还不够支持中国经济的增长；旧产业产能过剩，还没有真正退出。这个过程没有完成，中国经济就很难平稳增长。过去两三年，中国经济好几次触底回升又触底，2017年的情况会不会还是如此目前尚且未知。

第三，从更短期来看，2016年经济增长比较平稳，主要是两个因素促成的。一是投资，尤其是基础设施投资。这里地方政府发挥了很大作用。过去大部分地方政府通过卖地支撑当地的经济增长，后来国家不让卖地了，于是地方政府开始做融资平台，后来融资平台不让做了，就开始做投资基金，总之在想一切办法融资做投资。这种方式还能持续多久？我不知道，但我非常担忧地方的财政问题。二是房地产。2016年房地产市场出现了繁荣景象，2017年的情况如何还不太清楚，但是自2016年国庆以来的销售数据并不理想。反过来说，如果房地产市场的繁荣是支持2016年经济稳定的一个重要因素，那这个因素2017年是否还会继续存在？如果没有，它对整个经济的发展是零贡献还是负贡献？这些都值得我们关注。

曹远征：宏观经济方面，如不考虑国际因素，2017年中国经济会基本稳定。这个判断基于多个因素，除了从2016年开始GDP增速连续四个季度保持在6.7%以上之外，还有两个非常重要的指标：第一，PPI（Producer Price Index，生产者物价指数）时隔54个月由负转正，且上涨速度比较快，这意味着企业的销售数在扩大，销售在增长，现金流在变好，竞争力在提高；第二，工业企业无论是国企还是民营，企业利润在2016年下半年均出现了正增长。PMI指数（Purchasing Managers' Index，采购经理指数）从2016年下半年开始也都高于50%，也就是说，企业利润在上升，还本能力在提高。此前人们最关心的宏观经济问题是去杠杆和去产能的问题，从2016年下半年的表现来看，中国经济至少是稳定了，这为去杠杆创造了新的条件。所以我认为2017年中国经济已非常接近L形底部，且将来会是持平的趋势。

2017年宏观经济的稳定跟去产能有很大的关系。2015年、2016年去产能的方式基本上还是关停并转，很多行业只是退出了生产环节，并没

有退出市场。以钢厂为例，2015年钢铁行业的产能是11.3亿吨，产量8亿吨，钢价就稳住了，钢铁企业开始盈利。但是钢价一上涨，钢铁企业一开始盈利，富余产能就又重新投入生产，钢价又下来了。这就意味着，只有把富余产能真正从市场肃清，在资产负债表上重组，把僵尸企业去掉，钢价才能稳定。过剩产能的存在并不是说这个行业不行了，中国钢铁工业是有竞争力的，只是产能过大导致大家都不赚钱。所以，2017年的宏观任务中很重要的一点就是通过去产能来去杠杆，2017年的宏观政策已经提到这一点了，包括金融去杠杆。

我觉得，2017年中国最大的危险是国际形势，就是出口对中国经济的影响。如果特朗普的政策执行下去，这会对中国的出口带来很大的下行压力。尽管过去几年出口对中国经济增长的贡献已经是负增长了，但如果2017年出现更大的负增长，那便会给中国经济下行带来更大的压力。过去，去全球化只是一个大浪潮，但特朗普上台为后，去全球化成了趋势。过去的时代我们称为和平发展的时代，但现在我们进入了一个竞争冲突的时代。对此，企业家朋友们一定要严加观测，严加重视，时代在变化，应对策略和安排也要有所变化。

邱晓华：我想从两个角度跟大家谈一谈宏观经济，第一个是从周期的角度，第二个是从经济与非经济的角度。

从周期角度来讲，一方面小周期慢的压力在减轻，我们已经看到中国经济正在结束2010年以来下行的发展态势，开始呈现触底起稳的发展迹象，主要标志有四点。第一，一些先行指标出现了企稳的迹象，比如制造业采购经理人指数、发电量、货运和工业品出厂价格等，都预示着短期经济有所回升。第二，从整个经济运行轨迹来看，增速下行的幅度已经逐步在减慢。2016年第一、二、三季度的经济增长率都达到了6.7%，第四季度估计也不会比6.7%低多少，从中我们已经看到了一种小周期经济企稳运行的轨迹。第三，宏观政策信号转向稳健，也折射出了经济逐步走稳的迹象。近期召开的中央政治局会议明确了三个不变：一是稳中求进，这个工作总基调不变；二是供需双向发力促发展不变；三是积极财政政策、稳健货币政策的组合不变。在不变的背后，财政政策突出了"更加有效"，货币政策强调了"防风险""防泡沫"的政策信号，这背后就折射出中央政府对短期经济下行的担忧程度已经减轻了，政策上保增长的压力减轻了。

第四，各种对冲效应正逐步显现出来。大家知道我国经济中有三个对冲表现得比较明显。一是宏观加杠杆对冲微观减杠杆的负面效应，也就是说下一阶段宏观层面上要加大政府加杠杆的力度，来对冲企业微观层面减杠杆带来的不利影响。二是新经济加速对冲传统经济也就是旧经济的减速。今天我们已看到，新经济以两倍于传统经济的速度在高速成长，应当说这在一定程度上也对冲了传统经济减速带来的不利影响。三是国内需求加力对冲国际需求减力。投资、消费相对稳定，而且稳定中还在逐步地激活，即以内需扩大减轻外需低迷的不利影响，更多地依靠内需来支撑中国经济的稳定发展。

另一方面，大周期经济下行趋势未变。原因也很简单。第一，资源环境要素投入的约束力越来越强。中国不可能再以大量消耗资源要素来追求高增长，因为资源的天花板已逐步显现出来。第二，人口结构已经进入了老龄化，老龄化社会的经济增速也会逐步减慢，这也是必然的趋势。第三，增长基数越来越大，按照统计规律，每增长1%的难度越来越大。据测算，上一阶段我国经济增长10%只相当于现阶段的3%。第四，国际上，当一个国家进入中高收入阶段之后，经济的增速都会相对平稳，并在相对平稳中逐步下行。如果今天中国经济增速的7%左右是一个台阶，那么10年之后就可能下到6%左右，再10年以后就可能下到5%左右，这是一个大概率事件。我们应当适应这一趋势，不要希望还可以维持双位数增长。

大家经常从经济规律的角度看中国经济，这也是国外屡次误判中国经济的原因，因为他们看不到中国经济中存在的非经济因素，而这些非经济因素往往是别的国家所不具备的一个重要的推动力量。目前，这些非经济因素正在向有利于中国经济正增长的方向转变。第一，新的政治周期开启。第二，全面建设小康社会的决胜阶段以及第一个百年目标的政治要求，决定了今后四年中国经济不可能任其下行。第三，整个中国经济的营商环境进一步改善。因此我认为从非经济的角度来看，中国经济也出现了一个有利于稳定增长的环境。短期来看，"十九大"之后，中国经济就有

可能进入一个新的周期。

哈继铭：我想谈两个观点：一是美国经济和中国经济都是远虑大于近忧，二是中国经济宏观风险与微观机会并存。

先说一下美国经济，2016年美国经济增速维持在1.6%，2017年有望超过2%，原因是美国经济现在的增长势头比较明显地呈上升态势。特朗普当选以来，至少从他的竞选口号来看，接下来推行的政策比如加强基础设施投资、减税、放松对金融方面的管制等，都有望助推短期经济的增长。但是也不可避免地会导致美国财政赤字的扩大、债务的上升。当然，美国具备一定的加杠杆空间，因为从2009年到现在，美国的杠杆率加上政府、企业和家庭的杠杆率，原来能占到GDP的300%以上，现在已经降到了200%。如果财政赤字扩大过快，可能带来的影响有几点：第一，有可能导致债务负担加重，这一代人花下一代人的钱；第二，有可能导致更严重的通货膨胀，逼迫美联储加快加息的步伐。2009年到现在，美国经济经历了八年的经济上升周期，经济其实是有周期的，从周期角度来看，美国经济在未来两三年会出现一个微调，这是很正常的事情。

刚才黄教授也说了，2016年基础设施和房地产对中国经济起了很大的推动作用。根据我们的估算，2016年房地产和基础设施对于经济的直接拉动作用是2~3个百分点。从6.7%的增速中扣掉2~3个百分点，实际增速只有4%左右。当然，间接作用也很大，基础设施和房地产牵扯到钢铁、水泥等多个行业，如果把这些行业加总起来，对经济的拉动可能不止2~3个百分点，扣掉这些影响以后，GDP实际增速可能不到4%。

2017年来自基础设施和房地产尤其是来自房地产的增长有所放缓，当然我也相信未来中国经济会保持相对平稳的增长，GDP增速在6.5%左右。正是因为短期要保持经济平稳，所以才会使整个国家的杠杆进一步上升。2015年，中国总债务率占GDP的比率接近250%，2016年已经达到了260%，杠杆在不断上升。增速虽然比较快，但增长的质量无论从推动力和杠杆上升的情况来看，都值得深入研究。

另外，中国经济宏观风险和微观机会并存，这里我想展开谈谈下面几个行业。

第一，大健康行业。随着老百姓收入的增长和老龄化的到来，无论是政府还是家庭，都会有比较大的且长期性的支出。

第二，旅游休闲行业。今天的亚布力和十年前的亚布力完全不一样，节假日旅游的人数大幅上升，中国很多其他地方也是如此。过去不可想象，现在司空见惯。

第三，文化娱乐行业，尤其是影视传媒行业。很多企业家在几年前就看到了这个行业的机会，已经进行了投资布局，现在应该收获不小。

第四，体育事业。由于全民健康意识的提高，健身、跑马拉松，这些活动越来越常见，它带动了相应的行业，比如体育服装、体育转播权、体育广告等的发展，所以这方面投资回报也是非常丰厚。

第五，互联网行业。中国在应用领域有很大的创新，在美国你可能无法想象拿部手机就可以把所有支付问题搞定，但在中国哪怕是卖烤地瓜的老大爷，也能用"扫一扫"收钱。中国市场巨大，支付能力得天独厚。

管涛：我讲一下对于货币政策的看法，这里谈两个问题：一是中国货币政策转向的背景，二是货币政策和人民币汇率政策协调的问题。

2016年年底的中央经济工作会议上提到了货币政策要稳健中性。中国货币政策框架跟国际上不一样，国际上把中性货币政策分为偏紧的和宽松的。而在中国，稳健的货币政策贯穿了很长时间，稳健又有不同程度，可

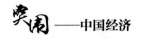

以偏宽松、偏中性、偏紧，这是中国特色。

中国推行稳健略宽松的货币政策也有全球背景，当时为了刺激经济、稳健金融采取了宽松的手段，所以这些年货币发行得比较多。2016年二十国集团杭州峰会上，各国对货币政策的刺激效果进行了反思，后来提出三管齐下，分别是货币性的、财政性的和结构性的政策，三者结合起来一起刺激经济。所以中国的货币政策转向有这样一个国际大环境。从中国本身的情况来看，也有一些特殊原因，那就是货币政策刺激以后带来了很多负面效果，最典型的是2015年的中国股市。

我个人认为货币政策还很难真正进入大幅收紧的状态，主要受三方面的约束。

第一，经济虽然出现了企稳迹象，小周期已经见底，但大周期可能还会下行。企稳现象出现了，但基础并不稳定。第二，产能过剩没有改观之前，通货膨胀还不是最突出的问题。现在社会上存在一些误解，原来通货膨胀率低，很多人认为存在通胀紧缩的问题，现在通货膨胀率高又认为存在滞胀的问题。对中国这样的新兴经济体来讲，2%这种比较温和的货币上涨速度比较好，不一定要用20世纪90年代那种态度对待通货膨胀。第三，现在的货币政策可能会转向防范货币风险，抑制泡沫。当然也要防止突然的货币紧缩，因为紧缩可能会造成风险处置不当，反而触发危机。

关于汇率政策和货币政策协调的问题，对中国来讲，中国是个大国，货币政策主要考虑国内经济，不可能牺牲国内经济来保持汇率水平。现在汇率政策稳健中性以后，有利于防范金融风险。金融稳是货币稳的前提，长远来看，金融的稳定性会夯实汇率稳定的基础。

毛振华：2016年10月，中国人民大学宏观论坛组做了一个宏观分析，得出的结论是2017年宏观经济政策要以防风险为目标。自2008年以来，保增长和防风险成为宏观经济政策的两个底线。但2008年以来的中央经济会议和政府工作报告里，并没有提到"防风险"。这种情况下，为了保增长国内经济施行了量化宽松的政策，所以我们扩大投资，扩大信贷，扩大债务，走了这样一条循环的路线。应该说，这个路线图起了一定作用，所以中国经济才能够保持这样的增长水平。同时这个作用又反映了政策的不合理，本来中国经济周期应该调整，应该采取一些调整性的政策，实际上我们采取的是刺激性政策，所以很多风险没有防控好。

反过来看，中国经济保增长的政策基本成功，目前已经到了L形底部区域。过去维持经济增长的政策效用水平已经很低，需要比以前投放更多的货币，才能换来很少的GDP增长。所以，我们的政策到了转型的时候，保增长到了转型的时候。

为了防止系统性风险，我们应该把防风险作为重要的政策目标。过去我们认为保增长是防风险的底线，现在应该说防风险是保增长的底线，出了风险，增长是保不住的。近几年，随着中国经济的发展，中国对全球出口的依赖度降低，一般的外贸债和国际贸易纠纷并不足以对中国的经济产生重大影响。现在我们所担心的是一些非经济因素的出现，比如冷战思维，从根本上来说，中国的外部环境有一种恶化的倾向。

下面我们讨论人民币的问题，人民币汇率问题的确影响千家万户，请哈继铭先生先发言。

哈继铭：我先把高盛的预测说一下，不一定代表我自己的预测。高盛的预测是人民币汇率将贬值至7.3。2016年年底，人民币兑美元贬至7.3、7.2，这说明贬值压力依然存在。那么人民币贬值的原因主要是哪些？这些原因是否会改变？首先是外部原因，美国经济增长速度加快导致通货膨胀，从而引发美联储加息。现在我们的基本判断是2017年美国会加息2~3次，中国不会明显加息。春节前后，央行分别提高了MLF（Medium-term Lending Facility，中期借贷便利）和SLF（Standing Lending Facility，常备借贷便利），业界简称为"麻辣粉""酸辣粉"，主要的意图是降低货币市场上的过度借贷，防止金融风险。其次是中国自己的原因。有人说人民币贬值是因为央行的钱发得太多了，货币增长太快，但这个话只说对了一半。比较一下中美货币的增速会发现，当年人民币明显升值的时候，中国货币增长速度也是快于美国的，为什么那时候人民币是升值的？其实还有一个很重要的原因，就是一个国家货币自身供求的变化。当时人民币供应快，需求也快，所以供求基本平衡。今天，货币的需求与供给明显不是很平衡。

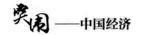

邱晓华：我的看法可以概括为两句话，短期贬值、压力留存，长期贬值趋势可以防止。为什么说短期贬值、压力还没有消除？外部原因是美元加息周期还处在进行时，内部原因是中国经济的基本面到2018年才会转到新的周期，所以在当前周期还没有转换之前，中国经济的基本面也无法支持强势的人民币。

从眼下的情况来看，汇率的变化始终跟汇率机制的改革相关。20世纪90年代结束了价格双轨制，导致人民币汇率贬了55%左右，那是第一次大贬值。2004年实行有管理的浮动汇率，人民币汇率进入升值周期。到2015年，升了36%左右。在当前这一轮改革中，人民币加入SDR的改革，人民币亦进入了贬值周期，到现在贬了15%左右。

为什么说长期贬值趋势可以防止？一方面，中国经济已经到了周期转换的前夜，基本面的逐步好转一定会带来人民币汇率的好转；另一方面，中国政府对汇率的管控力还是很强的，既有物质手段也有法律手段和行政手段。

所以，从国内角度来看，经济增长基本面的转变、政府的管控力、出口低迷形势的转变，都决定了汇率只是一个阶段性问题，不是趋势性问题。从国际上看，美元的加息周期也就是2017年到2018年的这样一个周期，不可能长期存在，而且这一轮的加息周期是一个弱加息周期。大家回过头看美国汇率，都是六年升值，七年贬值。这次升值周期已经五年多了，按照历史规律还剩一年左右的时间，因此外部的压力也会逐步减弱。综合内外角度看，我认为2018年之后，人民币汇率会趋于稳定，并在稳定中逐步成为全球相对强势的货币，这是我的一个基本判断。

曹远征：2016年年底我们做的人民币汇率预测跟高盛的预测结果一样，是7.3，但是今年我们认为不会破7，其原因与人民币的国际化情况有关。在2016年一年的运行中，人民币对一揽子汇率是升多贬少，对美元是贬多升少，这说明人民币中间价定价机制有问题。

黄益平：最近我们经常见到一些企业家出来炮轰经济学家，说不能听经济学家的，听经济学家的企业肯定做不好。说得有没有道理？有道理，说明经济学不够成熟。但我想说的是经济学不是算命术，不是我做一个分

析，最后一定就是这样。我做的判断是根据我现在能想象到的变化得出的。每个人会有不同的判断。我经常开玩笑说，我的分析如果真的是板上钉钉，我何必跑这么远的路到亚布力参加论坛，我早就赚了钱在南太平洋岛上休假了。所以，这牵扯到你怎么看待经济学分析的问题。

回到汇率的问题，我的看法很简单，就是依据资产需求理论，人民币会升值还是贬值要看多数人想往里走还是想往外走。对人民币来说，下一步有两个因素会影响人民币的长期走势：一是经济增长是否稳得住，二是资本政策。过去我们的资本开放一直是宽进严出，中国老百姓现在有很多钱，经济风险提高了，会有很多人想分散资产，所以往外走是很正常的。

毛振华：面对这些问题，我们该怎么做呢？我觉得，中国现在最重要的是要坚持开放政策。我们讲中国特色，但不管什么领域都演绎成了中国特色其实是一种不健康的倾向，会损害中国改革开放的大业。这是需要反思的。

黄益平：我们今天碰到的根本性问题就是新旧产业更替的问题。虽然全中国各个地方的形势不太一样，但主要存在的问题是旧产业的退出不太顺畅。凡是创新不活跃、民营经济不活跃、年轻人留不住的地方，大多因为过剩产能、僵尸企业不能退出，最后成为顽疾。这种情况也可以看成是新旧产业的博弈，好的时候就是新产业变得越来越大，旧产业变得越来越小，但也有坏的时候，就是新产业在不断增长，旧产业也在不断拖累。

曹远征：人民币国际化、中国对外开放现在还差最后一步，就是资本项下开放，这是有风险的。当年的设计是资本项下先流动，本币先开放，再实现可兑换，这是人民币国际化安排的核心。我们也知道这种特殊性一定会带来很多问题，所以一定要配合国内金融体制的改革，以便创造可兑换的条件。上海自贸区就是一种过渡性的安排，只有尽快落实金改四十条才能完成2020年把上海建成国际金融中心的任务。

邱晓华：我的建议就一条，回归经济建设的主战场，切实把中国经济这张牌打好、用好，这是我们应对未来各种挑战的最重要的政策工具和物质手段，唯有经济这张牌在全球领先了，我们在其他方面才能拥有主动权。

哈继铭：我的建议把三中全会提出的让市场起决定性作用落到实处。

管涛：执行可信政策是实现金融稳定的关键。市场受情绪的影响很大，但是可能跟基本面没关系。金融很重要的特征就是信用经济，其中政府的信用是非常关键的。政府只有取信于市场，市场才能信你、才能支持你的政策，只有这样才会把风险降到最低。

【互动环节】

提问1：欧元和人民币的汇率走势如何？

曹远征：英国脱欧，意大利公投，奥地利、法国总统大选，其实他们有一个共同的目标就是脱欧，欧元是否能继续稳定存在，这是2017年一个很大的黑天鹅事件。

提问2：特朗普一直指责中国是汇率操纵国，如果特朗普的政策推行下去，最坏会出现什么样的结果？

管涛：中美贸易问题确实非常严重，中国贡献了美国贸易逆差的一半左右，从这个角度来看特朗普肯定要跟中国谈条件，汇率问题也可以作为整个贸易谈判一揽子计划中的一项。像20世纪80年代下半期，日美贸易冲突，日元汇率成为一个焦点问题，特别是1985年的广场协议，核心问题就是汇率协调，其他国内政策的协调都是非常困难的。

特朗普在竞选前可能说了很多狠话，但是竞选以后很多事情要务实，中美是互相的依赖，对对方来讲都是非常重要的。当然在以后的中美贸易中，肯定有一些产品会被选择性地增关税，贸易壁垒会增加。特朗普既然是务实的政府、行动力比较强的政府，他肯定希望在他的任期内见到中美贸易失衡发生实质性的变化。

提问3：中国企业家该怎样配置个人资产？

哈继铭：1月的时候高盛出了一个报告，就是讨论未来全球资产配置的投资策略。我们觉得未来一年应该重配美国资产：第一，美国经济增长速度会加快；第二，美元会继续升值，尽管幅度不如前几年那么大；第三，在美元汇率升值的背景下，许多新兴市场汇率会贬值，甚至欧元。

从资产类别的分布来看，重股票轻债券，债券价格受到首当其冲的影响，在缓加息的情况下资产价格受经济推动向上的动力会抵消加息带来的负面影响，所以股票应该优于债券。固定收益率产品里的其他产品，比如银行贷款产品，随着经济进一步地上行，它的价值也会增加。随着加息的实现，利率的提高，银行贷款产品也会水涨船高。从行业上看，我们还是比较看好金融和能源。

全球化下半场

文 **杨元庆** ▶ 联想集团董事长兼首席执行官

过去一年，英国脱欧、意大利公投、特朗普上台，无一例外都在印证着一个新的趋势，一个和我们过去所熟悉、所推崇的趋势完全相反的趋势，就是逆全球化的趋势。确实，新一轮的全球化与逆全球化的博弈和变化特别值得我们中国的企业家去思考如何应对、如何应变。

我始终认为，中国在过去30年里是全球化的受益者，充分利用全球化找到自己的定位来发展自己，未来也仍将受益于全球化。同时，中国也有能力、有实力引领新一轮的全球化，为全球化做出更大的贡献。

不同的是，作为全球化的主体，中国企业的全球化应该说已经进入了下半场。我们需要深刻地认识和分析全球化下半场的特征、风险以及机会，从而能够更好地利用这些新的变化。

跟大家分享一组来自汤森路透的数据：2016年，中国企业跨境并购交易额达到了2210亿美元，是前一年1090亿美元的2倍，再创历史新高。在世界经济深度调整和中国经济转型升级的共同作用下，中国企业加快了向海外市场拓展的步伐，现在已经成了全球跨境并购的主要国家。2014年到2015年，中国企业的跨境交易金额增长了10倍，2016年已经跃升为世界第一。

在并购交易飙升的同时，中国企业全球化的主力也在发生明显的变化。民企海外投资量和总额已经超越了国企。在超过10亿美元的大规模海外并购中，民营企业占到了半壁江山，达到60%。

与此同时，投资领域也愈加多元化，过去多是能源方面的海外并购，而现在能源资源领域的投资占比已经下降到不足20%，第三产业的并购占比在迅速增加，像海尔收购GE家电、万达收购传奇影业、腾讯并购游戏厂商Supercell、联想收购Moto和IBM SystemX，其中，美的以300亿人民币收购德国机器人制造商库卡，更是开启了中国企业收购高端制造业之先河。所以事实证明，当下中国企业的全球化不仅开拓了新的市场，也在加速自身的转型升级。

而推动中国企业全球化进入下半场的另一个因素，恰恰就是上文提到的全球新的变数，也就是逆全球化的力量与推进全球化的力量开始进入新的博弈期。

之所以有逆全球化趋势，这也跟中国和像中国一样的其他国家有关，我们很好地利用了全球化进程，找准定位，快速发展，从而对全球经济秩序造成了巨大冲击。

当下的博弈和不确定性，恰恰给了中国在国际舞台上充当先锋、成为新的全球化领头羊的机会。这两年我们推进"一带一路"战略，投入大量的真金白银建立亚投行，成立金砖国家银行等，跟沿线国家协同发展、互利共赢，也为我们进一步把握引领全球化的机会奠定了很好的基础。

而对于中国企业来讲更是如此，逆全球化的趋势反而会给我们的全球化带来更好的发展机会。正所谓"成也萧何，败也萧何"，曾经率先靠经济一体化发展起来的日本、德国等外向型国家，在逆全球化抬头的今天，反倒成了首当其冲被影响最大、最早的经济体。特朗普锁国的政策已经针对德国、日本进行了制裁，这些市场的企业会受到很大的影响，反而给了中国企业利用资本优势、制造优势来进行全球资源整合的机遇。

但是在充满机遇的全球化的情况下，光靠国家投入资源、企业奋发图强是不够的。中国市场也同样需要进一步"全球化"。

上一轮的全球化让中国经济进入了世界经济的"朋友圈"，不仅如此，中国加入WTO（World Trade Organization，世界贸易组织），也开始被朋友们倒逼着改变自己的游戏规则，加快了内部改革。WTO的规则就是市场经济的基本运行规则，我们按照WTO规则修改了3000多条法律、法规，带动了不少改革举措，这对中国过去这些年的飞速发展至关重

要。但是和很多发达国家比较起来，中国市场化程度远远不够。

在全球化下半场，全球治理的框架、全球贸易的游戏规则也都在发生剧变。对中国来说，我们不仅需要更加积极地走出去，参与甚至主导国际规则的制订，更重要的在于我们必须加快国内经济体制的改革，让外资能够更加顺畅地走进来，打破行业垄断，打破国企垄断，更好地保护知识产权，营造公平、正义的市场环境，从而让国际市场承认我们市场经济的地位，为中国市场与海外市场的完美对接提供良好的市场和政策环境。

总结起来，我认为中国经济、中国市场的全球化需要在下面一些方面予以关注，最好是能拿出解决方案。

首先，当然是进一步开放市场。过去中国依靠自己的劳动力、土地、自然资源等成本优势吸引了不少外资，中国市场的开放和外资的进入，为中国成长为"世界的工厂"发挥了重要作用。随着这些要素成本、比较优势的减弱，我们的很多产业，特别是制造业领域不再是外资青睐的香饽饽，甚至很多外资企业都把工厂从中国转移到印度、越南、印度尼西亚等成本更低的国家。而在服务、金融、能源、通信等市场，我们的市场还是犹抱琵琶半遮面，甚至是闭门锁户久不开。

其实中国已经告别了低成本发展的阶段，这个趋势已经是不可逆转的。与其盯着优势不在的低端制造紧锁，不如开放，放开准入限制，这样可以利用中国巨大的市场来吸引投资，还可以让国内企业在多元化的跑道上对标全球的一流企业，倒逼垄断行业改革，倒逼中国企业提升竞争力，从而更有进取心去成长，去国际化，去全球化。

其次，市场更开放的同时还要推动中国经济更加市场化。过去中国经济由政府主导，国有经济竞争不完全、不充分，政府的行政干预也很大程度地导致政府、市场边界不清。在很多行业内，政府既是运动员也是裁判员，长此以往中国不仅在引领经济全球化的时候被吐槽，中国企业如果不能真正靠着市场经济来取胜，也是很难真正地做到国际化、全球化的。当然对于外资来讲，中国市场的吸引力也会下降。所以，政府需要创造更加市场化的环境，让各类企业，尤其民营企业，可以平等地使用生产要素，平等地参与市场竞争，平等地受到法律保护。近期，我们看到政府已经采取了一系列的政策措施，我们当然希望步子能更大一些，走得更坚决一些。

当然，光靠民营企业的发展还不够，还需要打造一批有规模、有信誉的全球化的大品牌、大企业。全球化的主攻手还得是大品牌、大企业，只有大企业才能让全球资源的利用效果达到最高，才能具备与其他跨国企业在全球竞争中的综合实力，他们才是中国市场全球化的主力军。所以，我们的政府应该支持、领导企业踏踏实实地练内功，打造核心竞争力，在国际市场上与跨国企业一争高下。

一旦企业进入全球化角逐的战场，综合实力就成了必杀技，没有本土市场的坚强后盾、良好保障，是很难取胜的。政府要营造良好的软环境，切实为企业松绑、减负，帮助企业提升能力。

最近福耀玻璃的曹德旺董事长成了网红，他在美国投资，算了细账，做了在中、美两国进行生产制造的成本对比。结论是除了人工成本中国低于美国之外，水、电、天然气都是美国更便宜，尤其是中国税负比美国高了不少。曹先生这笔账引起了很多企业家的共鸣，引起了业界的热议。

事实上，近些年中国市场除了人工成本大幅成长以外，其他的生产要素，像房价、电价、水价、油价、流通环境的成本的确都在大幅上升。而

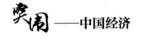

政府税收、政府基金、社保缴费以及其他几百项的收费也都理所当然地推高了企业经营的成本。

此外,我们的税收结构也有不尽合理之处,像把消费税完全以增值税的形式转嫁给企业,并由企业预先扣缴,导致消费税在企业内累积,占用企业资金。高达17%的增值税,也是各国增值税中相对比较高的,导致我们整个宏观税负接近40%,这在全球范围内都是自带"高冷"范儿。

经济全球化的竞争,既是企业方面的竞争,也是经济体制层面或者是政府层面的竞争。这就要求政府进行改革,减少税负,为企业松绑。当然,要实现税负的减少,没有政府的政策也是无法实现的。

总的来说,过去30年中国经济的腾飞很大程度上得益于全球化,如今全球化下半场对中国和中国企业来说依然是机遇大于挑战,尤其是美国等国家的逆全球化趋势,给了我们成为全球化、国际化引领者新的机会。

当下的中国经济发展到了一个十字路口,大胆地走出去不仅有利于中国经济的转型升级,也将有利于我们从根本上推动国际、国内经济体制改革,打造真正能够驾驭国际市场的成熟经济体系,锻造出一批真正有实力、有国际竞争力的跨国企业,在世界舞台上发挥更大的作用。

东北经济再"出发"

东北三省继续在各种经济增速排行榜中忝列末位，关于人口流失、关于国企改革、关于政府效率、关于社会诚信的种种症结和药方，"共和国长子"如何再出发？

在 2017 年亚布力中国企业家论坛第十七届年会上，中国并购公会创始会长王巍，时任武汉大学经济与管理学院院长、香港科技大学教授谢丹阳、广东长青（集团）股份有限公司董事长何启强、民生证券首席经济学家邱晓华、道同资本创始合伙人张醒生就这一话题进行了深入探讨，畅谈他们关于东北经济的困惑与解决之道。这场讨论由 Chin@Moment 秦朔朋友圈发起人、著名媒体人秦朔主持。

秦朔：关于解困东北经济话题，社会上已有很多相关讨论。我这有一组数据：2016年东北三省的GDP一共是52310亿元，山东GDP全国排名第三，为67008亿元，东北三省的GDP加在一起约相当于山东省的78%；2016年东北三省的财政收入是4611.5亿元，北京的为5081亿元，三省加起来还没有北京的多。习近平总书记到过东北三次，分别于2013年、2015年、2016年到辽宁、吉林、黑龙江调研。他曾强调，转方式、调结构是苦干出来的，而不是硬等出来的，要把政策转化为行动，全力打好攻坚战，并指出现在东北整个振兴老工业基地的情况是滚石上山、爬坡过坎，很急迫。所以，我们今天讨论这个命题非常具有历史使命感和厚重感。

我想先问邱晓华先生一个问题，今天东北的情况与你当年做数据统计的时候相比，是基本相仿还是进一步恶化？你怎样定义东北现象？从你的角度看，东北经济还能不能从根本上逆转？

邱晓华：东北现象一直为人们所关心，大家对东北的经济问题也有各种各样的看法。东北问题说到底，一是增长上不去；二是财政越来越困难；三是经济负担越来越重；四是人才流失越来越严重。这就出现了与其他地区相反的情况，其他地区的经济始终保持活力，即使在经济下行阶段也保持着相对稳健的增长，而非断崖式下滑。

为什么在国家提出振兴东北的战略之后，东北的经济问题非但没有得到根本改变，反而又陷入了困局？我们曾多次就这个问题探讨过：第一，体制问题，东北国有经济比重过大，产业结构太重，服务业高端、轻资产的产值不多；第二，开放度不够，整个东北市场过于封闭；第三，年轻劳动力越来越短缺，人口净迁出多，人才外流现象极为严重。

我长期关注东北的情况，造成东北问题的原因确实很难简单概括。其实，东北环境好、土地好、资源丰富而且富于多样性，按理说经济发展应该走在全国前列，至少不会走在全国之后。但是为什么它在改革开放之后反而失去了计划经济体制下的辉煌呢？我想主要有以下几点原因。

第一，在整个国家目前存在的各种经济体中，东北地区民营经济远远跟不上全国其他地区发展的步伐，缺乏一个由新兴企业家群体组成的成熟的新经济主体，这是最重要的原因。

第二，东北地区对外开放度明显不足。除了大连一度成为比较开放的地方外，其他地方对西方、日本、韩国、俄罗斯的开放，都远远不如长三角、珠三角一带。

第三，东北地区的产业结构是短缺式的，无法适应不断变化的市场经济。因此，当改革开放后整个市场发生变化，国内大建设和资源消耗的高潮过去，它就无法跟上全国经济发展的步伐了。

所以，要解决东北的问题，首先要改革，必须把全面深化改革这篇大文章在东北地区做得更好，以更大的力度深化改革，以更实的举措提高改革成效，切实形成适应市场经济发展形势的新体制和新机制。这就包括政府职能转变、国有企业改革、市场体系建设等，东北在这些方面应当要比其他地方有更大的动作。

另外，要切实对接国家第二次改革的发展战略，把深度开放这篇文章做好，不可再错过这班车。如果这班车再错过，东北再想跟世界接轨，难度将更大。在以人民币国际化、"一带一路"建设、自贸区建设以及一些带有中国元素的国际投资平台的建设等为代表的一系列既走出去又引进来的组合拳连环出击的第二次大开放进程中，东北要把握时机，趁势而上，不能再掉队。

在此过程中，东北还应当利用好两类资源。一是农业资源。这里不是指简单地追求产量，而是要打造绿色农业、休闲农业、观光农业、特色农业，形成规模化、有影响力的现代化农业的产业发展格局。二是东北地区地下隐藏的资源以及海洋资源。东北应该利用这两方面的资源，形成产业化发展的格局，包括油气资源的再利用、海洋产业的发展等，以构筑新的产业体系。东北要想在整个中国格局中成为高端制造业的基地，现在就要利用好资源优势提升产业经济，形成一个更有利于吸引人才、留住人才、让人才发挥更大作用的人力资本市场。

铺好这几条路，再进一步改善老百姓的生活，东北地区在下一阶段才可能赶上全国的经济发展进程。

王巍：我也是东北人，但对东北并不熟悉，也没有灵丹妙药。现在大家都在讨论东北，且谈到的内容都很深刻和复杂，主要围绕几个问题——

体制问题、人才流失问题、政府能力太强等。

但是我想反问，如果是体制问题，那么英国的曼彻斯特、美国的底特律、德国的鲁尔，它们的体制不行吗？它们曾经多么辉煌，现在不也衰落了？我们在热议东北脱困问题，也许美国也在讨论底特律脱困问题，这跟体制并无关系。

那么是人才问题？东北人不行吗？然而广东、深圳、海南等地有相当多的东北人，他们同样为当地的发展和建设贡献了自己的力量。

是政府政策问题？东北最辉煌的时候恰恰是在计划经济体制下政府控制最强的时候，反而在市场经济时代东北从未辉煌过。

事实上，东北真正的历史只有约150年，但在这100多年的历史中，它曾四次领先全国其他地区。第一次是甲午战争之后，中东铁路开始修建，这条丁字形铁路是19世纪末20世纪初中国境内修筑的最长铁路，形成了规模巨大的东北铁路网。中东铁路促进了19世纪末20世纪初相对落后的东北的开发，满洲里、绥芬河、哈尔滨、长春、鞍山、沈阳、大连等，均是由于中东铁路的建设而发展为大城市。当时东北经济已经全面超过国内其他地区，这是东北经济发展的一个高潮时期，没有铁路就没有东北。第二次是张作霖时代。张作霖在东北虽然实行强制化军事管理，但是实施了很多现代化建设措施，开矿、修铁路、建电站、设银行、办学校，使东北经济在当时的中国举足轻重。第三次是伪满洲国时期，日本人控制了东北三省。而到1945年时，满洲国已然超越日本，成为亚洲第一大经济体。当时东北工业总产值占全国的85%。第四次是"辽老大"时代，全国有156项工程，其中有1/3在东北三省，现在上海、四川、西安等所有的建设都是从东北输出的。我曾在博物馆做过一张图，图中显示，当时沈阳一个城市就向全国输出400多条线，叫"输血"。

今天我们都在探讨东北问题，但如果不了解它曾经的辉煌，只着眼于眼前的因素，那是空谈。东北困境究竟是体制问题还是机制问题，或者是其他问题，很难争论。但我们必须明白一点，它本来就不应该像当年那样在各方面都领先全国。从自然角度来说，哈尔滨一年中有4个月不能工作，大量人口向外迁移，去自然条件优越的地方生活，这是我们无法抵挡的潮流。今天是互联网时代，所有人都可以选择，我们不可能仅因为情怀，为了振兴东北而留在东北。以前没有互联网，交通不便，各地都只能发展地域经济，但现在无论怎样拼命，东北也不可能像过去那样辉煌了，毕竟时代已经过去了。

但不可否认的是，东北曾经确实为共和国献血60年，今天已经有些人老气衰。它到了"更年期"，有病是正常的，我们不必过于渲染，而应以平和的心态看待东北，在此基础上再讨论问题，寻求解决之道。

秦朔：在这样的背景下，东北问题其实还有很多可以讨论的焦点。何总在东北有投资吗？对东北问题有何看法？

何启强：最近有一篇文章说，脑子进了水才会到东北开公司，我就是其中之一。我在黑龙江投资了6亿元，第一个项目是从2012年开始的，亏了3年。第一年是建设期，有亏损很正常，后两年亏了约3000万元，直到第四年才开始扭亏为盈。2016年是第五年，已经是一个正常盈利的年度了。这是我在东北投资的第一个项目，然后我又"痴心不改"，在牡丹江投资了第二个项目，从投产到现在持续盈利。毛振华说我是亚布力论坛理事中唯一在东北投资盈利的，我想我可能是"瞎猫碰上死耗子"了。

黑龙江肯定有它的"雾霾"，很多人对黑龙江的人文等各方面情况并

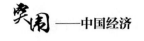

不了解。第一，黑龙江在东北有一定的代表性，是中国的第一农业大省。而所谓的困境主要指两方面：其一是经济发展，即GDP及其背后反映的就业情况；其二是财政收入。这两点对于高度依赖当地资源和农业的省份而言，都是相当不利的。首先，农业税已经取消了，第一农业大省再没有农业税收；其次资源枯竭，能源价格也不断下跌。当然，除了内部原因外，我们也要寻找外部原因，探讨整体大环境对东北的影响。

第二是人文方面的因素。前几年，我准备到东北投资，在黑龙江走了一圈。去黑龙江中部偏东的某地方考察时，当地的招商局领导十分热情，盛情邀请我们在当地发展制造业和能源产业，称当地人力、土地资源丰富，且一过桥就是俄罗斯，对俄贸易便利。但当我了解当地的情况后发现，黑龙江的农民是全国最幸福的农民。为什么这样说呢？在广东，人均土地按分计算，而在黑龙江土地都是按公顷计算的。黑龙江土地广阔又肥沃，农民一年种一季，根本不愁吃穿。而随着农业机械化发展，农业所有环节，播种、施肥、收割等都由专业公司完成，这意味着农民不干活都有收入。在这种情况下，我们去当地投资建厂，农民愿意抛弃舒服的生活，给我们当工人加班干活吗？不可能。所以，不能把传统制造业挪到农民太幸福的地方。

正因为东北地大物博、人口稀少，以同样的尺度去要求它与沿海地区比较发展才不合理。东北资源和能源十分丰富，但是由于工业不发达，用能十分少。2016年我写了一份关于龙煤集团的提案，该集团当时严重亏损，员工问题突出，根源就在于煤卖不出去，价格低。而要想用煤，就得发展用煤产业，最简单的就是发电，但电又向何处输送？可以建设特高压输电线路，送到华北地区，但黑龙江并没有被纳入国家特高压输电网。所以，能源和资源的输出也很重要。

除此之外，黑龙江还有一向引以为豪的对俄贸易，至于有没有优势，我没有深入调查。但对俄贸易主要指的是远东地区，且不论远东地区人口等因素，光运输成本都是问题。所以，东北当前的形势就是农业收不上税，工业不发达，用能不足，能源又输送不出去，这些必然会导致发展问题。

谢丹阳：刚刚王会长提到了英国的曼彻斯特、德国的鲁尔地区、美国的底特律等，事实上重工业地区的衰落具有一定的普遍性，对此，美国还有一个专属名词——"铁锈地带"。20世纪50年代，美国制造业的54%都集中在这些"铁锈地带"，如底特律、匹兹堡、罗切斯特、芝加哥等。1950—1980年的30年间，该比例大幅度下滑至34%。而1980年以后，虽然面临着东亚和中国的崛起以及全球化浪潮，下滑速度反而减缓，在这之后基本没有变化。直到今天，这些地区的制造业仍占美国制造业的30%以上。换言之，这个比例从1950年的54%降到1980年的34%后基本稳定。

可以说，全球化并非导致"铁锈地带"缺乏竞争力的主要原因。那么主要原因是什么？我查阅了相关研究资料，有三位学者专门为美联储做了一份咨询报告，报告中他们总结了两方面的原因：一是缺乏产品市场上的竞争，市场垄断严重；二是存在强势的工会。

首先，产品市场缺乏竞争。由于该地区的大型企业，如钢铁、石油、汽车等企业，游说国会为他们提供国际贸易保护，并对他们的垄断睁一只眼闭一只眼，长此以往，他们失去了竞争意识和压力。这些大型企业与我们的国企比较类似。其次，强势的工会。工会一旦强势，企业和资本家们则不敢加大投资、搞研发，因为研发会产生难以预计的沉没成本，那他们与工会的讨价还价能力就会下降。这两方面的因素交杂，导致地区缺乏创新和活力。在这种情况下，中产阶层会逐渐离开，随之消费品的需求减少，使蓝领失去就业机会，最后该地区的整体经济也就渐渐萎缩了。

从人口来看，底特律人口从1958年的185万下降至1980年的65万，匹兹堡、布法罗下降了一半以上，罗切斯特下降了1/3。这些地区缺乏市场竞争，劳动市场僵化，再加上"巨无霸"行业，如汽车、石油、钢铁等会聚了大批蓝领收入人群，最后导致创新不足、经济萧条和治安恶化，陷入了恶性循环。

部分经济学家认为没有必要扭转人口趋势，但如果仔细观察人口流向，可能会为我们思考重整措施提供一些启发。硅谷人口由最初的10万变成现在的300万，休斯敦从60万变成230万，凤凰城从10万变成150万。从中我们可以看出，发展好的城市一般具有多样性特征和特色文化，同时对

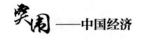

有创新能力的年轻人有足够的吸引力。

那么，**要重整旗鼓应该靠政府还是靠市场？**美国政府曾经也尝试过各种办法，包括基建、高速公路、市政建设、市区公园等，甚至进行贸易保护，但最后都失败了。政府留不住人，而如果依靠市场，将会经历十分漫长的过程。从1950年至今已有67年，美国只有少数几个城市转型比较成功，其中匹兹堡依托卡内基梅隆大学和匹兹堡大学，大力发展人工智能和医疗；芝加哥本身就有金融、航空、教育、音乐、体育等产业背景；克利夫兰现在在发展健康、科技产业；近代罗切斯特是光学工业的枢纽，是柯达的总部所在地，还是光学仪器与隐形眼镜的跨国企业博士伦的全球总部与创始所在地，有"世界影像中心"的美称；底特律转型比较慢，但现在也正向飞机制造产业转型；布法罗最近吸引了马斯克到当地生产太阳能产品；俄亥俄州也吸引了中国的曹德旺先生到当地投资，助他们解困。

从以上较有起色的一些案例中，我们可以发现，这几座城市的成功转型主要源于校企合作，大力推进创意与科研的结合。我们单纯寄托于廉价劳动力或者廉价房地产是远远不够的，因为这两点只能吸引低收入人群。我们需要吸引并且留住年轻的企业家，这样才能为城市注入活力。对此，我谈一些具体措施。

第一，实施区域性的税收优惠政策，吸引外部资源。外部资源不一定指海外资源，也包括东北其他地区的资源及金融资本等。要简化行政审批手续，实施新政策，为年轻人创造更多机会，吸引他们再闯关东。

第二，大力发展特色文化产业，如打造滑雪圣地。除此之外，还可以开发创新性产品，像能够边滑雪边拍照的谷歌眼镜等。夏季可以通过举办露天音乐表演、啤酒节、国际电影节等活动吸引人流。

第三，建设时尚白领社区，按照年轻人的偏好设计休闲地段，一定要把这个摆在很高的位置。

第四，积极发展教育，包括私立大学和研究机构，促进校企合作。

第五，政府要敢于创新，加快建设法治政府，为企业提供便利和信心。

第六，中国过去几十年的成功，很重要的一点就是各省及各个城市之间相互竞争。一座较大的城市有上千万人口，每个区人口也有几十万、上百万，可以以区为单位开展各区之间的竞争，形成竞争氛围。正如雷军所说，一竞争，二"搅和"，整个行业就推出了几位能在市场上竞争的企业家。因此，要将权力下放到区，让各区放手去干、去闯。

最后，提高开放度，加强对外合作，包括对美、韩、日的合作。另外，东北各省应各自将自己看作独立的经济体，从这一立足点出发，思考人才战略和出口竞争力问题，只要出口到东北以外的地区都是出口，而不必一定要出口到国外。政府加上社团经济，就是重振东北的诀窍。

张醒生：因为公益项目，我得以有机会在东北一些县市走走看看。围绕解困东北经济这一话题，我谈谈我所了解的黑龙江。

我认为经济与人是相关联的，如果不解决人的问题就无从解决经济问题。改革开放这几十年来，我深切体会到了北京外来人潮的变化，尤其是服务行业。在第一轮人潮中，北京服务行业的外来打工者主要是川妹子；到20世纪90年代，一批江西、湖南的打工者涌入北京；而到今天，如果在北京等大都市调查一下，可能会发现服务行业从业者的主体力量来自东北。我的头发十几年来都是在同一家美容店打理，以前的美发师都来自广东，现在都是东北师傅，洗头的小姑娘也都是东北人。2017年2月5日，北

京市市长刚刚在"京津冀协同发展调研行"座谈会上宣布，争取到2020年将北京市常住人口控制在2300万以内。但东北人潮又不断地涌向北京，北京能将这些人拦回东北吗？不可能。反之，年轻人向外迁移，人才大量流失，东北真的还能振兴工业基地吗？也不可能。

事实上，除了生产外，市场经济还有一个重大的需求，就是交换。东北的环境和土地是最珍贵的资源，可以用来交换。如何交换？以大格局的战略思想进行交换。前段时间，国务院出台《中共中央国务院关于加强耕地保护和改进占补平衡的意见》，明确耕地红线绝不能突破，即已经确定的耕地红线绝不能突破，已经划定的城市周边永久基本农田绝不能随便占用。《意见》还提出，到2020年全国耕地保有量不少于18.65亿亩，永久基本农田保护面积不少于15.46亿亩，确保建成8亿亩、力争建成10亿亩高标准农田。我们知道，北京五环、六环外也种植农作物，全部用地下水，农业生产成本非常高。而且北京频繁的雾霾天气，严重影响了农产品的产量和质量。如果黑龙江与北京就此进行沟通合作，北京的生产指标由黑龙江帮助实现，北京改农业生产为种植树木、花草，这样也可减轻雾霾，实现双赢。

另外，我也发现东北农民是世界上最幸福的农民。如果你们到东北县市走走，就会发现它们那存在一个特别可爱的现象——广场舞盛行。2016年刘明康主席带着我们一批企业家去抚远，下午我们在当地参观完就去看了一场广场舞，还兴致勃勃地参与进去，与他们一起跳。晚上，当地政府在黑龙江江边组织了一场晚会，结束后又跳广场舞。现场有一位40岁余岁的大哥，下午和晚上都在领头跳舞。他告诉我们，他家7口人，平均每人6公顷地，即90亩，7人共600多亩，全都承包出去，每公顷7千元，每年纯地租收入就有几十万。他们在城里买了房，也没有工作，平时只跳跳舞，幸福指数非常高。

东北的土地确实是中国最珍贵的资源，我在当地看到一些农垦农场后非常震撼。国家大前年开始支持农业机械化，在高速两侧的农地上，全都是联合收割机在收割粮食，喷洒农药都靠飞机。在这里，我看到了现代农业的缩影。

东北人口大量迁出，农业生产也进一步实现大规模的机械化，因此，我认为按照传统的模式去思考东北经济的解困之道，是行不通的。东北发展应该回归"绿"字。我从小在湖南长沙长大，长沙的夏天是大"火炉"，但七八月的东北却是"天堂"。东北人冬天都去三亚避寒，为什么不在夏天将南方城市的人吸引到东北来避暑呢？这就是人流交换、土地交换和环境交换。东北解困，我认为交换应该成为一个主题词。

【互动环节】

韩家寰：我姥爷80年前就在沈阳开工厂，后来到了台湾。我父亲60年前在台湾创立大成食品，20世纪90年代在沈阳开了大陆的第一家工厂。发展到现在，大成食品已在东北开设了十几家工厂，生产粮食、饲料，加工肉鸡，因为东北的粮食在中国产量最高、质量最好。

我认为要解决东北问题可以从以下几方面着手：第一，日本跟大连的关系非常特别，大连是日本软件外包中心，软件设计是强项，可以以此带动整个行业的发展；第二，东北最强的是绿色农产品，因此不可盲目生产转基因作物，要与美国形成差异化；第三，大力发展旅游产业。东北可以借鉴台湾的经验，除大陆观光客外，台湾还吸引了许多香港等地的游客。东北自然风景优美，如果能吸引俄罗斯、日本、韩国等国家的游客来旅游，前景将非常广阔。东北还有很多机会，当然，最大的优势仍是土地。

毛振华：造成东北发展困难的原因有很多，但当前机会多于问题，需要我们深入挖掘。农业是黑龙江最具优势和竞争力的产业，要大力发展绿色农业、非转基因农业，利用"互联网+"，一户户、小袋袋销售出去，借助"互联网+现代农业"推动农业由"种得好"向"卖得好"转变。

东北地区的核心问题，其实是城市经济的问题。东北在这方面也仍有机会可挖掘，例如旅游。现在来东北的游客逐年增长，为东北带来了许多经济收入。我曾看过一篇文章《大美黑龙江》，这是我见过的介绍黑龙江写得最好、最美的一篇。事实上，黑龙江的旅游资源并没有得到充分的开发与利用，我认为问题在于人——当地企业家不够。黑龙江要下大决心，引进一批懂旅游业的企业家。政策是第一位的，政策改革了，黑龙江的发

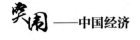

展将大有希望。

王梓木：东北人都讲人情，人情大于王法。王法就是规矩，一个不讲规矩的地方，经济怎么能搞好？东北是计划经济的强者，市场经济的弱者。而市场经济恰恰更需要规矩，需要文明和法治的支撑。没有规矩的土壤，就长不出茂盛的市场经济庄稼。我们探讨问题与不足，是为了让它走得更好。不过近年来黑龙江已经发生了很大的变化，机会更多，如果把握机会跟上时代步伐，它的发展将更广阔。

秦朔：因时间问题，我们让黑龙江发改委巡视员彭建民先生发表一下他的观点，他是最了解东北本地实际情况的人。

彭建民：振兴东北是一项复杂的课题，不是一句话就能说清楚的。我只想告诉大家一个真实的黑龙江。历史上黑龙江GDP总量曾排名全国第五，但代价巨大，生态破坏严重。1994年国家确定向市场经济体制过渡的政策，东北现象开始显现。1996年，朱镕基同志判断中国粮食供需大大平衡，黑龙江开始了艰难的5年调整，苦不堪言。在随后的2003—2013年十年间，国家提出"振兴老工业基地"战略，我们开创了第二个辉煌：十年间黑龙江的经济总量年均增长11.7%，略高于全国平均水平，进入了万元人均GDP时代。这一是源于WTO的红利——国际环境的改善；二是国家扶持政策密集出台；三是市场的拉动。但黑龙江内生动力不足，投资成本和交易成本偏高，发展问题始终存在。

因此，解决黑龙江发展问题的症结是降低投资成本，真正形成发展的内生动力。主观上，变"要我干"为"我要干"，大力发展民营经济，调整产业结构，转变经营机制，客观上还需要国家在产业政策方面提供支持。另外，黑龙江也正在贯彻落实"一带一路"战略规划，以对俄贸易为主，同时往西向欧洲延伸，往东向日、韩延伸，提高开放度，推进经济建设。

一位"老香港"的建议

文梁锦松 ▶ 香港南丰集团行政总裁

作为所谓的"老香港",我跟大家报告一下香港今后应该怎么走。最近有很多人,不管是新香港人,还是关注香港发展的人都在问,香港过去20年出了很多问题,以后怎么办?甚至有香港人在问是否需要"移民"。香港已经回归了近20年,《基本法》承诺香港制度保持50年不变,现在只剩下30年,所以未来10年是非常关键的10年。对此,我跟大家分享一下我的思考。2017年香港要换行政长官,这也算是我对新一届政府的期许和建议。

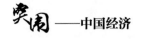

从我的角度来讲，过去20年香港的总体发展还不算太差，人口有所增长，总GDP也有所增长，人均GDP也有所增长，但与中国内地或者中国香港的竞争对手新加坡的增长相比，还是慢了一些。过去20年，中国香港人均GDP增长为1.6%，而新加坡将近3%，几乎双倍于中国香港。股票市场上，无论是上市公司数量还是总市值，中国内地都比中国香港高很多。1990年中国股票市场上只有10家上市公司，到2017年1月，沪深两市的A股上市公司总数已达到3086家，远超过香港股市的1720家。A股总市值从1992年的1000亿元增长到2017年的52万亿元，是香港市值的两倍多。

除经济发展之外，现在我们都非常关注年轻人的发展。我大概在两年前说过，过去十几年特区政府没有充分重视年轻人的发展，这主要体现在三个"上"："上楼"——没有什么希望；"上流"——往上流动的机会比较困难；"上位"——给政府建言比较困难。如果三"上"困难的话，他们只能上街。

上楼。目前香港人均住房面积只有16平方米，如果把香港的所有住房放在一起，一套房子的中位数面积只有47平方米，也就是说有一半房子的面积小于47平方米。而且香港的房价非常高，可能是全球最贵的。有一个研究表明，香港中等收入家庭18年不吃不喝才能买得起一套中位数面积的房屋，也就是47平方米。所以，现在在香港跟父母一起住的年轻人越来越多。

上流。比起以前，现在大学生毕业后工作的收入增长越来越慢，而房价越来越高。而且工作职位也发生了很大的变化，以前从事专业工作的大学学历人口有一半左右，现在这一比例已经降到了38%，从事较低技术职位的人口数在增加。对于香港的年轻人来说，往上流动的机会非常小。跟内地不一样，现在内地很多年轻人都在创业。而比起二十几年前，香港年轻的创业者少了。香港的贫富悬殊也一直在加大，从20世纪70年代开始基尼系数一直在往上涨，现在可能已经成为全球贫富悬殊最严重的地方之一。

上位，就是年轻人参与建制，参与政治的管制。上一届香港特区政府说"亲疏有别"，也就是不支持特区政府、不支持中央政府的人都没有参与建制的机会，这样就把持有不同意见的人排除在了建制之外。所以如果上楼没希望，上流很困难，上位也有难度，年轻人就只能上街了，所以两年前的"占中事件"也不是偶然的。

2017年香港会有一个新的行政长官，但我觉得历届行政长官的施政重点都是一样的，就是发展经济、改善民生。我借用李光耀先生的一句话，"如果你要再分配财富，你首先要创造财富"。也就是说如果要分钱，你首先要赚钱，不然你只能借债来分，这也是对年轻人的不公平，因为借债其实是把未来的钱拿到现在来用，迟早是要还的。

当然，香港经济发展的空间并不小，我们应该像中央政府所提出的，香港应该专注国家所需、香港所长。我们既是中华人民共和国的一部分，《基本法》也赋予了香港不同的体制，这些是我们发展经济最独特的优势。香港还是中国最国际化的城市，20年来香港每年都被评为"全球最自由的经济体"。我们是中西文化汇聚的地方，我们的法治、低税也很具有吸引力，香港还是全球最安全的地方之一，几乎没有绑架、谋杀的事件，我们还有一个比较廉政的环境。在五个经济流方面，香港也是最繁荣的地区，包括人流、物流、服务流、资金流和信息流。

我在二十多年前讲过，聚才和聚财对香港来讲是最实用的，而最重要的是人才。特别是在过去的7年，西方中央银行都在印钞票，从某个意义上讲，钱财是现在最不缺的资源，在知识经济、创新经济里最缺的是人才。在这方面，我觉得香港很有优势，我们应该强化香港作为全球精英乐意聚居和工作的地方，应该考虑积极吸收全球精英来香港。我们要派专人——政府的人或商界的人到其他地方点对点地说服精英人才到香港工作、居住。毕竟对全球人才来说，香港还是很有吸引力的地方，是非常宜居的地方，税点低，适合做投资，香港的增值税基本为零，投资基本上不征税。

所以我们应该趁其他地方排斥外来人才的时候，去积极吸收人才，香港从来都是一个外来移民的城市。同时我们要改善香港的教育，把香港的教育从以前或者是现在的应试教育变成创新的教育。我觉得香港的人口不应该只是几百万，而应该是1000万，因为没有这个体量很难支持香港乃至中国在各个方面的发展。

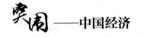

在聚财方面，我们应该吸引更多的企业和金融机构来香港。香港也应该大力鼓励"三创"——创新、创意、创业。香港为什么要特别鼓励创意呢？因为创新很容易引导人去想科技创新、业务模式创新，但创意包括文化的创意，比如建筑、媒体等都是创意，这些都是强有力的经济推动力。我们应该吸引高端研发机构到香港，而且在人才方面要大量吸收"三创"人才到香港。另外，我们应该积极跟珠三角，包括深圳、东莞、珠海开展突破性合作。比如在人流方面，对于香港居民或常住人口，从深圳等地方过关的时候能不能有"金色通道"？如果能够突破"香港居民到内地超过183天就要付内地个人所得税"的税制，可能更容易吸引两地高端人才来往。

大家都知道，深圳现在是中国最有创新能力的城市之一，它的体量比香港大，深圳跟东莞是全球最好的制造业平台，珠海有干净的空气跟土地，这是发展生物科技最好的地方之一。如果把几个方面的优势结合起来，打造一个粤港澳湾区，我们将很有能力跟美国的湾区竞争，这对我们有利，对国家有利。

金融中心还是一个很重要的环节，毕竟在可见的将来，国际金融中心在亚洲应该还是香港和新加坡之争。香港不能丢掉这个，因为中国到时很可能会变成全球第一大经济体，但是如果还要依靠新加坡作为金融中心，这就可能会涉及国家安全的问题。国家正在推动创新、创业，香港也应该想一想，如何改动无论是上市的规矩还是其他制度，来适应创新与创业。人才是最缺的资源，但是我们现在的上市规矩还是对资本比较有利，我们应该思考一下如何重视创业者，而不是控制股权。

现在全球IPO（Initial Public Offerings，首次公开募股）头十家企业中，6家在美国，4家在中国，但是有9家是在美国上市，只有1家在香港上市，我觉得这不能配合国家的发展。香港应该想一下如何进一步改变金融的规矩和产品来支持国家的发展，支持国家的经济全球化，包括"一带一路"、人民币国际化。在可见的将来，资本项目还不可以完全兑换，这就会形成两个资金池，一个在境内，一个在境外，香港最好可以提供这两个资金池的风险对冲管理和流动渠道。

　　香港也可以成为地区的高端服务中心，包括教育、医疗、文化、会展，这都是香港现在既有的优势。如果香港人口能够从700万增加到1000万，需要的基建房屋及其他各个方面的建设也可以推动香港在经济方面的高速发展。有人说香港没有地了，其实香港66％的土地没有被使用，我们欠缺的是政府与居民的沟通，说服居民的能力。我们也应该大量增加公共房屋的建设，而且把它用更齐全的方法卖给市民，我觉得这是一个把部分财富转移给年轻人的好方法。

　　未来十年是香港承前启后的十年，有国家的支持，有两制的制度优势，有包括新老香港人及外来人的共同努力，只要新一届政府能跟市民好好沟通，提出一个清晰的发展方向，减少政治上的争闹，我们一定可以按照一国两制、着力发展经济、改善民生的方向走下去，这样香港人的幸福感一定会提升，对国家的爱护也会提升，而香港也可以为国家在地缘政治多变的情况下做出新的贡献。

理性看待"走出去"

文 **毛振华** ▶ 中国诚信信用管理有限公司创始人

关于民营企业的海外投资甚至是民营企业的移民,不再是一个新话题,但仍然是一个敏感话题,所以,我想在这个敏感话题上做一些讨论和分析。

2015年民营企业海外投资的占比越来越大,已经超过了60%,民营企业海外并购占比超过了70%。虽然2016年的统计数字还没有出来,但预计占比还会有所提升。

从分析来看,这是历史发展的自然规律,也是企业家的真实需求。首先,民营企业海外投资顺应了大国崛起的发展潮流。研究过经济学的人都知道,主要的西方国家和发达国家他们的发展经历了四个阶段:劳务输出、商品输出、资本输出和文化品牌输出。

早期是以劳务输出为主,比如奴隶贸易,进一步发展才是商品输出。商品输出也分为两个阶段,第一阶段以技术优势开始,早先的资本主义国家取得了技术上的突破,提高了劳动生产率,向世界其他国家倾销商品。到了第二阶段,那些技术上没有突破,但是有劳动力成本优势的国家,在主要资本主义国家完成资本输出后,也开始资本输出。中国所经历的商品输出阶段,其实是主要西方国家资本输出的结果。资本输出到了一定的阶段,便是文化和品牌的输出,当然文化和品牌输出需要很大的技术支持。

如今,中国刚好处于资本输出阶段。值得注意的是,2008年以后在全球金融危机的背景下,中国发生了三个历史性变化:一是2009年中国超过

日本成为世界第二大经济体；二是2013年中国成为世界第一大贸易国；三是2014年中国成为资本的净输出国。这些变化反映了在全球经济低迷的情况下，中国的经济增长更加引人关注。过去，中国的GDP在很大程度上依赖于出口，但是随着中国贸易增速的下降，出口贡献率进入了负数时代，此时中国却成了世界第一大贸易国。这反映出全球国际贸易的总量在下降，也就是说，全球不同国家的海外需求水平在下降，这是一个值得研究的现象。

中国资本输出走的道路并不平坦，国际环境也不是一帆风顺。主要发达国家过去依赖自己的技术优势、资本优势，极力推行全球化，现在开始反全球化，全球贸易缩水就是在这种背景下出现的。另外，世界范围内FDI显著下降。联合国《全球投资趋势检测报告》指出，2016年全球FDI为1.52万亿美元，较2015年下降了13%，这是非常重要的一个标志。中国就是在这样一个背景下，进入了资本输出阶段。2014年中国ODI（overseas direct investment，对外直接投资）首次超过FDI，成为资本净输出国。海外投资遍布全球188个国家和地区，存量累计超过一万亿美元。

全球贸易塑造了大英帝国的全球经济版图，也支撑了美国经济的强势崛起。资本输出则让日本保持了强大的经济实力。20世纪90年代日本经历"广场协议"和日元升值后，企业大幅进行海外投资。截至2015年年底，日本政府、企业与个人投资者拥有的对外净资产余额约339.26万亿日元（约合人民币20.3万亿元）。日本20多年蝉联对外净资产最大国家。

所以，中国海外投资的发展也是中国走向经济大国和强国的必由之路。那么如何实现这个必由之路？仅仅靠国家投资是不行的，国家当然要领军，站在中国走出去的前列，另外，民营企业也非常重要。民营企业海外投资上升就是在这样的背景下出现的。

民营企业大量"走出去"也是当前民营企业发展的客观需求。首先，当前中国经济处于增速换挡期、结构调整阵痛期、前期刺激政策消化期"三期叠加"的时期，国内投资回报率下降、投资机会不足。其次，2008年以后货币超发催生的资产泡沫加剧了国内投资风险。货币超发和资产泡沫带来的财富效应，也有通过资产转移加以固化的需求。再次，金融资源配置集中在国有企业，挤占了民营企业的生存空间。统计显示，自2008年国际金融危机以来，七成债务融资投向国有企业。在债券发行方面这一失衡更为显著，国有企业与民营企业债券融资规模之比大致为3∶1。金融资源配置的扭曲，不仅挤压了民营企业的生存空间，也加剧了金融系统的运行风险。近年来，一些地方理直气壮地剥夺民营企业财产，让部分民营企业家人身和财产安全遇到了挑战，出于环境、成本和安全等方面的考虑，以及追求子女更好的教育和医疗条件，部分民营企业选择"走出去"进行投资，甚至移民。

近年来英国脱欧、特朗普上台等"黑天鹅"事件的涌现，凸显了逆全球化趋势有所抬头，这种新开放格局也迫使中国民营企业勇敢地"走出去"。特别是美国总统特朗普上台后，中美之间可能引发较为激烈的贸易战、金融战。特朗普作为商人所具有的强烈胜负观，可能使他具有一些"新冷战"思维，并由此引发中美之间全面的政治和军事对抗。民营企业"走出去"是应对未来贸易战的有效手段之一，也是"新冷战"隐患下对政府主导的资本输出模式所做的必要调整。

我国正迎来一个资本输出的窗口期。第一，民营企业"走出去"，可以抓住当前全球资产估值偏低的契机，加大全球产业链布局力度，可以寻找到新的投资机遇。第二，民营企业"走出去"可以更好地发挥民营企业投资灵活、多元、高效的优势，让对外投资可持续，并在海外深深地扎根。第三，鼓励成熟的民营企业和老一辈的民营企业家"走出去"，还可以为年轻企业家提供本土成长的空间，从而在国内形成一个完整的企业家梯队，促进国内市场经济的良性竞争以及企业家队伍的代际更替。

不要过于担心短期内资本外流对国内经济的冲击，更应该看到海外华人华侨资本的特殊贡献。辛亥革命时期，华人华侨大力支持和宣传革命；抗战时期，华人华侨大量捐资支持抗日，甚至参军和组织抗日救亡队伍。即便是冷战时期，华人华侨也给予了祖国技术、资金、信息等方面的支持。改革开放以后，华人华侨更是我国外商投资的重要来源。统计显示，1979—1997年，海外华人华侨资本占外商投资的60%以上。今天"走出去"的中国民营企业家，也必将以各种形式反哺国家和民族。

我们要以开放的胸襟吸纳外商投资，也要以开阔的胸怀看待民营企业"走出去"甚至部分企业家的移民。我们要为民营企业"走出去"营造更加宽松的制度和舆论环境。

海外投资的三大机遇

随着"一带一路"战略的不断深化，越来越多的中国企业家走出国门进行海外投资。然而在"走出去"的过程中，不可避免地会遭遇到因为文化、社会、政治差异而产生的种种问题。如若想要能够趋利避害地去化解这些难题，自然要求我们要对海外投资所存在的风险与机遇拥有更为深刻与全面的认知。

在 2017 年亚布力年会上，就海外投资存在的风险与机遇问题，黑石集团大中华区主席张利平，顶针安全总裁姜秉新，瓴睿资本集团首席执行官、尚乘集团全球咨询委员会副主席容显文，塔塔集团中国区总裁詹宏钰，招商银行总行副行长赵驹，渤海银行股份有限公司党委书记、董事长李伏安，深圳达仁投资管理股份有限公司董事长王伟东进行了深入讨论，IDG 技术创业投资基金合伙人李建光主持了该场讨论。

李建光：2008年金融危机之后，中国企业的海外投资和并购开始大幅度增加，"一带一路"政策的提出又使更多的中国企业走出去，海外投资和并购被推到一个新的高度。在海外投资和并购方面，2016年有两个标志性数据：第一，中国企业海外投资总额达到了1700多亿美元，同比增长超过44%，中国第一次超过美国成为世界上第一大对外投资的国家；第二，一年中累计被取消的对外并购投资的金额超过750亿美元。被取消的原因有两个：一是资产所在国各方面的审查、监管越来越严，二是我们的外汇储备急剧下降，外汇出境面临越来越多的困难。

在这个背景下，我想跟大家讨论两个方面的问题：第一，在过去七八年中，各位走出去的策略是什么，做了什么事情，有怎样的经验和教训？第二，面对新的环境，大家如何调整对外投资或并购计划？

张利平：自改革开放以来，随着我国外汇储备的大幅增加，国企和民企更加国际化。近10年，我国的海外投资加剧增长。关于中国企业走出去，我觉得主要有三类策略：第一，企业本身的发展使得它必须增加海外销售，或海外生产，属于战略性的收购或投资；第二，为了获得国外的高科技或品牌，从而收购国外企业或品牌；第三，资产配置，这个主要是保险公司和金融机构。黑石是全球投资公司，最近几年有很多中国企业来找我们，希望我们帮他们寻找好的项目，目前我们主要是将地产项目出售给中国的企业，其中民企多一些。进入2017年后，国家外汇管理局对人民币的进出进行了一定的限制，但是目前来看，我们还没有感觉到有太多的障碍，因为这些买家基本上都是为了资产配置而进行的购买，他们的资金也比较充足，一是他们本身有海外业务，能在海外融到钱；二是通过银行系统，他们在国内也可以正常进行信贷。

当然，因为外汇管制的因素，我认为2017年中国企业在海外的兼并可

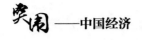

能会受一定的影响，和2016年相比，总额可能会减掉一半。但是这种情况会持续多久，我很难判断，这需要看中国外汇管理政策是否会发生改变。如果宏观经济调整好了，外汇储备还是会涨上来，从政府的角度来说，也会继续鼓励中国企业走出去的。

姜秉新：这里我主要想谈谈海外投资的风险。据有关部门统计，我国每年出境人口1.3亿左右，海外留学人员200万左右，外派劳务人员差不多有103万。在海外注册的中资公司有3万多家，遍布世界150多个国家。根据有关部门的资料显示，随着经济的全球化，海外实际上已经形成了一个"海外中国"的概念。随着中资企业、中国人走出去的步伐加快，安全问题就成为一个越来越紧迫、越来越现实的问题。风险包括商业风险和非商业风险，商业方面的风险在座的各位应该更有体会，那么非商业风险包含哪些内容呢？一是政治风险，就是所在国政局的变化，比如领导人变更、政府更换、内部权斗等。二是社会风险，包括动乱、灾难、流行病。三是法律风险，我们去一个国家投资兴业，是否熟悉所在国的法律直接关系到我们在海外的投资、兴业，或者生活和旅行安全。

容显文：瓴睿是一个多元化的投资公司，既有证券，也有私募基金，我们还会主动去控股、收购有价值的公司。从行业方面看，我们以金融为主，有高科技、新能源，最近也开始考虑房地产。从地区分布上看，我们主要以亚洲为主。关于投资经验，我觉得准备是非常重要的，我们不是一般的财务投资者，我们考量的是增值。因此对于被投企业，我们从市场开拓、融资渠道、风险管理等各方面提供专业支持，从而实现被投企业的转型与发展。

王伟东：关于海外投资的机遇和风险，我觉得首先要明白一点，那就是对企业来说，国际化或全球化已经成为企业的生存状态。在这样的大环境下，各种商业机会相互交织，所以中国企业完全有能力从资本、智力等方面在全球创造或者发现投资机会。关于机遇，最关键的问题在于对各方面的判断。现在的国际形势以及我国经济发展情况、外汇管理措施等或许对海外投资带来了不利影响，但我觉得在全球新的经济和政治格局下，新的商业机会还是非常多的，不同阶段有不同阶段的做法，最重要的是我们如何看待这些变化。当然，海外投资的风险也不容小觑。与国内相比，虽然海外并购的审批程序没那么复杂，但也存在后期被终止的可能，工会的意见也会影响整个并购的进程。

詹宏钰：塔塔集团是一家在印度的企业，所以我就讲讲在印度投资的机会和风险。我们为什么去印度投资？有的人希望取得印度的市场，或者利用印度生产成本低的条件，生产出口其他国家的产品，或者反过来为中国服务。也有人就是机会主义，低点的时候买入，成长以后再卖出。根据已有数据显示，目前我们在印度的投资还比较少。究其原因，很多国内企业都认为在印度投资太困难。这让我想起来中国20年以前的情景，当时外资也不敢在中国投资，担心自己的产品在中国难以销售，而且中文也不是他们能轻易掌握的一门语言。现在20年过去了，曾经在中国进行投资的外资企业命运怎么样？确实很多做了先烈，但是真正有技术强项或者有管理特点的企业发展得特别好，同时也成长了一大批特别优秀的中国企业，他们不仅在中国，而且在世界舞台上都发挥着特别重要的作用。

其实印度现在的情况跟当年的中国有很多相似的地方，不同的是它的基础设施存在比较大的问题。除此之外，印度的某些行业与我们不相上下，甚者领先于我们，比如互联网企业。现在印度互联网行业的发展水平与我们只有三五年的差距，而且现在他们的发展速度特别快。2016年印度获得的外商直接投资总金额达630亿美元，其中服务业、通信业为主要被投资领域，基础设施行业获得的外商投资特别少，主要是政府在起作用。

那么我们是否要加大对印度的投资？投资印度是否有价值或战略意义？我觉得这里的价值还是比较大的。比如印度人工成本是我们的三分之一左右，IT行业工程师的成本甚至只有国内的一半。如果我们要招英文非常流利，可以对付全世界任何国家客户的软件工程师，我们承担的成本要比印度高好几倍。因为在中国，非常优秀的学生才能满足这项条件，从名牌大学毕业，英文也学得不错。但印度不一样，从语言上来看，从一般学校毕业的学生就能与客户用英语沟通，没有障碍。这是印度的优势，也是我们可以加以利用的。

但印度也有自己需要解决的问题，比如政府执行力问题、土地私人化而导致的征地难问题。面对这些问题，中国企业在印度投资时该如何应对？我觉得有三点需要注意：第一，我们尽量不要去进行新的征地；第二，选择被投企业或合作企业时，我们要挑选不是那么强的行业，比如投资或并购投资软件、制药等行业内的企业需要的成本就比较高；第三，我们还要本地化，一定要建立一个比较好的团队。此外，在印度投资，我们还需要注意汇率风险。2007年和2008年的时候，很多外资受了欧美经济学家、媒体的忽悠，蜂拥而至，到印度投了很多项目，当时卢比和美元的汇率甚至达到了一美元兑37~38卢比。如果在价格高位进行投资和并购，这对我们来说也是一件痛苦的事情，所以我们也要随时关注这一点。

李建光： 根据目前的统计资料来看，之前中国的对外投资大部分集中在欧美等比较成熟的市场，可能未来的机会会更多地倾向于印度这类新兴市场。下面请渤海银行的李伏安董事长分享他的观点。

李伏安： 海外投资与中国经济发展密切相关，与中国经济发展的几个阶段也非常契合。其一，1997年是中国商品在国际上发生关键性变化的一年。从1997年开始，中国在国际市场上买什么东西，什么东西就涨价；卖什么东西，什么东西就跌价。其二，2004年是中国经济融入世界经济，发挥重要影响的一年。2004年中国经济排名不断靠前，成为有影响的国家。其三，2016年是中国对外投资的转折性一年，超过美国成为国际上第一大投资国。这三个阶段反映了中国经济由之前的资源稀缺引进外国的东西，到国内慢慢发展起来，市场饱和，再到逐渐产能过剩。在这个过

程中，无论是资本还是产能，我们都需要国际市场。

其实，在1997年之前，中国在海外的投资就是东南沿海地区的商人到海外办个餐馆、小商店、超市之类，后来是到海外投资资源，但现在我们需要出去生产、销售，中国的产品、服务需要走向世界，这就要求我们明白现在的海外投资是经济全方位走向全世界，而不仅仅是产品或者资源。而从世界经济发展的常态来看，海外投资必须有金融伴随。比如中国改革开放的时候，所有外资银行都随着他们国家的实体经济进入中国。所以我们的企业如果要出去，金融必须配套走出去，包括银行和保险。但从实际情况来看，我们的金融体系跟实体经济的海外投资还有很多不匹配的地方。当然，很多国内银行也在海外设置了分支机构，但主要是为华人中小企业提供服务，很难接触大的项目。这就与中国企业走出去并进行大并购项目需要的金融服务不相匹配，差距也还比较大。

这其中也就蕴藏着机会，主要体现在两方面。一是人民币。刚才前面几位都讲到了汇率对海外投资的影响，因为无论是出去收购资源，还是投资办工厂，在收购的过程中如果利率发生重大变化，投资的收益可能还抵不上汇率风险带来的损失。那么该如何降低汇率风险带来的损失？很重要的一个办法就是人民币走出去。人民币走出去已经成为中国海外投资的一个必然需求，虽然这个需求的量还没有很大，但是已经到了提出强烈需求的时候。为了保护国内资本市场的安全、金融的安全，资本市场开放就成为必然选择，而为了满足中国企业走出去的需要，人民币国际化需要提上日程，相应的配套也需要尽快建立。

人民币走出去是我们现在的战略需求，但是要实现这个战略落地，很重要的一点是金融服务能力的提升。现在我们有服务国际货币的银行，比如美元、英镑，但是国际上还没有一家银行是服务于人民币的银行。中国企业走出去，如果没有配套的银行来提供相应的人民币金融服务，人民币也很难走向国际。比如日本的银行曾经是日元走向国际的一个支撑点，曾经有一段时间中国的外资银行中日本银行占主体，亚洲金融危机爆发以后才全部撤出了。所以我们的银行能不能很稳健、实事求是跟实际经济相配套地走出去并成为支撑中国经济走向全球的以人民币为根基的金融服务体系，是解决海外投资汇率风险的一个非常重要的制度和机制安排。在这方面，我希望国内的银行能够做一些探索。

以前我在中国银监会任职，监管外资银行。在监管的过程中，经常有外资银行跟我们说中国制度不完善、不规范，在中国加入WTO之前，外资银行对中国开放度也提出很多批评。我们当时的回答是，我们正处在发展的过程当中，这些问题我们也在逐步解决。请你们帮忙提出问题，我们再慢慢解决这些问题，这样制度会越来越完善，也会越来越规范。但是你们不要等所有问题都解决了再来，因为那个时候可能就没有机会了。因此，在我看来，只要伴随一个国家改革、建设、发展的步伐，随着它的进步发现机会，我们就能取得成功，如果等市场完全成熟了，机会也就没有了。

我们银行走出去也是这样，会有各种各样的风险，我们要找到这些风险，跟对方主动沟通。在中国的改革开放过程中，前来银监会跟我们咨询政策、沟通政策走向、提供政策建议最多的不是中资银行，而是外资银行。他们关注我们的政策，建议我们往哪儿走，给我们提供一个很好的指引，从而实现他们的发展需求。而中资银行则总想着如何规避、如何调整自己对发展更有利。因此在走出去的过程中，我们要吸取经验教训，要融入当局，围绕我们的利益、国际趋势，用规律性的东西去影响他，帮助他改变自己。走出去既是我们的产品走出去，也是我们的投资走出去，更是我们的理念、文化和中国改革开放30多年成功经验的走出去，这样我们的投资机会和风险才能保持一定的平衡。

简而言之，银行走出去一定要跟实体经济走出去相结合、相匹配、相适应。当年日本来中国投资，什么行业都投，待撤退的时候又全面撤离，这对被投资的企业来说是一种风险，也是对当地经济的一种破坏，同时也会造成自己的损失，对自己和别人都没有好处。只要扎扎实实地做服务，与实体经济一起走出去，同时做好政治、经济风险的把控，积极地影响当地政府，与当地经济一起往前走，我相信这个企业就能发展。进入中国150年的时候，渣打银行举办了一个庆典。在庆典上，渣打银行的负责人说，150年来渣打银行从来没有放弃过在中国的发展，即使在解放战争、抗日战争时，虽然没有具体的业务，上海分行的大门每天都会打开，因为我们相信中国总有一天会需要我们。这样的坚守才能使投资获得成功，所以我希望海外投资也能有这样的坚守、这样的理念去适应社会、服务社会。

李建光：下面请招商银行的赵行长跟我们分享一下。我自己有切身的体会，IDG的很多海外投资和并购得到了招商银行的帮助，所以我希望请赵行长分享一下银行能为海外投资提供的服务。

赵驹：招商银行是一家在个人服务方面非常有名的银行，当然这几年在中国企业走出去方面，我们也倾注了很大的精力。在我看来，中国企业在海外投资呈现出以下几个特点。第一，中国企业的海外投资在医疗健康、文化、娱乐、科技行业的比重越来越大。2016年，在这几个行业的投资应该占到整个中国海外投资比重的50%。我们支持的湖北人福医药以5亿多美元的价格收购美国药企就是其中的一个例子。第二，中国企业或者中国基金开始收购国际公司或基金如黑石所持有的中国境内的资产。2016年，我们支持万科作价130亿港币收购了黑石所持有的万科商业地产，也参与了中信资本作价16亿美元收购麦当劳的中国业务。第三，民营企业参与海外收购的数量越来越多。目前，我国最大的一笔国有企业海外并购的案例是中国化工收购先正达，但目前还在运作中，没有完成。如果将这笔并购不计算在内，整个民营企业境外收购的笔数还有金额已经占到整个中国企业境外收购的笔数和金额的七成左右。第四，超过七成的海外投资或并购集中在欧美。从中我们可以看出，中国的企业还是比较注意风险的，因为发达国家、发达地区的法律、法规比较完善，各种各样的风险也都在可控的范围内，所以这些地区成为中国资本走出去的首选。

未来，中国企业的境外投资还有着很好的机遇。首先，从企业估值的角度来讲，无论是制造业、医药健康行业，还是文化、娱乐、科技行业，境外企业的估值，无论是上市公司和非上市公司的估值，较国内同类企业的估值还是有很明显的折扣。这对于我们收购来讲，还是非常有利的。

其次，目前原材料价格有所反弹，但是较2012年和2013年的高点还有一定的距离，比如高点时石油价格达到了100~110美元/桶。未来中国经济还会有很大的增长，进行境外资源的收购对我们经济的持续发展有很

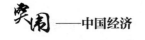

好的推动作用。比如洛阳钼业收购刚果铜钴矿，我们就给予了支持。

再次，国家倡导的"一带一路"对我们企业走出去有很好的带动作用。"一带一路"沿线国家与地区的基础设施建设还有很多机会，一些国家也给予了非常好的投资条件。从融资角度来看，这几年也出现了一些明显变化。最明显的变化就是过去我们境外的投资资金主要是自有资本，再加上银行资金，主要通过被收购企业的现金流来偿还银行贷款。但是这几年，我们的资金来源开始多元化，除自有资本与银行资金外，还有各类基金以及银行的配资。在还款方面，大家也更多地考虑资本市场操作，比如国内增发、买壳、IPO、上市等。

我们也看到，目前外汇政策、资本市场政策可能有些变化，招商银行也在针对这些变化积极探索新的融资方案和融资结构。比如2017年我们开始积极推动纯境外融资安排，中信资本收购麦当劳的中国业务时，我们提供的就是纯境外的资金安排。

另外，在进行境外收购时，我们可能要有一个长期考虑。过去我们进行境外收购时，企业估值低，通过境内资本运作也能够很快变现，但在目前的资本市场状态下，这种情况很可能难以实现，大家要有一个长期的打算。无论收购的是企业，还是资产，可能都需要进行相当长一段时间的经营，等市场机会出现的时候再进行一定的操作。总之，中国企业境外投资还是有很多的机会，招商银行也会一如既往地为大家提供各种解决方案和资金方面的支持。

李建光：过去两年，我花了很多精力在体育领域，特别是足球，我和万达一起投资了盈方体育，也投资了俱乐部。在这个过程中，我发现两个现象：其一，国际性体育中介公司，像盈方、WME-IMG都把中国市场

当成变现的机会；其二，中国企业也很奇怪，如果没有外汇管制，可能会把欧洲的球队都买过来。我想在对外投资上，国际上最大的教训是日本。25年前，日本人在全世界买买买，买完了以后就彻底玩完了。最后一个问题，未来中国海外投资的步伐是应该放慢一些，还是更激进一些？

张利平：这几年中国企业的海外收购速度是非常快的，我觉得未来还是应该有所控制。毕竟海外投资时，对当地的安全问题、文化问题、管理理念问题都需要很多时间来学习和磨合，这样才能够使投资的标的物成为我们的一个增值产品，使我们成为赢家。

容显文：中国企业走出去要考虑五个方面的问题。风险是第一个方面，风险也包含了两个层面。一是监管，就是当地的行业监管机构怎么看中国企业。收购以后，我们能不能把这个企业办好，我们在计划收购的时候就要想清楚，在面对监管机构的时候把我们的战略和优势讲述出来。二是政治风险，现在很多欧美国家觉得中国的威胁越来越大，在对中国企业收购他们国家的企业进行审批的时候，往往出于国家安全、经济利益各方面的考虑而阻碍收购的顺利进行。所以国家与国家之间应该有多一点共识，中国也可以明确哪些行业允许外资进入，让我们在进行海外收购的时候拿出国家支持的互惠政策，这样并购的审批可能更容易一些。

第二个方面是汇率和利率的变化对海外投资的影响。第三个方面，收购成功以后，我们的战略是什么，如何使被收购企业在我们的协作下发展自己的业务，从而实现增值？这一点很多企业在收购之前没有想清楚。第四个方面，寻找好的投行、律师事务所配合海外投资的全过程，以保障我们在收购过程中的优势。第五个方面，退出时，如何降低投资风险。

王伟东：从中国的文化特点来看，投机性比较强。如果某个领域出现商业机会，一哄而上的现象比较严重。实际上，面对同一个标的，价格可以双方协商，但在一哄而上的情况下，抢高的情况非常多，这就会带来市场风险。另外，资本市场也出现套利的趋向，赚一笔就走，而不是真正想帮助企业获得市场、获得技术，这也造成了很大的问题。刚才主持人提到了体育，这两年体育行业的海外并购也特别多，甚至可能会促使国家政策出现新的变化，这对我们商业行为来说就是一个"黑天鹅"事件，而这也会给跨国投资带来内在风险。最近，国家外汇管制比较严格，长期下去肯定会带来某些企业的违约行为。

詹宏钰：我们的钱比人才多，这是关键的一个问题。在海外完成收购后，企业管理、经营都离不开人，而这正是我们缺少的。

李伏安：我国的海外投资，不管民营企业家个人的冲动，还是国家的战略安排，实际上这是一个自然的过程，是大势所趋。跟经济全球化的程度相比，我觉得我们配套的金融服务还比较落后。中国在全球的交易总量已经非常大，其中通过人民币兑换成美元发生的总量占了大部分，而直接用人民币做投资的总量非常低，这是一个现实。面对这样的情况，我们的金融机构是被动成长还是主动谋划，效果会有很大的不同。我觉得，在这方面我们还是应该主动谋划，尽快培养起自己的能力。正如詹总所讲的，海外投资时我们最欠缺的是人才，我们缺少能参与全球经济的国际性人才。在这方面，我们也需要努力。

赵驹：2016年我们的境外投资肯定是过热的，来自中国的企业或基金组合体竞标同一个标的物的情况，也能经常看到。2017年市场发生了一些变化，我觉得这种变化应该是好的，有利于我们真正有实力且真正希望在技术、产品、市场、资源等方面向境外拓展的企业进行境外收购，从而减少通过资本市场套现的做法。

李建光：现在请现场的嘉宾提问。

问题：我想问赵总一个问题，除了为中国企业走出去提供金融服务之外，你们是否考虑过也在海外并购大的金融平台，通过海外金融平台为中国企业走出去提供海外资金支持？

赵驹：目前，我们还没有想过要去收购境外金融平台，更多地考虑是利用现有的海外分行为大家提供境外融资服务，支持大家的境外收购。

李建光：机会永远在，风险也永远在，我觉得这是特别值得我们珍惜的一句话。在这样的环境下，我们如何抓住机会，如何化解风险就变得至关重要。最近虽然外汇管理给我们带来了一些不便，但是其对于刚才大家提到的纯粹资本套利和一窝蜂"买买买"行为的限制，对我们对外投资的长期发展会有好处。

如何进行海外资产配置

随着美联储加息与人民币贬值，美元强势已经形成。未来可能推出的美国优先政策，将会进一步收缩美联储的资产负债表，让美元相对强势。面对这些变化，中国高净值人群的海外资产配置与管理服务需求迫在眉睫。具体该如何做？需要注意哪些问题？在2017年亚布力年会上，中国工商银行私人银行部总经理马健、工银国际行政总裁安丽艳为大家做了详细介绍与深入解读，中国工商银行私人银行部专户服务部副总经理吴轶主持了该论坛。

吴轶：今天我们的主题是谈论全球投资，要讲全球投资，首先得讲讲环境。2017年整个环境是比较复杂的。从2016年第四季度开始我们频繁用3个数据来描述2017年整个全球投资环境：第一个数据是美国的短期利率，就是联邦基金利率，这个数据已经离开了2015年年底的0~0.25的底部区域，开始重拾深市；第二个是美国中长期利率，美国十年期收益率经过一轮完整的调整以后，已经于近期开始从底部抬升，中枢水平达到了2.34~2.65的水平；第三个数据是美国通货膨胀率，这个数据即使是在三轮QE（Quantitative Easing，量化宽松）期间，美国通胀率控制得相对也是比较平稳的。但是特朗普总统竞选成功到现在，美国的通货膨胀率在短短的10~12周里面，已经攀升了40%。所以这样三个数据，从一个非常重要的侧面说明了2017年全球投资的复杂性将进一步加剧，波动性将进一步加大，2017年我们可能会迎来一个由量变到质变的观念年。

讲全球投资，其次得讲是机遇。机遇依然是巨大的，纵然目前我们全球投资环境发生了比较大的变化，但是全球财富管理市场的发展机遇依然是显而易见的。中国高净值人群全球配置资产的趋势仍然是不可逆转的，工商银行私人银行部这样的专业资产管理机构的战略纵深和回旋余地依然是非常巨大的。所以在2017年，我们认为依然可以充分发掘全球财富管理市场的新趋势，准确把握全球投资市场的新变化，深入调查中国高净值人群的新需求，从而锤炼中国资产管理机构全球投资的新能力。

再次是发展策略，多策并举。在2017年这样特定的窗口期，我们知道监管在不断加强，境内QDII（Qualified Domestic Insitutional Investor，合格的境内机构投资者）额度供不应求。所以我们不仅要持续发展私人银行客户从境内到境外的跨境投资和跨境融资服务，同样我们更加要将眼光投向私人银行客户的离岸金融资产，多策并举抓住人民币财富管理机构下一步跨越式发展的重要窗口期。

最后也介绍一下我们工商银行（以下简称工银）私人银行部为了全球投资这几年来做的一些准备，厚积薄发。

我们在全球投资上面做了大量的准备，首先在积累客户方面，通过发展一对一的专户服务，累计在过去3年里服务了2000位可投资金融资产在1亿人民币以上的极高净值私人银行客户。这2000位专户客户根据我们的统计，他们的海外可投资金融资产目前总量超过500亿美元。

其次强化了投资管理能力，构建MOM（Manager of Mangers，管理人的管理人基金模式）的管理模式，自助管理工行私人产品余额在8000

亿元以上。整个2016年我们专户投资组合实现了费全年化收益5.18。

再次我们创造了工具，我们依托工银国际在香港的9号牌，与工银的国际境外分支行共同携手，搭建了今天的这个开放式论坛，要重点讨论的全球投资账户这样一个工具。我们已经建立了系统、科学、完整的全球投资品货架，已经为管理我们高净值客户的离岸金融资产做好了准备。

下面有请工行私人银行部总经理马健先生，为大家做分享。

马健：这次亚布力论坛的主题是"经济转型和企业家创新"，我们都非常荣幸地作为亚布力的战略合作伙伴，每年都可以利用这样一个机会，向大家汇报一下工银私行部在业务发展、投资创新方面的一些实践。今天我们以一个投资管理者机构的角度，从寻找新动力的出发点，把我们最近关于全球投资服务方面的一些想法和实践给在座的各位做一个汇报，也是抛砖引玉，大家进一步来研究、研判未来一段时间投资发展的机遇。与我们的客户以及众多的合作伙伴共赢未来，创造一个良好的机遇。

主要是四方面的内容：第一是关于全球行业发展趋势的新变化、新动态；第二个是当前全球投资市场发生的一些新情况和新变化；第三个可以分析一下，根据各个机构，包括我们自己调研的当前中国私行客户全球服务的一些新的需求和新的情况；第四我们汇报一下工银私行在我们构建全球服务体系当中如何利用好全球投资账户这样一个创新工具，来实现我们在全球服务的延伸。

首先，从整个全球行业财富管理变化来看可以看出三个特点。

第一，全球财富总量依然非常巨大，根据最新的统计，到2016年年底全球私人金融财富的总额已经达到175万亿美元。尽管全球经济增长这几年都在趋缓，但是就这么一个庞大的数据来看，年增长依然达到4.1%。虽然低于2015年5.2%的年均数，但是从总量来看，这么大的数据依然可以保持一定的增速和增量，对整个全球未来的发展仍然会产生举足轻重的影响。

第二，但是全球经济处在非常复杂、变化、动荡的大环境。2016年的整个投资增速是下滑的，比上一年下滑了1.1个百分点。与此同时全球各个地区的差异性也逐步得到显现，传统的像北美、日本，它们现有的资产增速仍然是主要的力量。当然在新兴发展体中，新财富增长的动能可能更大，增幅也会更快，增加的体量也会逐步上升。

第三，我们也会看到有些地区财富总量随着整个环境以及吸引力的变化，也会有负增长。比如说2016年西欧和亚太地区私人财富总量是负增长，某种程度上也反映了当前整个全球投资环境的变化，资金流量的变化，资产分布的状态，这是当前整个全球从总量、增速、分布、规模、结构上的一些变化。

与此同时，现在整个全球财富管理的行业，客户的投资理念也在发生比较大的转变。根据我们的观察和分析，我们认为当前这种变化主要体现在以下四个方面。

第一个变化，人们对财富管理的关注点从财富增值转为财富保值。过去有好的时机都想抓住机会，但是从全球来看，这几年非常通胀，变化非常快，整个亚太包括中国市场，2016年一年跌宕起伏，年初的时候是两次熔断，年末一周内债券把全年回报都跌完了，客户对整个投资预期也在做不断地调整。

第二个变化，从创造财富到传承财富，财富发展的阶段出现了一种新变化。中国改革开放30多年，很多创业一代的企业家也已经到了代际传承的关键时刻。在全球投资的整个过程中，西方传统的财富传承理念——家族财富得到延续、家族精神得到传扬的一种理念，在我们整个中国市场上也慢慢得到了体现。在这方面比较超前的客户在进行整体规划自己以及家族整个财富传承的思考，当然我们在2015年已经推出了工银家族基金，所以我们2016年开始在这方面进行了探索，也可以看到整个变化在我们中国市场、在工银私行的服务体系当中也得到了反映。

第三个变化，从境内投资到全球配置。我们是一个全球性中国境内最大的私行服务机构，我们这几年的实践主要还是在境内。伴随着整个境内业务的发展客户也在不断增大，我们现在签约的客户已经达到了35万，使用工银私行产品的客户也已经超过了15万。我们在时点上达到或者超过800万人民币。绝大部分的产品和资金都是在人民币的基础上，我们发现大部分高级客户寻找全球资产配置的布局也是致力于分散风险、追求更丰富的产品体系，这个发展速度也会非常快。

第四个变化，从单一投资到多元布局。过去境内客户，尤其是投资到境外的一些产品跟服务大部分都比较单一。比如说中国客户在境内喜欢买房子，他们到海外布局第一个就是买房，这个相对来说比较简单，容易操作，专业化服务需求或者这方面的要求也不是太高。但是随着整个资金量和需求的变化，在境外发展的投资业务、发展体系也变得越来越多元和复杂，这也给我们从事这项管理和服务的专业机构提供了业务发展的潜能，也提供了良好的合作动机。

另外一种变化就是整个全球财富出现了技术加速创新的新阶段，大家都知道互联网的创新发展非常快。在互联网发展的初期，对于银行财富管理，曾经出现过到底是鼠标替代水泥还是水泥和鼠标并存，还是鼠标替代不了水泥，一直有这样的争论。经过20年全球互联网的高速发展，特别是近5年、10年，由于互联网在中国的运用，我们发现在整个财富管理的过程中，尤其是在服务高端客户的过程中，我们这种人性化、个性化、多元化的服务关系和体验关系可能是鼠标不能代替的。

但反过来在大类资产的配置时，在有些技术工具的运用上，互联网包括财富管理的很多手段都可以进一步——更加安全、便捷和有效，这个趋势是双向互动、良性循环、互为促进的一个过程。我们也注意到海外专门有一些新兴机构，正在利用一些大数据技术在发挥作用，而且从成效来看也确实不错，这也很值得我们进一步研究和思考。

与此同时，我们客户的体量确实非常庞大，我们建专业服务模式可能也要借鉴互联网的思维、用互联网的手段工具、互联网的平台界面，在客户分层上，对层级相对比较低、服务产品比较单一或者类群体特征比较明显的客户，在技术上的创新也是可以大有作为的。当然，技术创新带来了一些好

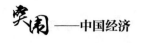

的方面，比如说降低运营成本，提高结构优化，进一步防止整个市场行为当中的欺诈、非合规等，技术运用可以起到非常好的保障和促进作用。

从全球财富发展的第三个趋势情况来看，无论是境内还是境外，整个监管逐步趋向更加严格。因为自2008年全球金融危机以来，尤其是这几年中国整个经济的高速发展，特别是2017年脱实向虚这样一种状态，已经越来越引起社会各界的关注。最近这段时间大家也可以注意到，在整个经济工作会议当中我们的高层领导都对整个金融的监管、合规包括创新，都提出了前所未有的更加严格和严厉的要求。我们监管部门最近这段时间都有动作，而且这些动作都很大，这些动作必将对我们的投资市场、我们的资本市场，包括我们一些主要投资品的未来结构增长，都会产生巨大的影响。实际上2016年在某种程度上年底股票有些板块调整以及债券调整无不反映了这种动态调整趋势。

从这些背后可以看到，从整个监管的角度来看，它特别强调关于财富管理机构在产品、价格和流程上的透明度，进一步消除利益冲突。对于行业的影响来看，可能需要我们采用更多的新系统、新流程和新手段，首先确保合规，然后再从经营的层面上看进一步提高我们的服务效率、提升我们的投资收益、提升我们的投资回报，希望在更合规的条件下，为我们的客户，为我们的机构赢得更多的成长和盈利等回报。

从另外一个角度来看，越是在这样一种监管严格的条件下，专业机构发展的机会我认为不是少了而是多了。因为境内很多互联网的平台，如P2P（Peer to Peer，个人对个人）的平台，这两年是风险频出，很多问题在媒体上已经有所揭露。我们从另外的行业包括社会监管部门得到的信息来说，可能潜在的一些风险会更大、数量会更集中、分布的地区可能会更广泛，当然我们现在也都在积极化解，底线是不出系统性的金融风险，防止区域性集中爆发的风险，尤其是2017年金融环境这么复杂，我们国内经济正处于转型的关键阶段，我们从财富管理的行业来看，不仅要从自身角度，也要从社会角度，从有利于行业发展的角度把这项工作做得更好，这是我们这阶段观察到的三个趋势的变化。

其次，给大家汇报一下整个全球投资市场发生的大的、可能对2017年有影响的几个重要因素。评判2017年，我们仍然觉得是非常动荡、非常复杂的这样一个外部环境。所以从投资的角度来说，有人说为不会是过去的延续，我想2017不会是2016的翻版，2017一定会在2016的动荡和变化中呈现出它的新的特点和新的状态。如果说要影响2017年大的因素，我们判断有三个因素是比较重要的。

第一是汇率波动，不仅是人民币兑美元，还包括全球其他主要的货币。

第二是通胀预期上升。大家现在都对通胀预期有一个比较一致的认识，从美国加息的角度来看，实际上就是对未来通胀预期上升的先期调控措施。国内利率中枢上台，市场利率价格逐步提升，实际上也反映了未来再通胀，或者是对通胀超越前几年幅度的研判。

第三是财政刺激。因为从货币政策来说，连续多年都是非常宽松的，如果进入适度从紧的话，另外一只手，就是财政的调动作用会变得更加宽松一些。如果两个都紧的话，在现在比较低迷的阶段，可能难以达到经济复苏或者缓慢复苏的效果。

因此影响全球经济市场变化的三大因素就是汇率、再通胀、财政刺激。

第一，从人民币角度来看，这段时间我们从单一的贬值下滑阶段正进入双向波动的阶段，而且双向波动的区间会扩大。原本很多人都在预计，说2016年人民币兑美元可能要破7，但是从实际情况来看没有超过。也有很多人预测2017年年初随着大量国内换汇，外汇储备会从原来的3万多亿元跌下来，贬值可能会进一步抬头。但是从近一段时间看，人民币汇率还没有继续往下走，反而呈现出阶段性上升的趋势，这跟离岸市场的操作，包括人民币现在整个资产的投资机会的增加和利率上升，可能都有一些影响。所以我们觉得2017年人民币上升波动的区域可能会进一步扩大，不会像2016年。当然这中间的环境变化很复杂，在今天来看不一定看得很清楚，但可能会出现这样一个波动扩大的情况。

与此同时，全球主要两大经济体仍然会出现不同的发展特征和不同的重点策略。比如说美国，特朗普新政以后，整个经济除了在原有逐步恢复的基础上，还需要进一步加大刺激，还要减税，还要进一步提振经济发展的速度，这是美国的情况。美国作为全球最大的经济体，它的一举一动都会对全球经济产生影响，包括中国在内。从中国来看，经济转型、结构升级正在进行中，2017年非常大的影响是会进一步加速中国经济改革的力度。习总书记说改革到了深水区，现在就是要去啃硬骨头，现在要求各个单位一把手要亲自抓改革，前一段媒体对其都有报道。我相信两大经济体——无论是美国经济复苏进一步加强刺激，还是中国经济改革进入深水区、撸起袖子加油干，都会对全球经济有深刻的影响。

第二就是全球通胀预期进一步重启，也伴随着部分地区的滞胀。从全球通胀预期来看，全球通胀的中枢逐步在上移，图表很清晰地描绘出了发展的走势线。从全球通胀预期提升速度来看也很快，当然有机构预测，2017—2020年美国潜在的GDP将处于持续上升的通道。2016年美国第三季度的GDP经调整以后，比原来预期回升了3.5%的水平，也印证了发展的态势。形成于次贷危机以后的结构性失业已经基本解决，现在美国的劳动力就业比较充分，比我们想象中恢复得快。由于劳动力的恢复，整个薪资水平的增长，也促成了核心通胀水平的提升。当然，劳动力市场的一些恢复，也加速了再通胀预期的一种研判，美联储2016年加了一次息，全年加息的可能性依然在增长。尤其是特朗普上台以后，大家都特别关注美国。别看他是70岁的老人，从他现在所做出的这些力度来看，还真的挺大，我们说特朗普在竞选的时候发表了很多观点，有很多设想，虽然他上台也就是一个月左右的时间，但很多法律文件都已经签署，很多他在竞选时候做出的承诺都在兑现，我们认为这可能对整个全球经济的影响不仅反映在美国，也反映在中国，我们两国之间的经贸可能都会有一些新变化，必须要加以关注。

从特朗普扩张性财政总体的情况来看，他的思路应该说是比较清晰的，基本上就是要加大对一些基建、工程、原料公司方面的财政补贴，进一步增强政府对交通能源设施、社会基础设施的补贴能力，增强能源、通信、火车等行业的投入。做这些主要是为了刺激经济增长、提升企业盈利、改善美国的形象，把原来的整个国际战略进行调整，更加侧重于国内经济回升及美国自身的发展。

纵观来看，现在欧洲仍然处于相对滞胀的一种状态。欧洲央行维系了整个宽松的货币政策，这对全球来说选择市场会更加复杂。过去全球是一体化，同时也是一致性的，若货币宽松大家都宽松。现在一些主要的国家和地区已经不宽松了，但是有些地区没办法仍然得宽松，所以就形成了全球不同的市场、不同的货币财政政策、不同的大类资产切换的机会，所以我们在未来一段时间可能要研判各个地区的发展趋势。

从全球发展配置标的的角度来分析，随着通胀的上升，TIPS（Treasury Inflation Protected Securities，通胀膨胀保护债券）价格相对被低估。随着前面的研判，未来商品价格会趋稳，主要是受消费通胀的拖累，劳动力就业会进一步出现比较良好的状况，特朗普新政也会进一步推动通胀预期的加速上扬。按照这样一个环境来进行分析的话，从全球市场配置的标的来分析，我们觉得以美元资产为代表的标的，可能会更有机会。比如说美元的一些优先贷款，吸引力会进一步上升。

优先贷款所支付的利率是市场化的，不是固定收益，所以利率上升他的投资收益也会上升。美股可能也会存在或多或少的机会，现在这个观点也不一致，原来预期特朗普上台以后美股走势已经见底了，但是现在继续创新高。有人说创新高以后就要回落了，但是达到一定程度都有担心，这可能就是一个顶。到底是不是顶？我们不知道。在局部牛市的时候顶是非常难预测的，所以根据现在目前整个观察来看，美联储加息主要还是对经济复苏和通胀升温的预期。特朗普新政又成为扩大预期的催化剂，这就使美股的盈利水平进一步增强，这也可以来支撑和影响现有的股价。

当然从美国的角度来看，房地产市场包括股权公益资金，在现有的环境和条件下也会有一些投资配置的机会。因为前面介绍了美国经济在复苏的过程中，就业充分，同时房价在创新高，房租也在创新高，以房地产为代表的拥有固定回报的股权基金这一块可能也会有机会，而全球配置也会影响国内投资标的的机会。

中国经济2017年可能会是继续探底、趋稳的阶段，从政策变化的函数来看，也是多重复杂变量。利率的增幅也会从原来单边下行变成阶段性的回

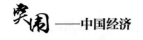

升，可能也是一个复杂的过程。这个过程区域性、区间性、上下的波动都会交替出现，我们研判整个2017年的投资环境会更加复杂，有些市场不一定有趋势性大的机会，但是结构性、交易性、阶段性的机会会出现，这对资本市场中大类的各种产品配置切换的速度影响会更快，比如说以季度为单位，一季度是一季度的情况，二季度是二季度的情况，三季度又会有变化。不会像过去那样半年、一年在一种状态下，我们认为在整个大类配置的过程中，区间从年头到年末来看不会有太大的变化，但这绝对不是一个静态的状态，这当中可能会随着每个季度的高点和低点，都会有上抬或者下移的过程，也就是说整个区间波动，阶段性、结构性的机会会进一步增强。

大家可能比较关心国内市场当中最大的固定收益中美国国债收益率的比较情况，现在也是触底回升，国债整个配置的机会可能也会在某一个阶段，或者在某一季当中得到新的呈现，这是给大家报告的第二个方面的内容。

第三，就我们观察到的一些新情况以及客户的新需求给大家做一个概述。

伴随着中国经济的增长，中国私人银行包括为客户服务的一些机构应该是应运而生。在财富增长的过程中，我们也逐步积累了这样一个发展的客户群体，发展群体从2016年年底来看，中国个人投资金融资产总额达到123万亿元人民币水平，跟上一年比增长了8.85%，比GDP增长高了两个百分点。尽管2016年很多投资从全年回报来说都是负增长，上证指数下跌了12%多，中小板下跌得更多。但最终还是不仅超过了当年GDP两点多，同时比整个资本市场大的综合表现要好得多，这当中可能也是投资多元化、结构化带来的。

到2020年中国个人财富仍将保持年均12%的增长速度，高于全球不到6%的两倍水平，2020年可能会达到200万亿元。高净值投资人群年均增长是16%左右，现在任何市场能超过10%已经让人觉得很了不起了。可投资金融资产占中国金融资产半壁江山，达到51%，个人原来金融资产绝大部分都是静态的，是以储蓄存款来表现的。从相对固定不变动的金融状态，已经变成可投资、可交易、可变动的状态了，所以我们预计整个储蓄存款的比重还会继续下降，可投资、可交易的资产规模还会上升。到2020年，比较乐观的话，会提升到超过50％。

中国整个高净值客户人群也一定会成为全球最大的私人银行目标客户市场，从这几年来看这种发展演变趋势非常明显，我们作为一家管理中国客户资产总量规模包括产品余额最大的专业机构。我们在这几年的发展过程中有切身的感受和体会，我们这几年的资产发展规模基本上都是以每年35％~50％的速度在增长，我们从2012年4000多亿元到2015年突破了1万亿元，2016年达到1.2万亿元，4年时间有3倍的增长。

从个人境外这一块配置的结构来看，上升的幅度也非常大，目前来看尽管境内的体量很大，但是个人资产境外配置比例不是很高，我们预计未来三四年会翻一番，甚至会更多。从境外客户投资参与数量和规模来看，按照现在这种占比来预测，预计增量有13万亿元人民币的巨大市场机会。从最近我们对客户进行海外资产、全球资产配置的调研中发现，我们现有客户有3成已经在境外也资产了，其中近五成是2016年一年增加了配置。目前在境外还没有配置和投资的客户，有将近一半他们会考虑未来开展境外投资。所以无论是过去的还是现有的一种存量，包括近两年的增量，以及未来这些新的潜在需求，都会进一步加速整个全球投资跨境业务的发展。从全球投资配置来看，我们现在主要把它分成两大类：一类是跨境投资，通过外管批准的正规渠道投资，比如说沪港通、深港通；另外一种是离岸投资，主要针对原来一些资产和资金已经在境外了的投资人。

从现在整个客户的偏好和操作的习惯来看，资产规模越大的客户现在越来越偏爱离岸作为其主要的境外投资手段，因为大部分客户已经有一部分资金在海外了，这是对未来整个市场容量和市场需求的基本分析。与此同时我们也会看到，在这样一个大的趋势下，中国私人银行全球客户服务的需求也在发生一些变化，主要会呈现以下三个特点。

其一，从全球服务客户层级来看大幅下沉，我们境内把私人银行客户再分层大概可以分为三类：高净值客户，定义为2000万元以下；超高净值客户2000万元到1亿元；极高净值客户是1亿元以上。现在可投资资金

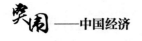

在2000万元以下的基础私人银行客户，未来3年当中都会考虑进行海外投资，所以客户层面不是在往上走而是往下沉的，客户基础越来越多，客户体量越来越大，服务的需求越来越旺盛，整个产品和服务的配置将来呈多元化的结构会越来越明显。

其二，全球服务已经从简单的房地产投资向全球资产配置服务逐步拓展，以前就是在海外买套房自己住，或者给子女留学用，我们过去20年资产增长最快的那套手法拿到了海外去。当然就海外投资来说，有些地区的投资方式回报也非常明显，尤其是华人比较集中的地方，像澳大利亚、新西兰、美国、加拿大、英国，这些资产这几年涨得都很快，主要的推动力量是华人，主要的资金是境内出去的那些资产。当然从现在整个全球的投资来看，也已经从房地产的单一投资模式，向金融资产组合配置的方向不断发展，除了地产基金以外，海外的股票、基金、保险，包括各种投资工具、投资产品都有。

其三，依赖专业化机构进行全球委托服务的需求也在不断提升，因为专业性强了，产品复杂了、多元了，所以过去自己所拥有的或者简单掌握的一些专业技术不能够完全覆盖自己的投资领域，所以他们需要更多的专业机构来打理他们的资产、提供全权委托化的服务。我们中国境内市场的很多投资存在着隐性担保和刚性兑付，但是在海外不是这样的，如果海外投资没有专业服务的帮助，仍然依靠自己单打独斗，完全依赖境内的方法在海外投资会受损失。所以未来中国客户在境外的一些投资，对专业机构能力的认同和依赖性会进一步增强。

第四，汇报一下工行私人银行在全球服务体系当中的一些探索。

工银私行2017年进入发展的第9个年头，我们是2008年3月27日在上海黄浦江畔杨帆启航。在社会各界的支持和关爱下，尤其是在座的这么多重要的客户和合作伙伴的支持下我们发展得很快，成长非常迅速，可以说是乘风破浪，快速前行，跨越式发展，快速飞跃。我们有一组数据可以跟大家汇报一下。

从管理资产的情况来看，我们增长了16倍。我们的客户和资产一样，大概也是16倍的水平。私人银行业务的收益增长得更快，2015年突破了

100亿元，成为总行新兴业务线当中非常亮丽的一道风景线。2016年尽管投资非常困难，而且我们的产品交易组合基本不是公开市场化的，我们基本上接近2015年最好的峰值水平，差得不太多，稍微跌了一点。大家知道，2015年的投资环境和2016年完全是大相径庭的，能守住百亿元的业务线，一方面反映了我们经营的成效，另一方面反映了我们在市场为客户服务所取得认同的表现。

从私人银行发展的情况来看，我们不仅在境内有长足的发展和快速的超越，与此同时我们也非常注重海外的布局。工商银行现在已在海外42个国家和地区拥有400多个营业网点这样一个庞大的服务网络。这是我们20年整个工商银行国际化战略的成果。很多企业家都在论坛上交流，其中有一个交流是非常有兴趣的，那就是大家都在做并购，都在做跨境投资。工行这20年中，跨境并购在全球银行业应该是非常突出的，从投资的情况来看，我们没有一个失败的案例，包括我们收购蓝标20%的股权，55亿美元——几百亿人民币的投资；而且收购南美标准银行以及在全球各个地区的收购，我们都取得了非常好的投资效益。

所以我们的国际化也为我们私人银行整个全球网络的布局提供了非常好的条件，这里缺一张图，我们没有把工银私行现在在全球的布局给大家展现，我简单用语言的方式表述一下。

我们从2011年开始在全球进行布局，2011年年底在中国香港成立了全球第一个境外私人银行中心，2012年我们在巴黎建立了我们的欧洲中心，2013年我们在新加坡建立了新加坡中心，2015年在迪拜建立了中东的私行中心，这是我们全球布局的四大中心。两个在亚太，一个在欧洲，一个在中东，这四个中心的布局不仅是考虑地域上，更多的考虑是在功能上。

中国香港是我们私人银行全球的产品研发平台，因为香港是我们资金走出去和全球资金走进来的桥头堡，而且工银亚洲是整个工商银行国际线的旗舰，总部也在香港。

我们在亚太还有一个很重要的中心就是新加坡，这是我们全球离岸中心的平台，伴随着欧洲整个私人银行财富管理的合规性，尤其是美国的法案出台以后，整个全球离岸中心有进一步向亚太迁移的迹象。所以我们在

2013年的时候抓住了新加坡分行成为人民币清算行的机会，成了一个中心加上几个专业的机构，它们都在那边迅速成长，现在新加坡私人银行的业务做得非常不错，一些海外基金和账户都在那儿落地。

欧洲中心我们最初是设在欧洲的中心巴黎，随着欧洲这段时间内部、外部环境的变化，我们把它迁移到了卢森堡，我们在卢森堡建立了全球第一个私募基金，两者可以更好地融合在一起。

2015年上半年我们在中东成立了迪拜中心，构建成伊斯兰金融服务的一个平台，再加上我们在欧洲财富管理基金的平台，所以我们在全球有四大平台。

除了这四个中心以外，我们在全球可以开办私人银行业务的主要国家和地区开有分行，且都建立了私人银行团队。比如说美国、加拿大是北美最重要的两个国家，我们在其东岸和西岸都有分行。在南美主要是依托标准银行供应阿根廷，像澳大利亚、新西兰、英国伦敦这样的一些重要地区也都如此。所以我们全球的服务网络已经覆盖了21个国家和地区，正好达到全球网络的一半，但是这些国家和地区有一个重要的特征和特点，就是覆盖了中国6000万华人在全球居住和活动的最主要的地方，如北美的美国、加拿大，澳大利亚、新西兰、中国香港、新加坡以及东南亚，包括欧洲和英国伦敦，这是一个完整的服务网络。随着这些服务网络的建立，也为我们境内外的联动和跨境服务提供了可能。

与此同时我们也在培育、培养我们这样新兴业务的客户群体，因为大家都知道私人银行业务按一般做法来说，是用简单的产品进行组合。我们从2013年下半年开始在做专户管理的创新，把大客户采用全权委托理财的方式进行境内的人民币资产管理，这个管理应该说是取得了比较好的成效。我们服务过的客户最多的时候有一千多户，管理的资产应该说也达到了六七百亿元，单一客户户均资产接近1亿。我们最大的账户是60多亿元，体量非常庞大。

在这个基础上我们开始研究全球投资账户，这样一些客户在现在整个人民币资产不断扩大的基础上，结合海外发展的趋势，我们需要新的投资工具，需要新的服务形态。所以我们从2015年开始，除了在境内继续做好账户服务以外，继续做好我们的家族财富基金服务以外，我们开始在全球做全球投资账户。全球投资账户主要是面向全球范围内极高净值的私人银行客户，推出的又一项高端私人服务，包括全权委托和自主交易型账户两大类。第一类开户起点和服务对象是境内有5000万元以上的可投资资产或者境外有100万美元以上可投资资产的客户。第二类是除了在境内有5000万元以外，还需要在境外有300万美元可投资的资产，我们提供的交易平台主要是通过工行国际在香港的便利区位，利用工银国际在市场上的全牌照做自主委托型的服务。全球委托型私行作为投资顾问，通过在海外遴选的投资管理人进行组合式投资交易。

下面是整个全球投资账户的基本框架，通过这个构架可以看到，假定我们以离岸的新加坡分行为例，我们的客户可以通过开户，在新加坡或者是其他已经开办私人银行的分支机构建立这样一种账户。通过私人银行总部和工银国际签订的投顾协议，用工银国际的平台来进行管理。整个管理系统应该说也不复杂，从左边来看主要是客户通过境外机构的开户，或者是通过工银国际资产管理公司的二级子账户的模式，和工银私行总部签订投顾的方式，我们通过境内的TPM（Trusted Platform Module，可信赖平台模块）系统或者是工银国际的资产管理系统，可以在全球范围内为我们的客户提供操作和交易，每个月由投资账户的托管机构出具投资报告，我们把全球的整个投资平台和投资系统基本上都建立和完善了。

从全球投资品的遴选角度来看，我们主要有以下三个方面的来源。

其一，境外私人银行机构。包括现在已经落地的21个主要国家和地区，当然有些没有建立私人银行机构不等于不可以给我们提供投资品，我们可以通过集团内联合投资的方式来进行操作。

其二，私人银行总部这边全球遴选的一些有投资品的合作机构。

其三，工银集团其他境外的公司。

从管理的角度来看，我们针对这些投资品建立了管理流程，建立了相关的制度和办法，也是根据当地的法律进行合规的运行和操作。这当中最主要的问题还是客户和账户管理的准入，我们根据这几年的实践，也制订了8条基本的标准，应该说这个标准既符合了当地的监管要求，也符合了

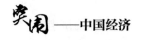

目前整个经营和操作的需要。当然，更重要的是通过这样一个管理，可以为客户管理好资产，创造好应有的投资回报。

在整个全球投资账户的发展过程中，对于全球投资服务的风险我们也是有充分的认识。因为全球投资市场环境日趋复杂，各个地区的法律、法规和各种资产管理相应的市场准则不完全相同，所以我们必须把好的客户、好的机构、好的产品、好的管理都统一纳入工商银行全球授信、全球风控的大体系来，这背靠的是整个集团优势、整个管理系统的充分发挥。

经过这一段的实践，我们也取得了比较好的市场表现，这里我们有三个账户：一个是全球的稳健型账户，一个是平衡型账户，还有一个是进取型账户。经过半年多的运行，总的回报是达到和符合客户的预期，我们下一步的比率、胜率都是比较不错的。大家也可以通过这些投资账户近半年的实践和业绩，来进一步验证我们对市场的一些观点、前面整个体系和构架的操作，我们也期待大家和我们一起通过全球投资账户的平台这样一种工具的运用，能进一步丰富我们的渠道，提供我们这样的平台更好地为大家服务。

由于时间关系，我就简要地把我们这段时间对全球投资的思考、工银私行在全球投资工具上的一些运用，以及近半年实践的情况给大家做一个汇报，不当之处请大家批评指正。

吴轶：非常感谢马健总，马总刚刚从全球财富管理市场的新趋势、新变化、新需求，包括我们锤炼的新能力，四个方面为我们全面介绍了工银私行全球投资账户。我们把境内实践了3年的MOM模式完美地复制到了境外，来管理我们私人银行客户的全球离岸金融资产。在这个过程当中，工银国际是我们非常重要的合作伙伴，工银国际为我们提供了全球投资账户的牌照、平台、系统，所以今天我们也非常有幸地邀请到了工银国际行政总裁安丽艳女士，接下来请安总为我们做主题演讲"同心中国，投资全球"。

安丽艳：今天非常高兴有机会来到这里，跟大家一起就亚布力经济转型企业家创新的一些想法进行交流。我交流的主题是两个方面：一个是在非常复杂的环境下的资产投资机遇，这是第一部分；第二部分是工银国际会助力中国资本布局全球。

过去八年全球金融危机经历了银行危机、债务危机、货币危机完整的循环，美国、欧洲和新兴市场先后遭遇挑战。展望未来，全球经济运行机理和治理结构正在发生深刻改变，未来的世界经济将和以前全然不同，我们大家虽然身处不同区域但是息息相关。身处宏观的复杂环境，面对世界新的开始，在投资方面我们更需不念过去、不惧未来、顺势而为、应势而变。

顺势而为，首先就是要了解我们所处的宏观的比较复杂的时代。

第一，标志性的"黑天鹅"事件层出不穷，2016年英国脱欧，特朗普胜选美国总统，政治、经济领域的小概率事件频繁发生。

第二，经济指标长期关系异常脆弱，美元走强，伴随着大宗商品价格的振荡，大类资产价格周期性轮转逐渐走向滞涩，经济体系的运行不断逾越传统规律的约束。

第三，宏观与微观的脱节日益严重，全球经济正在经历不易察觉的微观崛起，微观变化往往难以在宏观数据中得以体现。

第四，经济和金融的背离逐渐显现，美国经济复苏，边际力度持续下降，美股却创出新高，全球实体经济依旧羸弱，金融市场较为活跃，而金融市场的表现往往缺乏足够的经济基础。

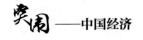

不破不立，这恰恰预示着世界新的开始，所以2017年旧的趋势势微和新趋势的开启相生共随。首先我们认为从结构趋势看全球正在从多元化退潮转向多元化的涨潮，经济市场相对于发达国家的经济增速剪刀差触底反弹，将重新成为全球经济复苏的主要动力。从金融环境看，全球正在从低利率时代缓步走向高赤字时代，全球政策更加注重挖掘财政、财力。特朗普提出了减税增资的政策理念，中国也借由扩大PPP（Public-Private Partnership，政府和社会资本合作）的投资规模，践行积极的财政政策，赤字财政成为一股潮流。

从经济状态看，全球正在从全面通缩阶段渐次进入局部的通胀阶段，赤字财政又进一步增强了通胀的预期，全球增长增速虽然还在下降，但通胀已经开始悄然抬头，局部区域有发生滞胀的风险。

从社会发展看，全球正在从精英主导模式转为微观崛起模式，全球范围内的微观崛起正在奠定宏观新趋势的物质基础，科技加速进化下的微观思潮变化和行为模式的转变正在主导经济社会的发展方向。

防微杜渐，世界经济面临的潜在经济风险需要我们讨论和关注。第一是财政风险，全球财政赤字总体仍居高位，相比于发达经济体，新兴市场的财政风险更为集中。第二是债务风险，全球经济将面临更加沉重的债务风险压力，不仅全球债务总量加速反弹，债务风险分布也将加剧失衡，债务风险总体水平与高危风险源的数量双双提升，进一步增强了区域债务危机爆发的可能性。第三是资产泡沫的风险，随着实体经济增长继续放缓，全球持续的货币宽松将导致流动性进一步脱实入虚，带动资产泡沫风险在部分国家率先抬头。第四是两极分化的风险，近年全球宏观层面的两极分化呈现波动上行趋势，各区域微观层面的两极分化风险普遍存在，不断高涨。由于全球经济增长放缓和货币宽松长期持续，全球两极分化的趋势将进一步加剧，将削弱全球经济增长的新动力来源，将加大全球经济治理的博弈复杂性，进而给全球经济复杂性带来巨大的风险。但是在这种比较复杂的宏观环境中，经济振荡、风险暗涌的情况下，对中国资本而言这既意味着挑战也预示着机会。

说挑战，应对国际格局的不断演变，中国资本急需以收纳全球市场的远见、遴选资本资产类别的卓识去实现风险的有效控制；说机会，随着中国经济的强势崛起，中国资本理应有拥抱全球市场的胸襟、跨越资产类别的胆魄，来完成资产资源的再次配置。相信对于在座的中国领军企业家而言，顺改革开放之势，借"一带一路"之机，推动全球大类资产配置远远不仅是企业发展和财富增值的路径，更是推动民族资本成、长壮大的历史使命所在。而工银国际作为中国金融品牌与全球资本市场的对接点，对于帮助民族资本实现扬帆出海的愿望同样责无旁贷。

改革开放近40年中国社会经历了巨大的变化，工银国际是诞生于香港，成长于香港的国际金融中心，是一家市场化的投资银行。成立至今，公司一直浸染在国际资本市场当中，立足中国香港、面向世界，拥有国际视野，兼容于境外的金融体系、监管环境与商业文化。作为工商银行的全资持牌业务平台，工银国际的业务是全方位的投行牌照，我们与母行包括私人银行部，还有境外的40多家机构和其他合作机构，一起共同给客户提供投行的服务。

另一方面工银国际自身也根据自己需要，不断完善包括在中国区域和美洲、欧洲、亚洲的区域计划设立一些服务的机构。目前，我们的专业投资领域也积累了多个世界合作的顶级伙伴，因为大家要协力发展。工银国际也已经成功搭建了全球投行的相关平台和交易的相关平台，在国际市场长期的竞争磨砺中，工银国际沉淀了一批非常有视野的国际业务投资银行家。我们在服务方面也会全力注入，包括总行和公司内部。

工银国际将是中国企业家迈入全球资本市场合格的向导和忠诚的伙伴，工银私行选择工银国际作为投资账户资产管理，我们已经建立了投资业务、资产管理和销售交易、投行四大板块，产品线非常完整。投资业务板块上，我们提供的产品是非常全面的，夹层融资、过桥融资、结构化、资产证券化、股权投资、并购重组等，包括二级市场的直接投资一系列的产品。一方面工银国际成功完成了很多明星项目，同时我们为客户也取得了非常优异的投资回报。债券组合在2015年、2016年前三季度分别取得了近16%、15%的表现，特别是对海外高息债的投资取得了重大成功。股票项目平均年回报率达到了18%~20%，债权达到了

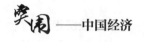
12%~15%。我们横向与境外区域拓展，向行业深入；纵向会跟总行一道，作为投行的开路先锋。

资产管理业务工银国际也是中资机构发展中比较快的，我们仅用一年时间从零起步，就达到了63亿港币的资产管理规模。旗舰产品太平基金从2015年12月开始，收益率跑赢主要合理指数，在亚太推崇基金里持续领先，作为太平集团和工银集团合作的典型案例，写入了太平保险的年报。私募股权方面我们和总行一道，包括私人银行部完成了美的集团项目，给集团带来的收益超过25%，并且在夹层投资、并购母基金及行业投资等领域也积累了众多的成功案例。

未来工银国际会继续推进产品多元化，在主题投资风格、投资策略方面为我们的高净值客户提供了一系列产品，从香港大中华市场向全球市场迈进，倾力打造中国资本配置的产品超市。大家知道，目前由于外汇的原因，中国境内的很多并购企业在走出去的过程中，可能资金方面的操作过程比较复杂了。工银国际身在香港，我们会积极配合客户，开拓一些新的并购和投贷联动的系列产品，以股权投资配合境内融资工具，既可以节约中国的外汇储备，又可以帮助中国企业突破跨境并购中面临的境外资金的瓶颈，在此基础上工商银行和工银国际又可以进一步对并购的联合体赋予并购投资、投贷联动，打通中国跨境企业并购融资的渠道。

投行板块在发债方面，2016年也是取得了多个奖项，获得了《财经》杂志2016年亚太区最佳投资债券和中国最佳企业债券奖。交易板块与各个企业家和高净值私人银行客户是息息相关的，我们提供了全球证券综合服务平台，依托互联网

+平台，搭建了全球、全时段交易能力的证券经济业务平台。中国香港、沪港通、美国、新加坡、日本等多个市场被覆盖，可以通过多渠道进行交易，满足客户开展高频交易等定制化需求，覆盖中国香港本地、亚太、欧美，为中国资本市场布局全球资产提供交易、配套融资一系列、一体化的平台。

今天我到这里还有一个重点，第一是就是我们在这样一个时代，在总行私人银行部的引导下，我们推出了工商银行全球投资账户产品。全球投资账户是面向工银集团超高净值私人银行的境外投资需求，依托工银国际投行牌照优势和全球投资交易平台，发挥工商银行人民币资产管理以及全球产品遴选能力，为中国资本提供一站式的全球跨市场、多品种的资产配置专业服务。全球投资账户服务包括两部分，刚才马总也介绍了，服务账户配套提供融资、研究分析等附加服务，以高度定制化的形式为中国资本布局全球资产提供全方位的支持。第二是全球委托账户，依托工银国际的资产管理牌照，由总行私人银行部担任投资顾问，在全球范围内为中国资本甄选投资机遇，经过工银国际的统一产品准入和上架，为客户提供主动的资产配置服务，协助您在专注各自产业的同时实现财富增值和资本成长。

通过全球投资账户这一工银集团和私人银行业务的旗舰产品，工银国际愿意与大家携手同心共同迎接新的开始，分享新的机遇。毛主席说过不能只低头拉车不抬头看路，工银国际在脚踏实地开拓全球布局、丰富产品层次的同时，我们致力于为大家服务全球投资产品，我们专业研究团队要为全球投资护航。工银国际目前有一支有丰富经验、独到视觉的研究团队，市场声望蒸蒸日上。宏观策略领域，我们在2016年准确预判了中国脱欧、中国经济短周期反弹等关键事件，专业观点频繁得到境内外主流媒体的引用，在行业领域我们对金融消费、TMT（Technology，Media，Telecom，科技、媒体和通信）、地产、能源等各大板块都有深入覆盖，多位分析师所推荐的投资板块收益率在彭博排名中名列前茅。此外，我们还同总行一道——总行的投行各个研究团队，包括工银标准、大宗商品的团队，实现了集团研究成果的共享。工

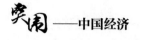

银国际有信心为中国资本提供覆盖全球、跨越资产类别的专业分析，实现全球资产的最优配置。

未雨绸缪、有备无患，一方面资本市场在变革中引发多重风险，另一方面全球监管区域严格。对业务的规范性提出了更高要求，工银国际作为工商银行的全资子公司，自然秉承了母行历来信守的稳健与审慎，对于内控合规与风险高度重视，我们在为创新积极对接全球市场的同时，时刻不忘坚守依法合规的底线，一直谨记同步提升风险控制水平，绝不辱工行在行业内市场中广为敬佩的稳重品格。相信通过我们的努力，能够在中国产业资本与全球市场风险之间建立一道防火墙，为大家的勤奋所得提供坚实的保障。

企业如何突围

面对一个新的时代，我想结合几十年来从事大型国企、民企和上市公司制造业的经验和体会，谈谈我的思考和举措。

实体经济如何战略转型

文钟　玉　▶ 康得投资集团有限公司董事长

　　面对一个新的时代，我想结合自己几十年来从事大型国企、民企和上市公司制造业的经验和体会，谈谈我的思考和举措。

　　2016年，阿里巴巴董事局主席马云提出了新零售、新金融、新制造、新能源、新技术的"五新"理念，在中国企业界引起了一些争论和讨论。很多著名的企业家认为马云的"五新"除了新技术外，其他都是胡说八道。2016年我有幸进入苏商协会成为主席，参会时听到一些观点让我很震惊：虚拟经济破坏了实体经济的发展；虚拟经济既然是虚的就不应该存

在；经济发展的原则就是从来不贷款，完全靠自有资金发展。

在新的时代到来之际，企业家该如何面对这些变革和发展？我认为虚拟经济打压实体经济的观点才是胡说八道，互联网经济本就不是虚拟经济。虚拟经济是金融，而实体经济是从事材料的开发、采购、产品设计、工艺、生产，到销售和服务这些环节的。百度、阿里巴巴、腾讯等率先把云计算、大数据和互联网技术融入产品的流通环境，并开创了这种模式，是新的实体经济，而不是虚拟经济。因此，说到破坏，不是虚拟经济破坏了实体经济，而是一场革命正在到来。

从制造业角度看，我认为，2017年起"颠覆"和"变革"将成为未来时代的主题，影响它的第一个因素就是技术创新。信息时代的到来使技术创新日新月异，这种颠覆性的创新不仅是爆炸性的信息和技术的发展，也是正在到来的人工智能、新能源、生物科技等技术的发展。技术创新，正在颠覆一个产业，而一个颠覆性的时代正在到来。

第二个要素是商业模式。互联网正在成为普惠性的工具，未来"互联网+数据"将破界融入工业生产实体的各个环节，正如当年电力革命融入各个产业，这场革命正如暴风骤雨般到来。同时，中国的分享经济也如雨后春笋般，2015年就达到了2万亿元，预计2017年可达到7万亿元。这场商业革命风暴使每个企业都清楚地认识到，不做就要被淘汰，所以制造业和实业必须要有紧迫感，去拥抱互联网，去进行这场变革。

第三个要素是国家战略趋势。"一带一路""供给侧改革""中国智造2025""互联网+"等国家战略的部署及"十三五"规划都已明确表示全球创新经济的新时代已经到来，只有创新才能走向未来。

第四个要素是社会政治因素。英国脱离欧盟、美国大选特朗普当选都将给未来的时代带来不确定性。

中国制造业在面向未来创新的时候，我们如何正确地认识其现状、竞争力和未来？改革开放30多年来，中国成功打造了全球最大的制造业。据联合国统计，全球500项产品中，中国有220项是全球第一。在过去的30多年里，中国的制造业为中国的经济建设做出了巨大贡献。然而不可否认的是，中国制造业处于过剩状态，绝大部分为中低端产品，高端产品还要靠进口，且低价竞争现象也普遍存在。

但是，中国制造业有五大优势在全世界是不可竞争的。第一，全球最大的市场在中国。从2015年开始中国购买力就超过了美国，例如用于手机、电视机等显示行业的光学膜，全球80%的产品都在中国。第二，中国有全球最完整的产业链。今天苹果公司如果想要把手机拿到美国去制造，没有三五年是不可能的，因为全球最完整的产业链在中国。第三，中国有最完整的基础设施，包括电力、燃气、水电气等。第四，中国有强大的产业大军。中国有1亿的产业大军，最主要的是中国1亿的产业大军中有8100万大军是知识产业大军，每年有800万毕业生加入，这是全球任何一个国家不能竞争的。第五，民营企业成为主力军。民营经济正在成为中国制造业的主体，根据2015年的统计，民营经济已经占到中国制造业的60%，民营企业在新产品的专利占有比例达到65%，民营企业在新发明专利占有比例为70%，民营企业在新产品的占有率为75%。民营经济更有活力、更有执行力，更重要的是正在向全球化并购发展。

德勤会计师事务所的研究报告指出，未来五年，中国在世界制造业中竞争力仍然是全球第一。当然，中国目前只是制造业大国，真正走向制造业强国还需要创新，而创新的根本就是企业家如何去正确认识未来，以一种创新的精神、创新的思维、创新的举措去迎接未来即将到来的挑战。

多年来康得新一直坚持五个创新，首先最根本的是技术创新。技术创新分四个方面：追求高端化的技术创新；坚持颠覆性的技术创新，因为改进型创新是没有未来的；进行全球化的研发布局；开启全球化的资源整合。正是由于一系列的颠覆和创新，才使康得新得到了无限的发展。有记者问我，"您觉得经济下行有什么压力？"我说，"我觉得没有什么压力，要干的事儿很多，有无限的发展空间。"

其次是坚持经营创新。一是全产业链形成了成本优势和技术研发优势；二是全系列产品成为市场竞争优势；三是全球化的市场，康得新在全球有两大市场，40%出口，60%在国内，两大市场同时推进；四是坚持智能化，对于工业企业来讲，智能化的根本是练好内功，提高效率。

再次是商业模式的创新。互联网信息经济的一个很重要的转变，就是

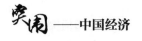

以用户为中心进行产业延伸，打造生态，破解融合，最终成为总体方案的提供商，给用户提供更加完善的服务。过去讲究多样化和多元化，信息经济的今天，合理的商业创新模式才能打造出基于互联网的整体解决方案的应用服务平台。

最后是组织创新和机制创新。当下，企业发展的核心驱动要素已不再是资本，而是创新，创新则需靠人，需要调动人的积极性来提高效率，这就要求企业坚持去中心化、扁平化，进而打造高效的富有创造力的新型组织体系。

一端是总体解决方案平台和新材料，另一端是互联网应用服务平台，整体的概念走向是一端追求高端化，另一端追求服务化。这将成为中国制造业的重要升级，而非转型。中国制造业的转型升级是四个词——智能化、绿色化、高端化、服务化。中国制造业的未来将走向一个以智造为基础，以服务为中心，以客户需求为导向的服务型智造生态价值体系。未来企业将转变成为以服务为驱动，进而带动整个制造业的发展。"十三五"规划已赫然提出未来中国的制造业是服务型制造业，未来正在呈现出一种非常强大的竞争优势。

为了将轻量化碳纤维做成零件，康得新延伸、整合了德国慕尼黑建立的技术中心，还有全球碳纤维唯一有经验的设计中心，用以驱动全国14个厂家的新能源电动车零件和整车碳纤维轻量化部件的设计和生产，成为新能源电池轻量化平台整体解决方案商，形成了全中国和全球的竞争力，这样的平台不是中国唯一，而是全球唯一的。

竞争力形成的几个要素：第一实现高性能产业与高端化，第二服务化打造强大的竞争力，第三完成整个生态的打造。通过这样的变化，2015年康得新从传统的实体经济走向了新的实体经济，打造了以生态平台为概念的实体经济，并成为整个生态价值体系的一个链条。由于从事光学材料意味着我们需要延伸去做新型显示技术，而就新型显示技术而言我们在裸眼3D方面又引领了全球的革命，这些新型显示技术从移动互联、PC互联到场景互联，作为互联的未来，交互正成为关键，所以新型场景技术是长久推动技术要素。当我们把这些要素利用到各个行业，新的业态就诞生了。我们打造了六个互联网应用公司，每个公司楼下展览的产品不单是产品，更是一种模式。以智慧贩卖机为例，我们为它单独成立了公司，让其成为新零售的终端，将其布在各个社区、车站等带来广告效应，既可以服务金融、定制、社交等，还可以涉及智慧健康、智慧贩卖、智慧餐饮等。这种新的技术、新的模式、新的业态和互联网连接后即可产生一种新的增长点。

在新时代到来之际，康得新完成了整个平台的打造，成为新时期中国制造业的一个新的经济实体，同时也成为全生态平台的一个可以产生示范效应的案例。一个带有巨大颠覆创新的时代到来，不仅只具有挑战，还带来了机遇。制造业要用新的思维、新的格局、新的模式、新的引擎去面对未来，去迎接这个伟大时代的到来。与科学家相伴才有可能成为走向世界的企业，这种技术创新型企业才可能做大、做强。

创新中国管理模式

《公司的力量》里说，任何忽视市场力量，不能发挥公司组织优势的国家都会逐渐衰落，唯借由公司推动市场经济的生产力，国家才可以登上世界舞台。中国崛起的秘密是中国企业的崛起，中国企业崛起的秘密之一是中国管理模式的创新。我们将总结和继续发现区别于西方教科书的那些中国管理模式的创新。

在2017年亚布力中国企业家论坛年会上，就创新中国的管理模式，北京居然之家投资控股集团有限公司董事长兼总裁汪林朋、美巢装饰董事长冯琪雅、阳光印网董事长兼CEO张红梅、泸州老窖股份有限公司董事长刘淼及天明集团董事长姜明进行了深入讨论，《第一财经日报》副总编辑杨燕青主持了该场讨论。

杨燕青： 众所周知美国的GDP增长在很大程度上依赖企业。中国目前步入了增长缓慢的阶段，按照增长函数来看，一个国家的GDP增长要靠资本投入、劳动力投入和创新，中国之所以增长缓慢，是因为劳动力投入增速变缓、资本回报变低，因此创新就变得越来越重要了。

大家所涉及的行业各有不同，很多公司也有多元化的运营，每位嘉宾可以讲一下在过去五年间内，尤其是最近一两年，你们是如何理解管理模式创新的以及采取的具体举措。

汪林朋： 可能很多人都是居然之家的顾客。我们主要是做家居的，最近这两年随着中国消费的转型升级，开始着手做"大消费、大健康"。到

2017年居然之家已经18周年了，分公司开到了全国各地，更重要的是我们在管理制度创新方面也取得了成果。我研究过人类社会，其纷纷攘攘变化万千，实际就是围绕三件事：一是财富，财富的创造、财富的分配、财富的管理；二是权力的运营；三是思想以及信仰。我们现在处于全新的时代，原来我们的企业管理制度引自西方，所谓的《公司法》和公司运营理念都是西方的，但是在西方制度面前我们面临巨大的挑战。第一个挑战是现在缺乏人才。所以在企业的管理过程中，人跟资本的关系是我们管理企业的一个很重要的问题。谁将人作为资本引入企业，这个企业就成功了。我们传统的企业组织制度是资本决定一切，资本解决企业的利润分配，资本决定企业话语权的大小，但是新时代的格局是人跟资本在博弈，这样的环境下，企业人才的来源以及人才的管理尤其重要。从1999年到现在，居然之家创造了130多亿元的利润，其中50多亿元分给了员工，因为我始终认为人的作用应该提升到比资本更重要的层面。

居然之家现在拥有500亿元的市场规模，资产有200多亿元。运营这么大的企业，我们依靠的是什么？我们有一万多名员工，近期我向所有店长开放认购股份的权利，每个人都可以认购公司股份。企业的管理体制以及制度的设计是一切经营的根本，制度可以为企业创造财富，因而组织制度的设计是发展的根本。而《公司法》规定一家企业的股东不能超过200人，对此当初我们在学习西方制度的时候为什么不能改进呢？如果能从这个角度着手改变，我相信中国企业在全世界将会爆发出巨大的能量。

杨燕青：我追问几个问题：第一，以人为中心，将大部分企业利润分给员工，但与此同时你又向员工融资，等于你把钱分给大家，最终又拿了回来。最后是分给员工的多，还是从员工处融的资更多，这是怎样的一种管理理念？

汪林朋：员工是群众，而群众的眼睛是雪亮的。

杨燕青：咱们居然之家员工会很开心，长远看一定是分给大家的比向大家融资时拿出来的更多。但是居然之家未来5年增长会有多快？因为企业利润的增速决定了员工的回报率。

汪林朋：基本上每年增长30%。

杨燕青：30%的增长主要来自哪一块？居然之家现在既做大健康又做大家居，两者之间还是存在本质区别的，在管理模式上也会有所不同。

汪林朋：1999年我们刚做家居商场的时候，商场不对消费者承担最终的消费责任，消费市场比较混乱。居然之家率先提出了先行赔付，不管是厂家还是商户，居然之家出售的家居如果出现问题，我们就会承担起责任。这样商户进驻居然之家的门槛也就相对提高了，需要交质保金和押金。现在先行赔付的标准已经成为所有行业的标准，甚至被引入了《消费者权益保护法》，这是第一个管理模式的创新。

另外，家居商场获取利润的主要途径是通过摊位出租或者销售其他商家的产品以收取一定比例的佣金，而我们将这两个模式的优势结合了起来，这是我们的另外一个创新。居然之家经营18年来从来不跟银行贷款。商户进场需要签保质合同，同时提前三个月缴纳租金，而我们会为商家承担先行赔付责任，一个月以后结账。在这个过程中，我们的账上就有大量的提前预付租金。经营企业，我觉得现金是非常重要的。

杨燕青：第二位嘉宾是美巢装饰的冯琪雅，不知道是否与汪总的管理模式有所不同？

冯琪雅：我们的企业发展至今已有16年了，刚开始时做投资，最近两年回归做管理。美巢目前在全国20个省有分公司，旗下有一个品牌叫林海，经营模式是B2B（Business to Business，企业对企业），美巢是做B2C（Business to Customer，商对客）的，提供从设计、施工到装饰等一条龙服务。关于企业管理，第一点需要有自己独特的企业文化，美巢的企业文化是创造美好的生活空间，我们就是基于这样的文化来做产品和服务的，深耕客户，为客户提供一条龙服务。第二点是合伙人制，我们在母公司的架构里引进了两种合伙人：一是有实业经验的管理人才，二是国际级的财务专家，在两者结合下企业架构就会相对科学规范，这样企业就不会走弯路，会有长足持续的发展。

另外，除外部投资人以外，我们的核心高管和技术人员都进入了公司的股东会，当区域业务扩张的时候，又吸引了当地的合伙人进场。我们吸引当地的合伙人进场，主要让他们负责当地的运营，同行企业也有很多在做全国扩张，不同的是他们吸引的当地合伙人大部分是装修施工出身，而我是做投资出身的，所以更注重合伙人的企业家精神和创业精神。拥有企业家精神的合伙人更能够理解企业创业，更具有老板思维，而不是经理人思维，所以我们未来会进一步推进合伙人制度。最后，我也非常同意汪总以人为本的观念，同样规模的市场，做得好与不好的关键其实不是公司的产品，也不是公司的机制，而是公司的人才。

杨燕青：你们都认为应该以人为本，那么怎样才能让人发挥更大的作用呢？

冯琪雅：我觉得这里利润分配发挥着很大的作用，而利润分配关键在于不同层级的人有不同的分配制度。比如美巢在利润分配上，合伙人是一年分一次，基层员工则是及时兑现。进行利润分配时只有围绕整个企业的愿景和价值观来进行，企业才能有一定的稳定性。

杨燕青：你感觉你分给大家的钱多还是汪总分给大家的钱多？

冯琪雅：我们是服务业，汪总所在的行业有一定的商业地产性质，不太具有可比性。

杨燕青：那么从分给员工的利润占公司收入的比例来说，美巢与居然之家相比情况如何？

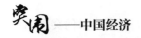

冯琪雅：从比例上看，肯定是我拿出的多。居然之家可能是三分之一分给了员工，而我们是自己留着的只有三分之一。

杨燕青：泸州老窖是一个比较好的案例，因为它主要聚焦产品，必须有好的产品，进而处理好与分销渠道、客户的关系，整个综合管理能力的创新关系到企业的生死存亡。下面有请刘总。

刘淼：泸州老窖是中国传统的四大名酒，其发展历程还是充满了坎坷和跌宕起伏。在管理上，我们更注重因地制宜、量体裁衣的动态管理模式，合不合脚只有把脚放到鞋子里才知道。泸州老窖从2003年开始进入了黄金十年，从2013年下半年开始，经济走入下行，八项规定的出台限制了公款消费和公务消费，随之白酒行业也就进入了深度调整期。除客观环境的原因外，我们自身的应对也存在一些不足，从而导致了整个品牌的销售收入下降。当时我们进行塑造多品牌的运作，很多经销商各自为政，进而导致品牌的含金量下降，价格和物流严重混乱。对此，我们决定、坚决突破国窖1573这一个增长点，坚定不移地进行品牌瘦身。同时，我们采用加强自身品牌的战略，围绕品牌对渠道进行了梳理，对团队进行了建设，整个销售体系和组织架构都围绕"四统、三线一中心"来组织管理模式。这样一来，品牌概念逐步清晰，国窖1573定位是高端酒，窖龄酒——泸州老窖特曲是中端，低端是一曲、二曲。与此同时我们对销售团队做了调整，采取直分销的模式，保持团队的动态平衡，人数保持在8000左右。有了销售和品牌的恢复增长以后，加上内部管理体系如信息、制度、流程、IT、物流、后勤、销售咨询系统和财务体系的加强，以及2017年提出来以品牌为引领，以项目、创新做支撑，以创新、扩张做突破，泸州老窖取得了恢复性增长的显著效果。

在这个过程中，我觉得最重要的还是人，一切的实现都是靠人。泸州老窖通过成长激励和薪酬绩效激励来调动员工的积极性，让员工清晰地看到企业的成长和发展，销售人员能清清楚楚地知道每年完成多少指标就可以拿到多少钱。

杨燕青：泸州老窖不只是管理创新，也是战略的重新设定，框架重组之后是管理模式的创新。未来5年，你觉得泸州老窖的发展效率还可以提高多少？

刘淼：目前的效率在2014年的基础上至少提高了30%，5年后我不敢说能达到50%以上，但达到30%~50%我觉得没有太大的问题。

杨燕青：对这个数字你满意吗？

刘淼：从个人的角度，不太满意。但是从管理的角度，特别是对一个国企来说，我们不能急于求成，我们要当创新和改革的先驱者，但不是去当先烈。2017年乃至今后几年是我们的冲刺期，到2020年我有信心泸州老窖能回到销售额达到300亿元的水平。

杨燕青：下面有请天明集团的董事长姜总发言。天明集团做广告、地产，也做投资，你的管理模式和大家看起来有很大不同，请跟我们分享一下。

姜明：创新既是党和国家工作的重点，也是社会和企业乃至每一个企业家要考虑的事情。中国已经成为世界第二大经济体，现在提出"中国模式"，是因为中国的经济已经走到了世界舞台的中央。在我看来，管理就是最大限度地调动人的积极性，达成目标。"管理"，顾名思义就是"管人、理事"。首先要管人，其实我对"管人"不是很认同，"被管"

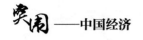

和"管"永远是一个矛盾，管人的目的应该是点燃每一个人的激情，挖掘每一个人的潜力，激发每一个人的活力，迸发每一个人的动力，发挥每一个人的能力。理解人性喜欢自由、民主、平等，喜欢这件事情我自己就做主。所以，我感觉做好管理首先要了解人性。

杨燕青：你们公司是怎么做的？

姜明：我们公司提倡"姜明不为，团队有为，制度大为"。最重要的是合伙制、分享制和股份制，耕者有其田，担者有其股，管理最重要的事情就是老子的《道德经》里说的"无为而治"，自己管理自己。管理是把未来的事情、钱的事情分好，让员工感觉是为自己干事，如何把不确定性的事情变成确定性的事情是一个管理者拥有的最大的能力。目前，我控股了37家企业，投资了39家企业，我的做法是让每个人都感觉自己是老板，我只是平台提供者。新上的项目，股份公司一把手的分成绝不能低于25%，甚至可以达到35%。如何让员工比我更操心，这是我每天在考虑的问题。只有他比我更操心了，这件事情才能做好。"人生为己，天经地义；人不为己，天诛地灭"，任何一个人在做自己的事情都会更有动力。

杨燕青：对股份公司一把手的分成，实际的数字有达到这个比例吗？

姜明：实际的数字可能比这个还多。管理中我只是搭建平台，提供机会，员工才是主角、是最亮的一颗星，镁光灯都聚焦在员工身上，我是背后的人。在参股其他公司的时候，我一般只做第二股东，不做大股东，因为大股东是最操心的人，二股东是配制资源的人，是关键时刻给大股东支持和服务的人。同样的道理，一个公司内要设置不同级别的合伙人，而这个级别划分根据贡献进行。未来公司的组织制度都要这样变革，"平台+个人"是主要的模式，核心人员占整个公司组织的15%，另外85%则都可以是社会共享资源；而这15%的核心人员里，30%的人是一级合伙人，30%的人是二级合伙人，30%的人是三级合伙。我认为只有人人当老板，人人都具有老板的思维、老板的心态，享有老板的收益，我们才能建设成一个新中国，实现习总书记说的"中国梦"。

杨燕青：红梅既有商业模式又有管理模式的创新，能不能跟我们分享一下。

张红梅：在说管理模式创新之前，我先说一点点阳光印网是什么？我们是产业互联网的变革者。我们考虑如何将传统的印刷业互联网化，在产业互联网化之后，我们再考虑垂直的产业互联网如何做得更大。任何产业的变革都会遇到三个问题：一是经营方式、组织方式、管理方式的变革；二是领导人的变革；三是团队的变革。

先说组织变革，传统行业的组织形态和互联网是完全不一样的。在传统行业里，大家气质相同，但是在一个既是互联网公司，又是一个在传统行业变革的公司内，存在两类人：一类是传统行业的人，一类是互联网新人。这两类人天然地不属于同一个物种。由于经历、经验和知识构成不同，两者思考问题的方式以及由此呈现的结果也不相同。因此，我们的两个团队打得厉害，互联网人跑得快，传统的人则要精细化管理。开始的时候，我也在两者之间来回选择和跳跃，纠结于谁对谁错。后面我明白了，其实他们都是对的。对一个互联网公司或者传统公司来说，变革时期的效率很重要，谁的方法能提高效率，我就用谁。

杨燕青：可以举一个例子吗？在什么样的解决方案上，要达到什么样的目标，两个团队有什么不同的做法，最后你选择了哪个？

张红梅：我先说矛盾点，比如说我们要做一个名片，互联网的人会用最快的方式解决，但这个最快的方式肯定会损失精细，可能不准确；但传统行业的人则会需求精细，考虑如果把产品做到完美，而这会使效率受损。就这个问题，我让他们做彼此的事情，传统的人说互联网的方式不好，那你就做互联网的人要做的事情，设计产品、排版；互联网的人说传统的人效率太低，那么你就做传统的人要做的事，实现流程的系统化，把产品做得更精细化。换位之后双方都能更好地理解彼此，我们甚至让互联网的人去实地推销，让程序员走出办公室去了解客户的需求。所以说，两个团队的融合很重要，团队在组织形态上一定要开放，这是第一点。第二点，关于领导人，领导人的知识结构也很重要。

杨燕青：在互联网领域，C端（client，客户端）已经有了翻天覆地的变化，但在B端（browser，浏览器），整个互联网和人工智能等科技的改造与发展还非常有限。那么，你现在做的产业在互联网领域内有什么创

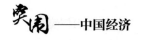

新？商业模式如何与管理模式相结合？

张红梅：中国的加工制造产业不缺工厂，缺的是可以优化行业效率的一个平台。首先，阳光印网是印刷领域的互联网平台，一端是客户，另一端是企业，为所有客户服务，我们称这个平台为企业级共享经济，很多供应厂商在平台上为我们提供服务。但阳光印网是自营平台，客户把钱付给阳光印网，我们再跟供应商结算。互联网上半场和下半场有很明显的区别，上半场卖产品、简单的服务，下半场卖深度的服务，而深度服务需要靠自营解决。其次，作为一个平台，我们需要提供给客户的服务必须多样化。最后，实现了全国范围的覆盖，很多公司在全国有分支机构，但每个分支机构的采购价格和品质很难做到统一，到货时间也会不一样，可能还存在一些隐性的难以控制的问题，但是如果跟阳光印网平台合作，就可以实现全国统一。在这点上，我们的商业模式能够给用户提供价值。

杨燕青：这对B2B行业具有什么样的意义？

张红梅：中国加工制造业企业消失的速度会逐步加快，也会有很多新的商业模式产生，但这也正是传统行业的机会，而阳光印网是一个良好的中间平台，不会抢谁的饭碗。

杨燕青：未来5年，你们的发展预期是什么？

张红梅：2016年，我们平台的收入是35亿元。行业规模是1.12万亿元，传统的印刷企业最大规模是20亿元左右的产值。我们未来5年的目标是成为中国最大的互联网印刷和定制品平台。

杨燕青：你的销售额预计会达到多少？

张红梅：到2020年，我们的销售额希望能达到500亿元，这三年我们每年都在以3~5倍的速度增长。

【互动环节】

提问1：阳光印网的顾客黏性如何保持？如果美团或者淘宝开辟一个印刷专栏，您的客户是否会被抢走？

张红梅：这个事应该反过来思考，在阳光印网出现之前，淘宝和天猫上其实已经有很多小的作坊和印刷企业了，这些小的作坊和印刷企业的背后是一个印刷厂，或者广告公司，而我们是一个连接客户和供应商的平台。

杨燕青： 你的壁垒在哪里？如何保持自己的市场竞争力？

张红梅： 第一，不议价，小商家一般都需要讨价还价，但阳光印网是一个透明的电商平台；第二，服务有保障；第三，产品质量有保障。

杨燕青： 如果出现一个竞争者，它和你的商业模式相同，你们怎么处理？

张红梅： 竞争者永远会存在。

杨燕青： 现在你的竞争对手是谁？

张红梅： 我们现在看不到竞争对手。今天我很坦诚地跟大家分享我们的模式，是因为我不担心会有人因此成立一个企业与我们竞争。因为如果有人从今天开始做阳光印网相同的业务，想要做成我今天的规模应该是两年以后的事了，而两年以后的我已经不是今天的我了，所以我可以毫无保留地把我的经验和想法都告诉大家。另外，关于人才观，我找合伙人有几个条件：第一，互联网出身；第二，有创业经历。第三，失败过。同时，我认为创始人自己的成长和改变很重要。我大学毕业后教了一年书，之后开始创业，我创建的印刷企业做到了广东印刷业的"四小龙"，之后我又做投行，所以我拥有10年传统行业、10年投行的经验。

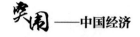

杨燕青：请问汪总，小米现在也是跨领域推出了很多新产品，你觉得小米是你的竞争对手吗？

汪林朋：我跟雷军是朋友，如何做家居和电商也跟雷军有过一些沟通。家居电商比较复杂，居然之家尝试了很多次，但都失败了。未来，电商如何提高消费者的黏性是一个很重要的问题。我们跟美国3DMAX的鼻祖合作打开了一个新思路，就是以设计为突破口，以设计师为中心。2017年年初我们拿了6亿多元到美国成立了一个室内装修方面的网站——"美佳达人软件"，未来可能所有装修领域的3D技术和产权都会属于居然之家。

冯琪雅：其实居然之家跟我们的业态更接近，家装行业有传统商业的本质。互联网解决引流的问题，但是跟客户沟通以及其他问题是互联网解决不了的。

提问2：在厂商和客户两方面，你认为哪一端的拓展更困难一点？

张红梅：只要商业模式好，两端都不难，最重要的是平台要提供价值。搭建平台实际上是在搭建一个游戏规则，规则清楚的话对两端都有利。很多企业级用户基本上都是因为真的能在我们的平台上获益，才找到我们并最终留下来，因此我们用户的复购率很高。

提问3：想问一下刘总，今后如何能将白酒推广成为世界最好的酒水之一，像葡萄酒和威士忌一样？

刘淼：未来中国白酒的发展方向会继续往健康化、时尚化和国际化发展。目前，按照客观实际来讲，整个白酒在世界范围内的销售情况并不乐观。茅台和五粮液等白酒的消费群体以华人为主。中国白酒要逐渐创新变革：第一，需要开发新的产品来适应更多人群的口感；第二，要逐步增强欧美对中国白酒的了解度，目前的状况是我们接受他们的文化比他们接受我们的文化多得多，因此我们要更关注自身产品的调整以及观念交流的调整。

提问4：想请汪总详细地给我们传授几点居然之家成功的秘诀。

汪林朋：我就讲一点：重视现金流量表的概念，现金流要大于利润增量。

杨燕青：未来5年，各位最需要颠覆的管理模式是什么？自己企业最需要解决的管理问题是什么？

姜明：就是怎样超越自己，让自己成为一个没有用的人。

刘淼：未来5年，让泸州老窖扎扎实实地回到中国白酒的前三名。

冯琪雅：寻找到比自己能力强的人和更优秀的合伙人的能力还不够，我希望我能增进这个能力。

汪林朋：我从来没有想过要颠覆自己，我就想颠覆别人。

张红梅：其实我们每个人都在不断地颠覆自己，因为我们今天的思考可能会成就未来的我们，所以我现在思考的就是未来的我们，我们现在做的事已经是颠覆了。未来5年，我们要不断找寻新的模式、新的人才和新的市场。未来5年，阳光印网也会成为全球最大的企业采购平台。

创新转型的关键是人才

经济下行逼迫经济转型，从粗放到精细，从模仿到创新。企业家是创新的主角之一，包括技术创新、商业模式创新与制度创新。企业家既要面对要素成本，又要面对制度成本，30多年来我们已经充分领教了中国企业家面对这两项成本的无尽智慧。而创新的另一主角是政府，那么，政府和企业家如何合力以创新实现转型？

在2017年亚布力年会上，就创新与转型的话题，复星集团董事长郭广昌，百度创始人、董事长兼首席执行官李彦宏，宽带资本董事长田溯宁，华泰保险集团股份有限公司董事长王梓木，高瓴资本创始人兼首席执行官张磊进行了深入的讨论，中国并购公会创始会长王巍主持了该场讨论。

王巍：在所有企业家眼里，环境永远在变化，具有不确定性，但创新是永恒的。2016年发生了好几件"黑天鹅事件"，那么对于在座的几位来说2016年企业遇到的最大痛点是什么？是如何解决的？首先有请百度的李彦宏，对百度来说，2016年比较痛苦的可能是百度医疗的事情。2017年1月百度聘请了一个有影响力的人——陆奇，陆奇上任后就宣布砍掉医疗事业部，我想问的是你为什么请陆奇？你的战略是什么？

李彦宏：自成立到现在，百度已经走过了17年。前10年我们处在PC互联网阶段，过去四五年我们处在移动互联网的阶段，2016年11月我在乌镇"世界互联网大会"上说到，现在移动互联网时代已经结束了，2016—

2017年应该是从移动互联网向人工智能时代转型的阶段。在这种阶段，互联网公司都需要转变思维方式。你刚才问我为什么请陆奇，如果用一个词来回答的话，就是因为"人工智能"。从PC互联网到移动互联网再到人工智能，社会发生了什么变化？从用户的行为来看，变化非常明显，也可以用比较简单的语言来描述。我们这一代人基本上都是跟着PC互联网成长起来的，所以我们习惯跟计算机交互的方式是用键盘、鼠标，我们觉得这是最准确、最自然的交互方式，鼠标点到哪里，光标就落到哪里，非常精准。当手机、移动互联网发展起来之后，我们开始使用触摸屏，刚开始的时候，我觉得很不习惯，因为屏幕非常小，选择很难精准，总是点错，还得重新再点一遍。但是我们的下一代就完全不一样，三五岁的时候他们就可以随心所欲地使用触摸屏，而且还不用人教。另外，整个移动互联网的生态跟PC互联网的也很不一样，人工智能时代的人机交互方式又发生了很大的变化，触摸屏不再是主流。对此，现在大家可能还没有强烈的切身体会，但是再过几年我们会清楚地看到，人和计算机的交互方式会变成自然语言，而不再是触摸屏。过去人们用文字搜索，以后用语音、图像进行搜索，语音和图像背后都需要对自然语言进行理解。

王巍：你对百度新的医疗战略和陆奇的想法是什么？

李彦宏：这几天网上在传一个所谓的"百度内部信"，其实那不是"内部信"，而是一个内部讲话。我们每个季度都会召开一个面向内部中层的会议，内网小编将会议内容整理后发表在内网上，百度员工都能看到，也就很容易传到外面去。在这个所谓的"内部信"里我讲到，医疗产业是一个非常大的发展机会，这与我们现行的医疗体制有很多不合理的地方有关，而更重要的是随着人工智能时代的来临，我们可以对医疗的多个层面实施影响。比如可以实现医院的挂靠，往后可以用智能诊疗系统帮助医生对患者进行诊断，而随着基因测序成本的迅速下降，大量基因数据被收集起来，某些疾病的治疗会找到更好的方法，从而实现所谓的精准医疗。今天我们的新药研发还是采用人工实验，但是我们的车辆生产已经实现先通过计算机去模拟，对模拟结果表示满意后再到线下把它做出来进行实验，未来我们的制药工业也可以用人工智能的方法实现，所以我觉得医疗行业是一个很有潜力的市场，而且改变医疗行业未来发展的最重要力量就是人工智能。陆奇到百度之后，我跟他一起见了一次媒体，我对媒体说，"我对人工智能的了解不如他（陆奇）的十分之一"，所以简单来讲，我聘请陆奇就是因为人工智能。

王巍：有一个问题想请问田溯宁，最早你是在海外创业，成功将亚信做上市。之后回国，受邀创建中国网通，随后转型做基金。最近几年又重新回到亚信，领导亚新在中国的发展。对于重回亚信，是否能分享一下你的痛点和战略？

田溯宁：亚信是丁健和我共同创建的，我们俩是创始人，三年多以前我重新回到亚信担任董事长。过去一年，我主要的感受是焦虑，焦虑的主要原因不仅是亚信未来商业模式的走向，因为在整个所谓的IT行业，像Oracel、IBM、微软等大公司对过去二三十年信息化起到了非常重要的作用，但在面对互联网、云的冲击时，他们的商业模式都面临考验，我觉得这种探索目前还没有答案。一方面，我们看到近五六年云计算在不断发展，阿里云和亚马逊云都取得了非常大的成功。另一方面，我们也看到，未来企业的计算会不会完全被公有云所取缔，企业互联网到底会怎么走，现在还没有特别明确的答案。我们每个人的生活都被互联网改变了，无论是搜索，还是网上购物，但是回到企业内部，今天的企业环境跟二三十年前没有什么变化，还是ERP系统（Enterprise Resource Planning，企业资源计划），还是一套以流程为核心的管理。企业内部的架构和外部的互联网已经脱离了非常之久，企业内部的管理以及上下游距离互联网所创造的生态系统有非常大的距离。举一个最简单的例子，我有一个朋友跟我说，前不久他去韩国，去之前他要找一下他们韩国分公司的电话号码，结果他在企业内部的公司网页上找了三次才找到，而他通过谷歌一秒钟就可以查到。过去我们的企业计算架构以数据库和ERP为核心，那么未来我们所谓的产业互联网应该怎么走？如果完全走向公有云，企业内部的流程该如何被互联网所再造？对于这些问题，我感觉一方面有非常多的挑战，另一方面也没有很明确的答案。

我们都知道，未来每个行业都要互联网化，但是这条路到底该怎么走？对此一方面我感到非常焦虑，另一方面也感觉到很大的责任。在做投资的时候，投资的10个公司中如果有1个成功就已经很不错了，但如果担任一家企业的董事长，每一个战略都关乎企业的生死存亡，一旦决策错误几百甚至上千个人的工作将会受到影响。

所以在不确定变革的时候，一方面我们看到未来技术变革给我们带来了不可想象的机会，无论是新的人机界面、后台的云化，还是今天看到的万物互联时代，另一方面，随着软件的作用越来越大，软件的商业模式究竟是什么，应该往哪个方向走？这是2016年伴随我一年的问题，所以我有时候兴奋，有时候焦虑，有时候又感觉到责任重大，所以我头发越来越少。

王巍：我们认识也有20年了，这么多年来大家都知道你是一个伟大的理想主义者，而且是一个梦想家，始终非常"阳光"，我很少听到你说焦虑，今天突然听你说了好几个焦虑，能不能再具体一点？

田溯宁：有两点：第一，以前马云跟我说过一句话，你和丁健最早开始做互联网，做到关键的时候你却去国企工作了，因此错过了互联网发展的时机，互联网的很多应用都没有开发出来。关于云计算，前几年我们也谈了很多。我特别焦虑的是怕自己会成为一个布道者，理论知识说了一

堆，但没有抓住这个产业本身，成为这个产业的一部分；第二，目前我在一个拥有1.5万名员工的公司担任董事长，2016年我们将亚信分拆、重组，着力发展软件、大数据以及信息安全，每一个决策都关乎企业的未来，也关系到员工们的职业生涯。所以我觉得责任重大，相对应地也会焦虑。

王巍：在大众看来，企业家都非常光鲜亮丽，但他们没想到的是，这些企业家们也会焦虑，也会因此睡不着觉。下一个问题请问一下王梓木，这几年保险业变化非常大，安邦和宝能等事件之后，这个行业的道德好像都出现了问题。作为最传统的保险行业的一员，你怎么看待这个行业？最近华泰也经历了一次资本重组，你怎么抓住这样一个机会？

王梓木：德鲁克在《创新和企业家精神》一书中的另一个重要观点是，不仅高科技实现创新，中科技和低科技也能创新，并且在传统行业中的创新机会要多于高科技行业。保险是个传统行业，产品和销售模式创新不断。因为随着社会的进步，人们的需求在不断地改变，供给侧的满足也由各种创新来实现。对于大多数发展中国家来说，模仿创新是一种主要的创新方式。例如华泰的EA门店模式（Exclusive Agent，专属代理人经营模式）就是从美国和欧洲引入的，它们在国外有差不多100年的历史。华泰做了八年EA，目前有3500家门店，"十三五"期间以每年1000家的速度递增。但是这种模仿创新不能走到底，要结合中国的实际和环境进行一些改造，实现本土化。另外就是运用互联网等新技术，实现更精准、更有效率的客户服务。EA门店本身是一种贴近客户的线下承保理赔服务，但是当今如果不与线上相结合，实现线上、线下的一体化，就不会有出路。那么，企业家就需要从过去的模仿创新走向集成创新。所谓集成创新，就是将其他的创新要素结合起来，包括技术创新、管理创新和制度创新等整合在一起，形成系统创新，这种创新的任务显然是由企业家来完成的。

现在保险业面临什么问题呢？最大的问题是在互联网适应和运用方面的挑战越来越大。比如互联网需要大数据，但保险是"大数法则"。再比如自动驾驶，中国的车险占中国财产保险的75%，美国预测未来5年，车险的保费会从2000亿元降低到400亿元，为什么会出现这种情况？可能是因为实现自动驾驶后，驾驶人是一个程序，而不是人本身了。所以在面对互联网时，保险业面临的挑战非常大，至少现在我们在"＋互联网"上使足了劲，力求提高效率，提高客户服务。

王巍： 你不断强调你是传统行业，你如何评价宝能、安邦以及他们的行为？

王梓木： 从近些年中国保险市场的状况看，国内的保险公司某种意义上可分两类：一类姓保，一类姓资。姓保的坚持保险的本质功能和风险管理，追求承保利润；姓资的将保险作为融资平台，关注点和核心能力放在资金运用上，主要表现为保险公司不是靠风险保障服务赚钱，而是依赖股市投资以及房地产等非主业赚钱。显然，频频举牌的险资属于后者。由于保险公司的钱来自老百姓，普通老百姓购买保险产品，是保险公司真正的委托人。如果保险公司大肆发行理财产品，并且用于收购更多的上市公司股权，等于"管家"扮演了"东家"的角色，显然是一种错位。并且这其中很多是短期负债，这种短债长投的做法不仅违背了保险资金的性质和特点，造成资产的错配，而且也偏离了保险公司的本质。负债端成本过高，投资端风险过大，难免进入危险境遇，也是对保险委托人的不负责任。

保险公司是经营风险的，保险的社会本质是雪中送炭。我认为投资对于保险来讲，只是锦上添花，绝非雪中送炭，否则一旦资本市场出现大波动，就会变为雪上加霜。我们所熟悉的巴菲特模式的核心也强调承保利润，坚持价值投资和长期投资。这说起来容易，真正做到非常难。

王巍：复星从实业到投资，也走上了国际化的道路，做了很多海外收购，利用这个机会，请郭广昌跟大家分享一下你的海外收购战略。

郭广昌：当下的环境可以总结为三点：第一，现在已经进入人工智能时代，技术发展的速度特别快；第二，低利率时代已经结束；第三，全球化和反全球化并存。另外，对于未来不确定是肯定的，不确定的波动性可能比任何时候都要大。那对复星这样一个植根中国、全球化布局的企业，我们应该怎么做？这几年我们思索出了结论以下。

第一，聚焦。复星现在很明确要聚焦在"大健康"上，包括我们的健康保险、蜂巢城市，都要聚焦在"大健康"上。所以我们在国内的复星联合健康保险也已经正式开业，当然我们不可能让保险变成第二个"平安"，但我们一定要在健康保险上做出特色。而同样复星的蜂巢城市，也是紧紧围绕我们已有的养老、医疗来发展，我们把这个产业链打通，提供更加便捷的产品。

第二，加大研发。2016年以来，我在公司里谈得最多的事情就是研发投入、创新发展。比如我们的复星医药，八年前布局的中国、美国联动研发体系的成果已初步显现；现在我们的目标是要成为大健康领域的"华为"，所以未来几年我们要持续加大在研发上的投入。同样，我们还要牢牢盯住VC（Venture Capital，风险投资）、有创新性的研发项目，围绕"健康、快乐和富足"来实现"精准VC"，要打造复星在全球的创新、研发体系。

第三，在全球化上，我们要更深入、更当地化，复星正在全球的主要经济体里布局和建设本地化团队。这个团队不是说我们从中国把人派过去，而是与当地有10~20年经验、非常深入某个行业、产业的团队合作。而且复星一定要处于控股地位，并拿复星的全球资金和他们配套。

以前大家都在说复星存在诸如多元化等很多问题，但现在我们提的更多的是要更专注、更深入、更本地化、更能打通产业链，复星正在往这个方向快速地走着。我感觉只有这样，我们才能在大波动的情况下抓住机会、才能活下去。

王巍：张磊是做投资的，当年投资京东，几乎可以说是一战成名。就选择被投企业方面，你最欣赏什么样的企业?

张磊：第一，具有格局观和胸怀。所谓的创新能否走到最后，企业发展就需要企业家具有更大的胸怀和格局观。刚才广昌说到了研发投入，彦宏讲到了人工智能，其实移动互联网的本质到最后都是商业模式的创新，真正的技术创新非常少，这个时候格局观就变得非常重要。

第二，执行力。执行力这个词有点空，我最近也在思考这个问题。根据最近的观察，我觉得执行力更多地应该是组织创新、组织再造的能力。过去，我们所谓的执行力主要是强调一个人特能干，从早忙到黑，管理上也就是寻找几个执行力很强的御林军，把他们培养成接班人。但现在这个定位已经越来越不靠谱了，因为那个时代已经过去了，90后的想法也完全不一样，也不会像我们一样被彼岸的成功所驱动了。

最近，大家可能觉得我们投资了很多高科技公司，实际上从比例上来看，我们投资最多的还是传统企业。中国这么大一个国家，如果自己的传统制造业不行，那发展肯定没戏；或许有人会说我们可以变成一个消费大国，但如果没有一个好的制造业，不生产、不出口，那么国家的发展肯定

不靠谱，消费大国也就更无从谈起。世界大国不可能靠内需成长起来，所以我花了很多时间观察中国的制造业，也投资一些老企业，比如美的、格力。前段时间我跟美的所有中层以上的干部进行座谈，现场有800人，网上有3000人，在交谈过程中我发现他们在真正改变原来的管理方式和接班模式，也在用组织再造的能力打造企业合伙人。对于企业合伙人模式的出现与成长，我感到非常敬佩，而也正是这些企业的深入思考和改革保障了正处于草根阶段的中国制造业的向上发展。

王巍： 亚布力已经17年了，也有很多企业家的二代来到现场，你觉得这些80后、90后青年企业家与50后、60后这帮老企业家有什么区别？

张磊： 我是70后，但与50后、60后一样，有很强的家国情怀，对自己要求很高，有很强的责任感，做很多事情都是责任心驱动。我觉得80后、90后不是这样的，很多时候他们是被热情驱动着去做事情，而不是为了到达彼岸的成功和责任感，至于彼岸在哪儿，边走边看。

王巍： 2016年，世界形势变化非常大。你们怎么看"一带一路"和特朗普这两个力量对世界格局变化的影响？你觉得未来世界形势会如何发展？

李彦宏： 平时考虑产业的问题多一些，这种大世界格局考虑得比较少。对于这次习主席在达沃斯的讲话，后来我跟一些朋友聊过，其中有一个美国朋友，他说如果当时我们不在现场，而仅看演讲稿，我们会认为这番话是美国总统讲的，而不是中国主席讲的。这种全球化的格局观，我非常赞赏，也正是因为美国出现了这样一个非典型的总统，这给了中国一些机会，让我们承担更多的全球责任。企业层面也是这样，美国移民政策发生变化，整个政治环境也具有很大的不确定性，整个社会非常分裂，现在很多待在美国的外国人感觉不舒服，这样的情况对于中国吸引人才也是一个机会。过去几年我一直在讲，与美国相比，中国在进行创新能力培养时，很大的一个障碍是我们只能吸引到华人，而美国可以吸引到全球各个国家、各个种族、说各种语言的人。但是现在这种政治气候和世界格局，我觉得多多少少给了我们一些希望，让我们能够吸引到更多的优秀人才。现在中国是一个非常大的市场，增长很快，我相信不管哪里的人来到中国都会有很大的发展空间。比如奔驰，它们对中国已经非常熟悉，递名片的时候也学会双手递了，其实学习中国的语言、文化并没有那么高的门槛。所以现在是我们抓住发展机遇的一个很好的时机，从这个意义上讲，我很乐观。

田溯宁：过去这些年，亚信在七个国家给运营商做软件，比如丹麦、印度，其中我们遇到的一个问题是中国大规模的系统软件能不能出口？如果软件做得好，销售的价格也会比较理想，比如我们的计费软件能卖到4000万~5000万美元一套。在这方面我有几个感悟：第一，我认为中国软件的能力被全世界低估了，我们可以给全球最大的运营商做软件，所以实际上我们的软件能力是可以输出的；第二，我们大部分的软件工程师是中国人，接受的都是中国文化，未来我们如何跟当地融合，实现从中国知识工作者到全球化人才的转变？我觉得这个挑战还是蛮大的。举个例子，亚信给丹麦电信运营商提供服务，我们有300个工程师在那儿工作，有一次我过去考察，吃饭的时候我发现这300个国内过去的工程师聚在一起吃饭，丹麦的工程师在一起吃饭。我希望有一天中国的工程师能国际化，融入当地，当然这与时间有很大的关系，需要不断探索，因为软件本质上是一个知识、文化、价值观的输出。所以，我觉得未来十年国际化的前景非常强大，而且中国软件能够影响世界。这是我们未来很重要的彼岸。

王梓木：保险业走出去，除了广昌，别人走得都不太远。国内的保险企业主要是跟着客户往外走，因为有些客户在海外有工程和项目，而我们与海外的保险公司建立战略合作伙伴关系，当客户在海外遇到问题的时候，海外合作的保险公司就会帮他处理。但是习主席在达沃斯讲的话让我感触比较深：我们真心希望各国搭乘我们的"快车""便车"，希望天下劳苦大众都能过上小康生活。也就是说，中国是一个大市场，希望世界不要错过中国发展这趟班车，中国的发展是给世界带来的机遇。所以我们想还是先把国内的事办好。

郭广昌：我觉得首先现在世界出现反全球化的观点是很正常的。其原因讲到底就是他们普遍有个共识：中国在全球化中得利更多。但我觉得，实际上他们也都是全球化的受益者、得利者。所以我觉得马云在达沃斯说得蛮好，其实美国在全球化当中也赚了很多钱，但问题是这些公司赚了钱以后，被美国政府打仗打掉了。另外一个原因，客观地说在中国加入

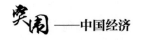

WTO和全球化的过程中，全球企业是低估了中国企业的竞争力，尤其是低估了中国民营企业的学习能力，他们没有想到中国在全球化过程当中能够有这么快的崛起。

当然，我觉得如果把全球看成一个大家庭的话，还应该是有序的。现在有点失序，大家还需要重新磨合，重新回到全球化共同发展的平衡状态。

那对中国来说，我觉得无论是中国政府还是企业，非常明显的一点就是继续坚持全球化开放，这对我们是有好处的。首先，就像习总书记说的，中国有巨大的市场，中国的发展充满潜力和机会。我们依托这样，可以获得全球共融的发展空间。其次，现在海外许多国家对中国企业是非常开放的，比如复星拥有着占葡萄牙三分之一市场份额的保险公司、德国220年历史的私人银行。所以如果我们希望有一个全球开放的市场，那得先有能力让全球认为中国是愿意去参与全球发展的。而且，我们现在的企业也有能力，尤其是十足的学习能力去参与全球竞争，在开放的过程当中我们的竞争是不弱的。我们应当有这份自信、胸怀，这对中国经济、中国企业的发展都将有利。

张磊：对于世界形势的发展，很多人表示担心，对此我想说两点：第一，大家不用过分担心，为什么呢？因为即使再担心也改变不了现实，我一般不会花很多时间担心改变不了的事情；第二，从大的趋势上来看，现在是你中有我、我中有你的时代，某个人或某一届政府都不能改变整个的发展趋势。中国企业一直在成长，我们在投资的过程中也非常受益于这些年跟着中国企业的成长，学到的很多东西。比如我们投资印度的企业；把微信带到印尼；投了美国的软件企业，是因为中国的电商做法远高于美国，美国的传统企业向电商转型的方式和方法还很粗鲁，停留在1.0阶段，而我们有很多方法，一个很简单的方法就是放在云上，这样我们就能很容易拷到自己在不同的电商平台上的销售情况，知道自己的库存。我们对这家美国软件公司投了2.5亿美元，利用中国所学的知识帮助美国电商进行转型，使它更快地变成全渠道产业链的电商服务商。我觉得这些都给了中国和中国企业家很大的机会，我觉得往后的不确定性反而是我们增强信心、增加投资的最好时机。

王巍：上个月达沃斯开会，我的感受有两点：一是大家普遍觉得焦虑；二是对中国很期待。想起来，大概中国最早去达沃斯的人是田源，也是由于田源当年去了达沃斯，才把达沃斯的idea带回来，这也才有了亚布力，所以我想向田源表示致敬。2004年，我们非常困难，都在呼吁抱团过冬。在2004年亚布力年会上，田源做了一个主题发言，印象最深的一点就是要看世界。今天亚布力和达沃斯有了更多的联系，我们这一代人也特别幸运能有机会改变历史。接下来有请田源主席。

田源：2004年，我参加了国务院的一个座谈会，座谈会上的一个观点是中国对世界的影响开始发生重大变化，那就是在世界经济的增量里面，中国已经占到三分之一。事实也确实如此，中国改变世界就是从2004年到现在，在这么十几年的时间内，中国一直在推动着全球经济的发展。所以那个时候我们开始研究和讨论海外资源对中国的重要性，号召中国企业准备好去海外收购资源等。

反观中国经济这些年的发展，有几个点比较巧合：第一，全世界的关税经过30年的调整才降到了5%的水平。二战以前，全世界的税率大约在40%，所以特朗普想恢复45%的关税是有根据的。关税处于这个水平，贸易比较难开展。二战以后，美国主导全球经济秩序的重整，提倡自由贸易，因为只有全世界的税率降低以后，美国产品才可以走向世界。大约经过30多年的协商，发达国家的税率终于下降到了5%，这就等于所有发达国家都打开了国门。与此同时，中国的改革开放开始了。在5%的低关税促使下，中国的产品像洪水一样进入发达国家市场，尤其是美国市场。我觉得美国人主导的战后税率的不断降低铺平了中国走向世界的道路，而中国的改革开放把整个民族的活力释放了出来，两者刚好结合在一起了。

王巍：我们应该反思历史，因为看不懂历史就看不懂今天，也看不懂未来。在此特别感谢所有在场的企业家朋友，还有很多在微信、微博、电视上看直播的朋友，没有你们的呵护、支持和关注，亚布力不会走过17年。未来，也希望我们一起焦虑、一起快乐、一起创新、一起来影响文明的进步，我们再走17年。

商业银行再定位

文 洪　崎 ▶ 中国民生银行董事长

根据这两年商业银行的发展，我们可以看到三个共同趋势：第一，不良率在不断攀升；第二，利润增长率已经进入个位数；第三，收入增长速度远远低于规模增长速度。在这样的情况下，商业银行如何通过转型来应对困境，是所有商业银行都必须直面的问题。

现实中，商业银行转型面临四个挑战。第一，经济下行，结构调整。第二，金融脱媒，而且速度还不慢。第三，利率市场化。现在利差在缩小，从之前的3.24下降到了2016年的2.07，下降速度非常快。第四，互联网金融和金融科技。目前来看，互联网金融还没有对传统银行造成太大的影响，但是互联网金融是一个大趋势，传统银行在支付、零售、小额贷款、理财等方面已经感觉到压力越来越大。

从经济下行和结构调整角度来看，我们都知道经济决定金融，但是经济转型要成功，金融的作用就至关重要，尤其是商业银行在整个金融体系中所占的比重达到了70%，那么它的配置资源对经济转型有着重大的反作用。但是目前我们遇到的问题是，这种转型来得太快，而经济下行以后，我们要处理存量的不良，要控制新增的不良，还要考虑去杠杆的问题，考虑去库存所带来的压力。另外，之前我们所服务的都是大企业，而且大部分都是传统行业，比如钢铁、能源、水泥等，但现在是消费主导。2016年消费占GDP的比重达到了51.6%，2020年如果这一比例要达到57%，消费转型升级和新经济、新产业以及我们三大战略——"一带一路""长江经济带""京津冀转型"就必须发挥非常重要的作用。传统银行做惯了原来的业务，现在要求风险管理体系、社会金融体系、服务体系进行转型，这需要一个过程，人才的转型和培养、考核体系等一整套体系都要转型，这中间也存在一个匹配的问题。

2016年商业银行贷款还是集中在大企业、国有企业和政府平台。消费方面，金融、房地产以及IT占了整个贷款的70％。从中我们可以看到，商业银行贷款还是同质化，还是走平台，还是大户，还是低风险，从而没能与整个经济转型相匹配。转型为何如此困难？这与我们的理念有关，与我们的不适应有关，也与银行一贯延续下来的考核体系有关。因为在利差减小的时候，在控制风险的前提下，我们需要以量提价，所以量的增长还是不小，但都是垒大户。

从金融脱媒来看，我们现在感觉到的困惑是什么？我们知道资本市场是多层次的，它也正处于发展过程中。大户基本上走债券市场、股票市场等多种方式相结合。如果你不能提供多功能的服务，那么抱大户的时候抱的是一块冰，会逐步融化。所以说，我们面临的第一个挑战是银行的重新定位，根据自己的优势和能力，结合企业本身所坚持的价值找准自身定位。民生银行坚持"与民营企业同根同源"，但是一路走过来也经不起商业上的短期压力，因此并没有完全聚焦，形成服务民营企业的体系。当下，我们重新定位，服务民营企业，专心致志为民营企业搭建整体的服务平台。

原来我们的利率是固定利率，现在经济转型，市场波动性特别大，这个时候内部管理和管控体系也都需要转型。这种转型一是适应外部环境，二是考虑模仿。20世纪90年代"四小龙"也进行了一些转型，其中有很多成功经验，也有很多失败教训。在这方面，民生银行邀请麦肯锡及其他几家咨询公司将他们的成功经验和失败教训总结起来，这对我们内部的管理体系、科技体系会有很大的帮助。

互联网金融和金融科技带来的影响是颠覆性的。现在很多银行也感觉到了压力，但是有些银行还是没有意识到"温水煮青蛙"，当真正意识到的时候可能已经晚了。关于商业银行向互联网金融的转型，这是一个完整的体系，需要完整的体系布局。第一步，银行要改造自己的科技，我们原来都是核心业务系统，这与现在的互联网、云计算、大数据以及人工智能不相符。第二步，在数字化、信息化方面做积淀。第三步，"传统银行+互联网"，先做"+互联网"，最后是"互联网+"。在互联网和零售方面，我们正在往大数据和云计算方向走，将来我们要往智能方向发展。公司业务方面要由平台式往物联网发展，建立精确的产业链、供应链，使我们的传统业务能够逐步转型，将颠覆性创新和适应性、模仿创新进行结合，这不仅仅是民生银行要做的事情，而且只有做好了这件事，我们商业银行才会有未来。

中国企业"走出去"

中国企业"走出去"经历过不同阶段。第一阶段是国际商品贸易；第二阶段是对国外的实物资产进行投资，特别是战略性资源；第三阶段转向国际资本投资，以获取境外公司股份。现在，中国企业走出去正进入第四个阶段，即向全球价值链上游迈进，特别是重要的战略性产业，借此获得先进技术以及品牌和海外市场管理经验。新阶段里有哪些值得推荐的模式和经验？

在 2017 亚布力年会上，中国与全球化智库 (CCG) 理事长兼主任王辉耀、春华资本集团董事长兼首席执行官胡祖六、怡和控股执行董事兼怡和（中国）有限公司主席许立庆、南非钻石集团董事长陈达冰、物美控股集团总裁张斌、Club Med 全球首席执行官亨利·季斯卡·德斯坦（Henri Giscard d'Estaing）、Catalyst CEL Fund 基金创始合伙人爱德华·顾克文（Edouard Cukierman）就上述问题进行了深入讨论，香港科技大学副校长翁以登主持了该场论坛。

翁以登："走出去"这个题目我们曾经讨论过，我想先谈一下现在的变化。现在的国际化范围更大，中国在国外设立的公司数量已经在全球排名第二，仅次于美国。但这些年中，障碍始终存在。中国应该多一点自信，更加开放。

目前看来，中国经济仍然非常强势，想要在全球化进程中取得领先，也应该在政策方面做出更多的改变。但需要注意的一点是，现在全球的政治情况有了很大的转变。我个人认为，特朗普有机会成为自邓小平之后另一位对世界产生重大影响的国家领导人。只不过他对世界的影响可能与邓小平有所不同，因为邓小平的影响已被证明是积极的，而特朗普所带来的影响，到目前为止在很多人眼中仍是负面的。其最终结果如何，将由历史来评判。

中国目前处在一个十字路口，我们今天讨论中国企业的"新国际化"非常有意义。首先请王辉耀先生做一些背景及宏观层面的介绍，来讲一讲中国企业走出去的情况。

王辉耀：习近平主席最近在达沃斯论坛上提出了新一轮全球化及中国全球化的新主张和新倡议——这是他第一次系统地阐述中国对全球化的看法。从中国的角度来讲，全球化的践行贯穿了过去近四十年的改革。其中最突出、最具代表性的是国外企业，它们是在中国对外开放过程中走进来的，其次是最近二十年当中不断走出去的中国企业。

在2015年，中国实现了历史性的突破，对外投资位列全球第二——这是非常大的跨越。中国走出去的第一个特点便是成了资本净输出国。同时中国对外投资的结构在逐步多元化，而且朝着优化升级的方向发展，在投资业、制造业、信息产业、软件业等领域不断拓宽，这是另外一个特点。

此外，我们对外投资的增长速度在过去十几年持续上升。2003年以来，中国对外投资连续13年增长，年均增长速度接近35%。根据商务部最新的统计数据，2016年1月到11月之间，中国对全球164个国家和地区的7500多家境外企业进行了非金融类直接投资，累计投资金额达到了1600多亿美元。仅按照1600亿美元来计算，同比增长也达到了50%，这是非常快的速度。更加值得关注的是，这一期间我们的制造业也呈现大幅增长，对外投资达到了将近300亿美元，增长了151%；信息传输、服务及软件行业的增幅更是超过了200%。由此可见，中国企业走去的趋势越来越明显，规模也越来越大。尤其是2016年对美国的投资已经超过了美国在华的投资，而且投资领域非常多元化，可见我们的对外投资是朝着优化升级的方向发展的。

总而言之，中国企业的走出去，也包括中国企业的全球化，必定会是一个长期的、崭新的过程，是中国社会和经济发展到特定阶段的产物。"走出去"和"请进来"，不仅仅是中国全球化的组成部分，更被提升到了国家最高决策层的高度。尽管这一过程中仍存在很多问题、障碍，有很多亟待解决的问题，但其发展的整体方向是对的。我们推动全球化，参与和引领全球化，都是中国企业在未来不断扩大的方向。

翁以登：我们企业的走出去前途好像一片光明，但现实是否如此呢？请胡祖六博士来为我们谈一下现实中的障碍。

胡祖六：近一两年，我们都在担心从冷战结束以后席卷全球二十余年的国际化是否会戛然而止或是开始倒退，因此首先来讲一下国际化的定义。

国际化的近义词是全球化，并且有三个内涵。第一，不论处于何种产业，企业的股权结构是国际化的。中国企业的很多股东都是我们本国的居民，虽然也存在国际股东，但目前的国际化程度从股权角度来说是很不够的。因为很多行业对外资的进入有所限制，比如证券行业的企业，外国公司对其股份的控制不能超过49%。外国投资者很难购买一些上海或是深圳上市公司的股票，所以说中国股权的国际化程度还不够。

第二，管理层和员工的国际化。毫无疑问，中国的企业首先要雇用本地的员工，但一个真正国际化的企业，至少在高管团队和普通员工中有一部分是国际化的。以平安为例，100名高管中有60名是非中国大陆籍，这一点非常了不起，达到了国际化的水平。国际化的第二个层面便是优秀企业的高管团队接纳天下英才，在公司内部有人才竞争。

第三，结构收益的国际化。如果一家公司的主要收入和净利润都来自本国市场，那是不能被称之为国际化企业的。比如中石油公司、国家电网等，收入的大部分来自中国市场，虽然都是大企业，但并不能被我们称为国际化企业。即使是小国的企业，但如果能满足至少50%的收入来自境外这一条件，也可以算作国际化企业。中国是一个大国，虽然以50%作为门槛来衡量并不科学，但真正的国际化企业也至少应该达到25%的收入来自于非中国大陆市场的水平。一家企业如果能满足上述三点，在我看来可以算作国际化的企业。

还有很重要的一点就是公司的文化、视野应该是国际化的，商业及产品的战略不应局限于本国的市场和地区，应更具有开放性。

从以上几方面考量，中国企业自改革开放以来，尤其是在过去五年间，整体的国际化程度有了非常长足的进步。比如华为、中兴这两家公司早就有超过50%的收入来自中国境外的市场，虽然可能在股权方面的相互渗透还需更加开放，但已经为我们提供了非常好的宏观概貌。

过去一年来，在中国作为全球第二大资本输出国的背景下，中国企业的一举一动都有着非常大的影响，也造成了很多误解。西方人感觉中国要把所有的公司和知识品牌买光，要征服世界，这一点在我看来是言过其实了。虽然中国走出去的规模越来越大，但将1600亿美元与中国的GDP规模、股票市场的市值规模进行比较，这并不值一提。很多小国每年都有1000亿美元以上的金额进行海外并购，中国作为一个庞大的经济体，与瑞士、挪威这样一些小国相比显然是不同的。中国公司进行海外投资，会格外引起人们的关注和琢磨，也在很多国家引起了非理性的恐惧和误解。但我相信中国的和平崛起和全球化密不可分，全球化的发展对世界的和平与繁荣非常重要。

尽管目前我们走出去的成果喜人，但这只是一个开始，中国还远远不是一个对外投资的大国。由此，我有两点建议。

第一，我们对投资目标的选取要更加慎重，更加理性和商业化。在很多案例中，中国的收购价都很高，容易让人们认为我们只是财大气粗而已。对投资目标的选取要十分慎重，举例来说，我们要成为一个足球大国，那是否就意味着中国要把所有的欧洲俱乐部买下来呢？现在很多欧洲俱乐部被中国企业收购了，这些投资在我看来愚蠢之极，因为足球运动的经营和盈利非常困难，收购的风险是非常高的。如果一个地产商或是煤炭行业的老板，偏要收购高科技和时尚品牌，这是十分莫名其妙的，收购者并没有实力把资产管理好。一个行业的发展不仅仅需要资本，不是简单靠加大投入就可以使资产发挥价值。作为收购者一定要理解自己所收购的行业和企业，对资产有充分的了解，这样才可能提升它的价值。这三年我研究了很多案例，有一半类似上述的案例都以失败收场。因为收购后的整合非常困难，加之语言、文化、法律的冲突，以及收购者不相信外国人，把中国本土的员工派过去后，企业的经营每况愈下。所以我们走出去的过程中一定要理性，要做最适合的投资。

第二，除了缺乏经验，中国企业走出去的另一大障碍就是交易的不确定性。不确定性的一部分来自收购主体，买家自身没有做好功课，收购目标选得不对，交易结构存在缺陷，还有估值太高的问题等。其结果便是给对方带来了很大的不确定性——这也是国际卖家的矛盾心理，他们希望中国人将价格抬高，但对于中国人参与的收购又很不放心，最终导致成交的概率比较低。还有一部分不确定性与交易主体有关，但也有很多客观因素是交易主体所不能控制的，这又与我们的资本管制、监管体系相关。中国很多企业在走出去的时候，往往需要商务部、发改委及一些主管部门的审批，监管带来了很大的不确定性。还有就是资本最终换成外汇的不确定性，这对中国企业走出去是非常不利的，对我们国际化和全球化的进程也非常不利。因此在资本管制、行政审批方面，我们还需要进一步改革，这样走出去才有可信度。

许立庆：我首先澄清一下"全球化"的概念。这个词很多人都在讲，但它真正的定义实际上是很模糊的。真正的全球化应该指货物、资本、人、信息完全自由流通。中国过去改革开放的红利只是贸易的全球化，即加入世贸组织。那么只有贸易全球化，会引发什么问题呢？整体来看大家都是受益者，但是分配很不平均，少数人赢得太多，大部分人就会受到伤害。假设我经营一家美国公司，为了贸易没有障碍到中国设厂，对公司的股东和高管都是利好，中国的员工也能得到利益，但美国当地的员工丢掉了工作，其利益受到了伤害。

中国近乎取消了所有贸易方面的障碍，最大的集装箱港口在深圳和上海而不是香港，那么香港的工人自然就会减少。但全球化的定义不是只有贸易，还有投资。贸易全球化因为民粹主义已经走不下去了，下一步要考量的就是投资全球化。投资全球化减小了双边工人的损失，达成了一种相对的平衡状态。

在投资全球化方面，因为目前中国内地在投资方面的关卡非常之多，香港有很多角色可以扮演。当初在加入WTO时，为了中国本地金融业的发展，政府设了很多保护政策，因此国外的银行至今在中国市场的占比仍不到2%。今天我们如果要走出去，那么就要做到双方公平对待，减少投资限制。同时中国作为一个资本输出国，在对待投资上应该有更大的心胸。如果国外资本进入，中国如果在成为制造市场的同时也转变为一个消费市场，那就可以降低投资国的敌视和阻力。

香港在投资全球化方面一直做得很好，被列为全世界最自由的经济体。因此内地可以借鉴香港，弄清楚哪些可以做，哪些不可以做，将香港累积下来的经验和制度作为参考，这将很好地促进中国资本自由化、国际化的进程。

张斌：刚才几位讲到的是宏观政策问题，和我所要讲的不大一样。物美是中国最大的以生鲜和快销品为主的流通企业，自然也参与到了国际化的进程当中。首先物美现在销售的商品越来越多都是国际化的商品；其次物美2003年在香港上市，也借助了国际资本市场。而在未来国际化的过程中，我们主要需要做到以下两个方面。

第一，整合国外的优秀资源，为中国消费者提供高品质、低价格的产品。举例来说，在物美购买依云矿泉水、法国牛奶的价格分别比国内其他超市要低50％和30％，因为我们都是通过与国外供应商合作的方式进行采购。

第二，打通境内、境外的产业链。中国企业在国外进行采购遇到的壁垒很少，国内的壁垒反而比较多。目前，我们从国外进口的很多农业产品，仍然受到配额的限制，比如进口猪肉和小麦都要通过中粮来完成。我们目前在研究将欧洲、美洲、澳洲的大型产业链进行整合，充分发挥自身的优势，为消费者提供更具性价比的好产品。

翁以登：现在我们换一个角度，从微观角度讲一下中国企业在一些具体地区或者国家的发展情况。首先有请地中海酒店的经理亨利，请他介绍一下与中国投资者复星集团的合作以及未来几个月法国政府换届后中国投资者会对在法投资有哪些展望。

亨利·季斯卡·德斯坦：首先来回答我们是如何与复星这家公司进行合作的。当你在一个商业领域发展的时候，必须要找到一个最大的市场，而中国的市场发展非常迅速。在中国发展，我们自然需要充分满足中国消费者的需求，这也是我们和复星公司合作的一个非常简单的逻辑。我们双方在合作过程中都十分理智。十分令人愉悦的是，在合作了四五年之后，我们不仅仅是复星集团的成员，也成了它的一个非常大的股东。如果我们没有和复星集团合作，没有他们为我们提供的支持和建议，地中海酒店在中国的发展不会这么迅速。我们之前在数字化方面的发展有些缓慢，很多中国朋友认为移动数字会改变一切，我也庆幸听到了他们给我的这些建议，及时对公司进行了转型调整，向数字化方向发展，这些都离不开中方股东对我们的帮助。

中法关系历史悠久，中法之间的相互了解非常透彻。但现在每一个国

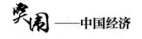

家都面临着民粹主义的问题，这是全球化和数字化的结果，我个人希望法国能够在欧盟中充分地发挥它应有的作用。从全球角度来讲，法国永远对中国投资者敞开大门，政府是开放的，非常欢迎来自中国的投资，这方面并不存在困难。

翁以登：请陈达冰先生讲一讲中国企业到南非会遇到什么机会与挑战，应该怎么样配合"一带一路"的政策来发展？

陈达冰：我是1987年到非洲的，在那里工作生活了30年，中国企业走出去的几个发展阶段我都亲身经历过。在国际化方面，这几年我们通过亚布力论坛和与国内民营企业家进行合作，做了一些与南非资源优势互补的企业并购，已经完成了几个比较成功的项目。南非与其他非洲国家不同，它是一个西方体制、法律、民主制度较完善的国家，同时也是中国企业进入非洲的桥头堡。我们很多民营和国有企业，在对非洲进行投资的时候都会把总部设在南非。

在1994年南非彻底废除种族隔离、绝大多数黑人掌握政权之后，中非两国的关系越来越密切。尤其是祖马担任总统后，南非采取了向东看的基本国策，司局级干部绝大多数都派到了中国来学习中国的发展模式，甚至中文已经成为南非小学中的一门选修课程。所以从两国关系来看，南非实际上起到了引领中国在非洲整体投资的作用。习主席2015年出访南非后，中国政府也为南非政府提供了200亿美元的贴息贷款。

通过我和一些国内民营企业家在南非进行并购的合作来看，我希望中国的企业家，尤其是民营企业家走出去，到国外去进行投资并购。但前提是做好对当地市场和文化的研究，清楚自己进行投资并购是为了什么，了解整合来的资源能否和国内的企业对接，最终达到你的商业目的——这些都是要慎重考虑的问题。在并购尤其是谈判过程中，中非双方存在很多文化上的差异，双方各说各话，好像达成了协议，结果在协议变成文字的时候，又要推翻重来。

非洲目前的发展水平，相当于中国20世纪80年代初期，我们应该把它作为一个整体来看，而不是局限于非洲具体某一国家。非洲共有54个国家，每个国家相当于我们国家的一个省份，总计12亿人口，它的市场是巨

大的。中国企业2016年的一个热词是"去产能"，但"去产能"不是把次品、不好的东西拿到非洲去销售。目前，非洲最需要的还是传统行业的投资，因为它处于发展初期，水泥、钢筋可以算作日用品，如果中国企业能够在这方面走出去，在我看来这样的去产能才是可靠的，也可以在非洲这个大市场的发展中有所作为。

对中国企业来讲，如果我们做好准备，在非洲的投资较之欧美和发达国家而言相对容易，机会也更多。比如中信，因为毛里求斯是税务和法制各方面都比较健全的国家，它的非洲总部便设立在那里。但它的业务辐射整个非洲，在南非的市场占有率已经达到30%。如果想要在非洲进行投资，每个国家都有一些机会，而且几乎不受限制，它们总体是欢迎中国企业去投资的。

爱德华·顾克文：以色列只有800万人口，是个非常小的国家。但以色列的创新发展非常迅速，在研发和高科技方面的投资非常之高。因为移民的原因，以色列拥有来自世界各地的优秀人才，涵盖中国、俄罗斯及南美等国家和地区的高端人才，是一个多元化的社会，不同的文化在这个小小的国家中交融。因为本地市场不大，所以我们非常重视出口。以色列51%的出口产品都是高科技产品，还有10%左右是科技含量相对较低的产

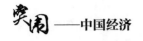

品。我们的经济增长可以保持在年均4%~5%的水平，这也是非常高的。以色列以高科技闻名，十分受中国企业家群体的欢迎，他们来到以色列以寻求创新及更好的技术，或是希望通过与以色列公司建立合资企业的方式获取先进的技术，使他们的企业可以在中国以及全球市场更具竞争力。

在过去的五年当中，我看到了这样的趋势：中国企业对以色列并购和投资的数量显著增多，投资者数量也在逐步上升。多年以来，美国都是以色列主要的资本投资者，有220家以色列公司在美国上市。但在过去几年当中，有150亿美元的投资来自中国公司，譬如复星集团在以色列投资了四家公司，这些投资都非常成功。

中国和以色列之间，除了文化上的区别，两国也有很多共同之处。在我个人看来，以色列语和汉语是两个非常古老的语言，两国人都非常重视家庭，有很强的家庭观念，重视教育，两国的企业家精神和创业精神非常强。过去20年，我们在上海、香港都设立了办事处，也和中国的一家公司建立了合资公司。以色列的公司非常愿意在中国开展商业活动，推进在中国的业务发展，在越来越多的中国公司去以色列寻求高科技的同时，以色列公司也愿意和中国公司共同发展。

王辉耀：我进行一些补充。对于中国企业的新国际化，我有两个建议。中国在2001年加入了WTO，全球化进程的加速也是从那个时候开始的。到如今，中国的GDP翻了16倍，"十三五"结束的时候，中国的服务贸易会占到GDP的60%。我们的服务业、保险业、旅游业开始走出去，但都遇到了障碍。所以我个人的观点是：中国应该尽快加入TPP（Trans-Pacific Partnership Agreement，跨太平洋伙伴关系协定）。因为TPP以服务贸易为主，包括它涵盖的环境保护、知识产权保护、劳工标准和国有企业改革等，都是我们十八届三中全会的六十条里面谈到的，与中国未来发展的利益相一致。而且加入TPP对中国的地缘政治可以起到很大的改善作用，因为中国的周边国家都是我们的贸易伙伴，这样的话能够尽快提升我们的竞争能力。现在华为、中信这些企业走出去遇到了很多的障碍，很多国家对我们有壁垒，虽然货物贸易畅通无阻，但服务贸易需要加入新的游戏规则。中国新的国际化，包括机制和全球治理需要进一步加强。目前中国加入WTO所带来的红利正在消失，我们需要创造新的WTO红利，就必须积极参与TPP这样的机构——这是我的第一个建议。

很多外国首脑到中国访问时带了他们的企业家代表团，加拿大领导人访问中国时带了400多名企业家，其中还有很多在加拿大投资的外国企业。因此我想，未来中国领导人出访时，能否也带上中国的福特、中国的雀巢、中国的奔驰、中国的宝马等类似企业，以彰显中国领导人对全球化更大的重视。而且在中国的跨国公司企业，在中国注册、纳税，也可以算作中国企业，也应该得到中国政府的支持和关注。这是我们新国际化要考虑的一个问题，也是我的第二点建议。

【互动环节】

提问1：我是一个国有企业的基层员工，曾经驻外。在对外销售的过程中，感觉就是一个"难"字。"难"在哪？我们的产品属于快销品，这个品牌在成熟的市场没有太大的竞争力，而在非洲这样的市场，法律、劳工各个方面碰到的问题又很多。所以我想向各位嘉宾寻求国有企业走出去或者是国际化的建议。

王辉耀：我有三个建议。第一，可以做混合所有制企业，比如很多走出去的民营企业，他们并没有国有企业的背景。纯粹的国有企业走出去，有很多国家会心存戒备，所以说混合所有制是消除对方戒备的很好方式。

第二，七八十年代改革开放的时候，大量的外国企业采取合资、合营的方式进入中国，而不是单枪匹马地进来。所以我们也可以和国外的企业进行合营、合资，以避免一些风险。

第三，在当地建立一个企业，聘用当地的员工进行管理经营，这可能是未来发展的方向。

提问2：我们采用的是合作的方式，而且是与非常大的企业进行合作，但仍然会遇到各种各样的问题。另外，我们也考虑过并购，虽然不存在资金上的问题，但品牌如何落地，不同体制下决策的不同仍是很大的困扰。

王辉耀：中国企业对品牌战略的重视往往不够。我们必须重视国际品牌，而且要真正地用当地人才进行运营。如果用中国的员工来运营，因为他们并不熟悉国际品牌，所以很可能要走弯路。

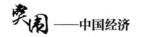

提问3：我想请问胡祖六博士，您对中国品牌、中国企业的走出去，在路径方面有什么建议？比如说在资本或法律方面，您能否给出一些运作方面的建议？

胡祖六：相关的建议涉及很多方面，并不存在一个放之四海而皆准的普遍真理，要考虑到所属的行业、企业的地位、核心产品和技术、面向的市场等。总而言之，在拓展海外市场之前，要做好充分的准备工作，同时还要有信心。比如华为，产品的质量很好，可以和任何一个国际上的产品相比。同时他们的团队到位，自己培养了很多人才，包括市场营销及后续服务的人才。在资本方面，华为作为一个非上市公司到国际上开拓新的市场，通常情况下要进行很多前期的投资。资金的筹措可以采用公开市场发行债券、股票，从银行贷款等方式，但这样的投资是否合算还需要进行成本效益分析。举例来说，假设我通过南非这座桥头堡使产品进入尼日利亚、波斯湾、非洲大陆，预计在未来5年中创造5亿美元的收入，现在需要投资1亿美元，那么最终收益的多少是需要进行仔细核算的。无论如何，财务上一定要合理。如果财务核算失败，再完美的战略最终都将失败，没有任何意义。所以只能根据自身的情况行业、特点等，进行一些知己知彼的分析之后，再决定什么是有效的资本战略，什么是最好的营销战略和人才战略。

追赶"工业4.0"

毫无疑问，前三波工业革命都对世界产生了颠覆性影响，然而，究竟什么是"工业4.0"，如何界定与推动"工业4.0"，答案似乎还不甚明晰。更为重要的是，中国到底能在这一波工业革命中有什么样的作为？"搭便车"还是"弯道超车"成为领头羊？

在2017年2月9日的亚布力年会上，由正略钧策创始人赵民主持，广东长青（集团）股份有限公司董事长何启强，汉德工业促进资本集团执行主席蔡洪平，SAP全球副总裁中国区总经理李强，亚商集团董事长、亚商资本创始合伙人陈琦伟，尚乘集团副董事长、钒睿资本集团顾问委员会副主席王锐强为您详细讲述他们认知的"工业4.0"。

赵民：首先请我们的嘉宾介绍一下自己的身份、公司以及与"工业4.0"相关的业务和投资。

何启强：我是广东长青集团股份有限公司的何启强，我们公司的两个产业中有一个3000余人规模的传统制造业与"工业4.0"有关。近几年随着用工成本、与国内外客户的沟通以及产品研发成本等的增加，企业提升效率的压力极大，传统制造业也面临着越来越大的经济困难，因此我们在工业自动化等方面努力，寻求出路，但我觉得距离4.0还有好长的路要走。

我认为"工业4.0"的关键在于如何利用互联网、大数据、工业自动化和智能化生产，2016年我去德国参观了奔驰的工厂，对奔驰的发动机等有了一些了解，它们在工业自动化、研发以及对客户的需求和数据收集等方面很先进，但我个人认为还没达到4.0的阶段。中国在这方面该怎么做，接下来我希望听一听大家的意见。

赵民： 何总比较谦虚，上次我们去德国参访时，他去看了一家德国企业，其实那家企业在十年前想收购他们，但现在是他想收购这家企业。下面请蔡总谈谈。

蔡洪平： 两年半以前，我在中国提出了"工业4.0"的概念，算是第一个布道者，当时"工业4.0"只是一个口号和提法，指的是即将到来的"第四次工业革命"。

对"第四次工业革命"，不同的国家有不同的称呼，德国叫"工业4.0"，美国是"AR"，中国叫"中国制造2025"，无论名称是什么，都表示一个新的工业革命正在到来。因此我认为，赶得上这波工业革命的企业就能够生存和发展，赶不上的就要被淘汰。其实不少中国企业都在突围，德国企业也一样，比如奔驰也提出了4.0，他们也认为这是一个正确的方向。美国走在更前面，与德国不同的是美国的AR（Augmented Reality，增强现实技术）概念是从Internet（因特网）和Big Data（大数据）走向自动化的，而德国则是从自动化走向大数据化。

目前，全球的总趋势可以用两句话来概括：所谓4.0，就是把机器变成人，变成超人，变成智能人。第一波是机器人替代人类的蓝领工作，另一波则以电动车和智能车为代表。在机器人方面，2016年中国的工业机器人在以37%的速度普及，现在广东地区的工厂在大量地使用机器人，可见在中国，以机器人为代表的第一波替代已经开始了。机器人产业中还有一个生命科学板块，它的概念是把人变成超人，但这可能是十年后才会实现的事。虽然目前机器人只代替了蓝领工作，但是随着生命科学的不断发展，人工智能大范围普及后，下一步机器人或将代替银行家、律师甚至医生等白领工作。这一轮工业革命到来后，人们可能每周就不需要工作5天，也许2天就够了。

一般情况下，一个概念从诞生到真正变成商业需要10~15年，所以我认为在工业4.0时代，投资还是要理性一些，既要学习概念，还要有好奇心和热情，同时也要关注现实。目前我们也在国内做与机器人相关的投资，但国内低端机器人市场已经产能过剩。国内生产机器人的公司股票动不动就涨停，乱炒股票的现象很严重。目前国内生产机器人的企业主要是做组装，毛利率不到10%，解说器、智能马达控制器等核心部件的生产都掌握在外国公司手中，如传感器之类的部件几乎由日本和德国企业垄断。因此，想要发展机器人产业，我们还是需要做高端。其实我们的企业硬件都非常好，只是工人的水准跟不上，工艺、精度、可靠度、力度、准确度都达不到。还有一个很重要的问题是，我们国民的心太浮，出现一个小概念就拿来炒股票，没人有心思来将它做精。因此我总结了一句话，我们的工业态度有问题，方向虽然对了，但态度也很重要。我们很想帮助国内的企业与欧洲企业嫁接，这样品牌、质量管理就可以在收购以后，由欧洲企业来做严格的培训，产品做好以后如果能销往国际，这也是很好的市场互动。在前仆后继的过程中，我们究竟能走多远，还是要看清楚。

陈琦伟：我们亚商集团主要做PE（Private Equity，私募股权投资）和风险投资，过去16年做PE投资相对多一些。单纯从广义的"工业4.0"的概念来讲，在我们投资的100多家企业中，已经有10多家在做这方面的主流产品和业务。其实四五年前我们投资智能制造时，还没有"工业4.0"的概念，因此我认为，将其与大的经济转型和市场结合在一起，"工业4.0"的概念才会更加深刻，更有穿透性。大规模制造的红海时代已经来临了，因此企业想继续突破就必须在工业制造智能化、互联网化、大数据化等方面提升。制造型企业最终都会走向升级之路，因此可以将"工业4.0"理解为不断追求技术进步和

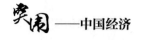

不断更新新的应用的过程。

前段时间发生了一个标志性事件，AlphaGo（围棋机器人）大败围棋高手。后来我跟几个围棋老九段一起聊天时，大家一致认为，未来智能化不仅会取代蓝领工人，还会取代白领工人。亚商2017年决定推出一个名为"财富学院"的财富培训，该项目的几个策划人以前都是公募基金的高手，他们也都坚定地认为，AlphaGo不仅可以打败围棋高手，未来还会取代基金经理等白领。因为股票市场几千只股票的所有变化趋势，掐着手指都可以算得很清楚，也就是说AlphaGo取代基金经理其实比下围棋还要简单。不仅如此，人工智能最终可能还将代替医生、律师等所有服务性金领职业，但我认为这些替代需要有个度，不然人类将因无工作可做而失去尊严。

我认为工业4.0革命其实就是将互联网、大数据、智能化结合在一起，三者不仅相辅相成，还会带来深刻的社会变革和生活方式的变革，进而改变人类的消费方式。在整个变革浪潮中，真正能够脱颖而出的企业，不仅要看到别人的先进技术，还要看准大趋势，在趋势中领先一步走在潮流最前沿。人们往往习惯接受现成的、人云亦云的事物，但工业4.0要求企业必须有思维创新和服务创新的方式，这对很多企业和创业者而言都是非常有趣的挑战，这也是与工业3.0大规模制造时代最大的不同之处。

赵民： 陈总讲完之后，媒体报道又有头条新闻了："以后炒股票，基金经理也是机器人""当你的对手是机器人，你还会炒股票吗"下面请德国公司SAP全球副总裁、中国区总经理李强同志谈谈。

李强： 工业的话题虽然比较枯燥，但其实工业才是一个国家的安身立命之本。在我看来，"工业4.0"其实就是传统工业与互联网、大数据、物联网、人工智能的结合。在这里我先讲一个小故事，让大家对"工业4.0"有一个直观的理解。2月2日特朗普在白宫接见哈雷摩托的管理层时，对着媒体大呼："哈雷摩托美国制造！"特朗普之所以选哈雷摩托，我认为不仅仅因为哈雷摩托是美国文化和精神的代表，还因为哈雷摩托是美国制造业衰退之后升级换代的典型代表。

接下来，我为大家讲一讲哈雷"浴火重生"的故事。哈雷的消费者年龄层次比较高，80后、90后这个阶段的年轻人更偏爱德系和日系的个性化机车，因此哈雷摩托过去的业绩一直在大幅下滑。在这样的背景下，哈雷的管理层决定转型——提供个性化定制服务，为消费者定制摩托车。定制西装、衬衫很容易，但是一台有着6000多道工序、70000多个零部件的摩托车要定制，还要保证按时交付，成本也一定会大幅上升，这一切在我们看来几乎是不可能的。但是哈雷是如何做到的呢？SAP有幸参与了哈雷整个工业4.0的设计过程，所以我把这些跟大家分享一下。

第一，利用物联网技术对传统工厂进行改造，重新设计生产线。重新设计后的生产线面积是原来的一半，员工缩减30%，并大量使用了机器设备，从零部件到机车再到生产线全部采用传感器，这样整条生产线就变成了柔性的制造线。传统生产业每条生产线只能生产一个产品，个性化定制后如果要为每个产品建一个生产线的话，成本将大幅增加，估计也将没人能买得起哈雷摩托了。因此，物联网技术的第一个意义，就是赋予车间柔性制造的能力，将其变成智能制造，这就解决了生产问题。

第二，利用云端和互联网功能与消费者建立连接，让消费者在网上完成下单，让消费者根据个人诉求自行选择配件，且这些配件可在后台查询到库存，以及零部件的供应链。这样不仅能保证消费者在网上的所有个性化需求都得到满足，还能保证供应链的齐全，更重要的是利润也会大幅度提升。这就是典型的在"工业4.0"时代利用互联网、物联网、大数据技术，为用户提供个性化定制服务的一个经典案例。

赵民： 下面有请香港尚乘集团的王总。

王锐强： 其实，物联网的产生对我们每个人的生活都带来了很大的影响，而尚乘集团本身也是一个受"工业4.0"数据化影响的企业，虽然这个影响是2012年在德国开启的，但它的影响面却很广泛。中国民生银行董事长洪崎在发言中也认为新一轮的变革给传统银行业带来了颠覆性的影响，其实银行业如此，制造业亦如此，因此不变是不行的，关键在于我们如何做。无论是做投资，还是做工业，如何带领企业进行改革、创新，从而提升业绩，才是"工业4.0"对我们的启示。

在金融领域，尚乘也是一个好的例子。尚乘集团在2003年还是李嘉诚长江集团旗下的一家企业，当时我们想发展成一个零售金融服务平台，但做了十年都没有取得突破性进展，于是瓴睿资本与摩根士丹利、中国民生投资股份有限公司联合起来将这个企业买了过来，并且紧随工业4.0的浪潮，最终建成了一个控股公司，主要业务是为客户提供全方位的解决方案。由于我们是非银行的全牌照，因此也做投资、投行、融资。我们投资的点融网就是一个比较成功的P2P平台。企业在转型过程中，一般都需要大量的资金，而我们就是利用资金优势帮这些工业企业完成转型升级，最终达到工业4.0的要求。

赵民： 那么"工业4.0"最终能否实现如我们所预见的现象？那样的结果对我们企业家，对传统制造业企业又会产生怎样的影响呢？

何启强： 我是在座嘉宾里唯一做应用的，他们都是搞研究的，因此他们是老师，我是学生。他们策划动脑，而我在动手。但动手的人可能最终考虑的具体问题会更多一点。从工业1.0、工业2.0、工业3.0到工业4.0，每个数字代表一个发展阶段，说到工业4.0，就不能不提到德国。德国从理念到基础都做得比较好，经过这么多年的发展，德国的高端制造业和加工的精细化的确全球领先。对于"工业4.0"，实际上无论我们做什么，都不能只谈如何通过大数据、互联网、物联网的机器人来替代人，因为这只是其中的一个方面，更重要的是制造业必须有配套。这就意味着，我们不能仅有高大上的主机总装厂，还必须有能够满足总装厂所需零部件的小厂，这些小型企业在生产过程中加把火，才能把工业4.0做起来。

纵观中国工业化的发展历程，我们会发现，整个制造业是从很多小零部件配套做起的。特朗普上台后说要减税，要工业回流，但我认

为要看是什么产业，其实大部分产业都不可能再回美国了，因为美国现在做的都是高端的、大型的、装备类的高价值产品，小东西可能已经不屑于做了。很多人说用机器人替代蓝领，但是机械加工需要一定的规模，没有规模的话，固定成本无法分摊，没有一定批量的生产规模做支撑就没有竞争力来实现机械化和自动化。

目前还有个悖论，认为自动化替代人是为了降低成本，而我认为恰恰是大型机械化投入之后才会降低成本。第一，初期阶段的小规模、小批量生产，充其量就是个性化定制，而自动化其实是大批量的一次性投入。小批量如果大投入，比如一个模具只加工一点点东西，每个模具的分摊成本就非常大。因此我认为自动化与人工生产将并存一段相当长的时间。第二，"工业4.0"还有一个互联互通的问题，比如企业生产一个产品可能需要很多配套厂来配套生产，不管是机械生产还是人工，只要能满足企业的要求和基本交货期就可以了。而在信息化下单过程中，我们不但要把订单下下去，还要监管生产过程、配套、仓库库存等，还要考虑数据的采集，因此我认为这其实是一个比较漫长的过程。中央巡查组最近来广东查环保，于是好多大企业都停产了，不是因为它们达不到环保要求，而是因为它们的配套小企业被吹毛求疵地找毛病，被要求停产了。大企业可能因为差一个几分钱的螺丝钉，就会被迫让一个几千元甚至几万元的机器停产。这就是配套，无论我们多么先进，系统的东西还是需要综合考虑，因此工业4.0的过程短不了。

赵民：目前为止，台上的意见分成了两大派：一派认为"工业4.0"在未来十年左右会很大程度地改变我们的生活；还有一派认为"工业4.0"是个相对艰难而漫长的过程，认为工业体系的进化不是个一蹴而就的过程。

何启强：我害怕刚才的话被误解，所以要解释下，我的意思是工业4.0是个循序渐进的过程，中国现在的阶段做到工业3.0就不错了；在工业2.0往工业3.0发展的过程中，我认为还是需要继续往前走的，而不是说我反对往工业4.0的方向发展。

赵民：我们现在谈的是工业4.0，今后会不会有工业5.0、工业6.0呢？当人类社会发展到某一个阶段后，大部分人都是在吃吃喝喝，再想办法玩玩，干活的都是机器人，像哈雷这样的企业适合人工的岗位也会越来越少，那时的工业5.0、工业6.0又会有怎样的意义呢？

陈琦伟：首先，我认为"工业4.0"的提法本身就是一个大开口的命题。正如刚才赵民提到的，以后可能会有工业5.0、6.0、7.0，因此我认为4.0这个词也仅仅是让大家明白工业经过了哪几个阶段。从前谈"工业3.0"的时候，也没有人专门来强调和突出它的概念，工业2.0和1.0也是一样。互联网信息技术刚诞生的时候，也并没有直接与工业变革联系在一起，但随着互联网信息技术的进步，以及某个阶段的工业饱和，在某个节点上正好综合应用到了工业制造上。因此我们现在所要讲的"工业4.0"的概念，就暗含了互联网、大数据、个性化定制、人工智能等。如果说工业1.0、2.0、3.0、4.0、5.0、6.0等是个渐进的过程，那么我的理解就是把它们分为两个阶段，即大规模经济和科技化、智能化经济，而那将是一个革命性的变革，因为大规模的工业生产、产业革命将会颠覆整个社会。如果把全世界的GDP作为一个总量，那么全世界一万多年甚至几万年产生的GDP，直到19世纪才占了5%，而19世纪以后则占到了95%，这就是大规模产业革命所引起的，是蒸汽机引发的。

回顾人类历史，我们还会发现一个特点：当大的危机来临时，人类通常感觉不到，都有些后知后觉；但是当小的危险来临的时候，人类都很聪明，都能感觉到。以《清明上河图》为例，我们都知道它是描绘汴梁风光的绝世佳作，但即便如此，汴京也因此多次遭遇火灾而将那繁华安居之景烧光，最后全部烟消云散。因此大家不要把"工业4.0"简单描绘得很光明，当然我并不是说它有多黑暗，只是人类对它的认识还不够。刚才启强提的问题很务实，中国究竟能不能搭上"工业4.0"这班车，对中国来说是需要打问号的。但是整个经济形态是现实的，肯定需要这些应用，因此我认为这将会是一个结构性的分化，一小部分企业脱颖而出，大部分企业苦苦挣扎，另外还有一些企业处于搞不清状况的状态。

蔡洪平：我很同意琦伟的观点，同时也认为何总的看法是对的。汉德资本的投资实际上主要集中在两方面：一方面是与"工业4.0"相关的软件，比如系统集成、半导体等；另一方面是硬件，包括传感器、集成抓手等。相比较而言，汉德资本还是对硬件的投资多一些，虽然这些硬件并不与智能直接相关，却与智能产业配套。人工智能时代，不是不需要人，而是更需要人。2017年春节，我太太在香港帮我买了一块表，它的齿轮比平常的手表多出一倍，所以精准率更高。因此我认为越是智能化，越需要在硬件生产，如齿轮、传感器、半导体上做到精细，也就是说精细化是传统产业最大的机会。当然有些加工也需要用机器人，但我认为再人工智能化也还是离不开手，最精确的手还是人的手，因为毕竟机器人是人造的。

目前全球普遍认为，第一次工业革命出现了一个智能化的动力——蒸汽机，使机器代替了手工劳动；20世纪初的第二次工业革命被称为电气时代，电气不通过轴的联动就能把动能传递到另一个地方；第三次工业革命是20世纪80年代开始的，以电脑和自动化的广泛应用为主，像石油化工、仪表仪盘、自动化控制，德国管它叫"工业3.0"。第三次工业革命使我们学会了很多有关"智能"的概念。因此我认为在智能化到来的时候，传统产业只要看准了还是有很多机会的，关键在于怎样渗透进去做得更精细。

【互动环节】

提问1：刚才蔡总在台上说完，我的心就凉了。我想问一下：从"工业4.0"的角度看，如果黑龙江没有机会的话，请您在其他方面给我们指明一些好的方向，因为我还是热爱我的家乡的。

蔡洪平：我来过东北好几次，跟各地的省长和市长也一起聊过，其实东北的发展与产业结构有很大的关系。全球所有的工业领域都有一个产业群：半导体、手机都有各自的产业群，在斯图加特以奔驰为首有个工业群，SAP公司在海德堡也有一个产业群。这些产业群都有一个生态系统，并不是一个企业孤立存在的。

之前有机会与黑龙江省省长见面，我就提过希望东北可以尽快培养产业群。因为目前这一波产业，不论是精细的精工产业，还是轻工业、电子产业等基本都与"轻"有关。同时黑龙江还有很多优秀的农业产业、装备产业。但我要强调一点，军工不是商品，是产品，因此我认为最好不要拿军工产业当饭吃，因为军火是杀人的武器，虽然国防需要，但这不是真正的产业，所以我个人并不看好发展军工。其实在西方，通常都是民用产品做好后再做军工，所以我认为应该以民用为主，因为民用的使用率高，与其发展军工企业不如制作波音飞机来造福人类。

众所周知，波音飞机的发动机安全性能很可靠、智能化非常高、制作也很精细，最重要的是越是商业化的产品，对企业的发展越有动力和挑战。军工企业之所以越做越落后，就是因为军工产品没有市场对接与用户体验对接，即使不打仗也能卖出去。放眼世界，我们会发现，中东地区的部分军工企业经过改造和升级研发后可以算是一个产业，美国的军工产业也是军民合用，这样企业就能不断更新创造。另外，黑龙江的土地资源比较好，农业和旅游业都是很好的发展方向，不一定非要在工业上发展，因为工业的发展是需要产业群的。

提问2：我们2017年有一个把德国先进生产企业引入中国的策略，瞄准的方向是中小型企业，围绕"工业4.0"或智能制造包括生物医药类。在这个过程中，我想请教蔡总，将德国中小型企业引入中国，我们来做产业对接有没有机会，如果在德国做的话，有哪些建议？

蔡洪平：其实中国不少的房地产基金企业都在转型，之前有些转型为健康产业，现在有的转型"工业4.0"产业。我认为你们公司是有机会的，中国佛山、沈阳等地也都已经有了比较大的工业区，不少地方也都希望这样做。以奔驰为例，奔驰来中国是将其在德国的供应链一起移过来了，是为自己服务的。因此，我认为要引入德国中小型企业，一定要围绕它们原来在德国的供应链，要明白它们为什么来中国。很多合资项目到最后都难以成功，原因是存在着文化、管理等方面的冲突。德资企业引入中国是有可能的，但是引入后有没有德国或跨国公司的供应群形成其供应半径，这是需要考虑的关键。

李强：我比较同意蔡总的意见。第一，想来中国发展的德国企业应该早就过来了，比如奔驰等。德国的中小企业如果不是围绕大企业做配套，基本上都不会来中国，它们的产品做得比较精细、尖端，但是它们的全球化视野并没有我们想象的那么开阔。但是"工业4.0"的概念和方法还是值得我们去琢磨的，现在很多工业园区都在努力提供配套服务，通过一些好的方法或基金的形式帮助园区内的企业提升工业化水平，而这些服务也是招商引资的好方式。比如我们去参加贵州省的大数据会议，完全无法想象贵州能把很多全世界的知名企业吸引过去，在那里建数据中心。因此我认为，其实每一个地方都有自己的特色，黑龙江也是一样。

赵民：刚才李强提到奔驰，下面请奔驰的成员跟大家交流下。

奔驰成员：戴姆勒在某些方面可能还没有达到4.0的标准，还有很长的路要走，但我们德国的工厂里确实有很多机器人，机械化程度非常高。德国不仅有戴姆勒、宝马这样的企业，还有很多小企业都以出口为主，对它们而言，走向世界特别是中国面临着很多不确定的因素，包括选择合作伙伴，对经济环境、产业政策的了解，还有人工成本、人工技能、语言技能等，这些都给德国中小型企业走向像中国这样的国外市场带来了挑战。

未来，"工业4.0"还有很多值得探寻的领域，包括生产、供应链、研发，甚至营销。我们在工作中会大量应用大数据，包括产品本身的数据、产品被应用的数据、客户的数据等。实际上，我们需要做的就是找到一个如何应用这些数据的方法，比如用虚拟现实对我们的产品进行一系列认证和测试。

赵民：可以这么讲，"工业4.0"才刚刚开始，目前还在探索之中。最后我们请大家对2017年中国企业"工业4.0"的进程做出自己的判断。

王锐强：关于迈入"工业4.0"，我们还需要继续实践，以达到更高的水平。但是过去五年我们也取得了一定的成绩，相关报告指出，随着数字经济、物联网的发展，"工业4.0"已经拉动了全球GDP的发展。对企业而言，利用物联网转型后，收入增加了，成本也在减少。到目前，中国的发展情况比较好，我相信2017年这个趋势会继续。对于刚才提到的德国中小

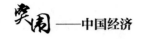

型企业在中国面临很多挑战的问题，我觉得香港是一个中西文化交流的地方，是人流、基金流等"五流"并存的地方，是一个超级联系人，因此想要来中国发展的德国中小型企业可以找寻香港的合作伙伴，进而深入了解中国的商业、税务等，进一步加强中西合作。

李强：虽然"工业4.0"是德国提出来的，但是最热的两个国家：一是德国，二是中国。其本质上是这一轮技术浪潮对传统产业的推动。面对这个浪潮，我认为中国面临着一个非常难得的战略机遇，可以实现弯道超车。中国是世界第一大制造业国家，德国虽然比中国强，但中国比德国大，所以基本打平手。但是中国的互联网是有优势的，中国在2014年就成了全球第一大互联网消费国家，而美国的消费下滑非常严重，除了高端制造。这两个核心要素加在一起，促使中国头一次站到了世界领先的位置，因此这一轮浪潮如果我们掌握得好，可能真的就是我们弯道超车的机会。中国目前涌现了一批世界级的互联网企业，制造业除了高端制造，我们在工程机械、轻工业等领域都已排名前列。所以我认为，传统产业与先进科技的结合，将给中国制造带来革命性的契机。

蔡洪平：我借用唐代诗人刘禹锡的一句诗：沉舟侧畔千帆过，病树前头万木春。我认为现在全球的工业现象就是这样一个场景：好得更好，差得更差，分水岭就是企业能不能与这次工业浪潮挂上钩。这是一个淘汰的时代，之所以叫革命，就是因为革命会对人带来非常残酷的压迫。认识到这一点后，我们更应该勇往直前，赶上新浪潮。刚开始苦一点没关系，因为只要功夫深，铁杵都能磨成针。另外我们还有资本，有勤劳的中国人民，有敢想敢做的任性精神，所以我们是有机会的。

何启强：我认为"工业4.0"应该由产业链来推动，由总装厂来推动，尽量避免由政府推动而导致一窝蜂式的发展。因为这些本来就是企业行为，是企业获得更好的生产方式和建立更好的产业链，进而提升整个产品竞争力和制造效率的过程。因此我觉得应该吸取前车之鉴，不要一窝蜂，适合自己的就是最好的，尤其是在中国这种发展梯度不太平衡的地方。

赵民："工业4.0"要循序渐进，要继续学习。

大健康产业的发展瓶颈在哪

大健康行业的潜能不需要再描述了，《财富第五波》里说，"机械化时代""电气化时代""计算机时代""信息网络时代"后，就是"健康保健时代"了，健康产业是继IT之后的全球"财富第五波"。亚布力中国企业家论坛轮值主席冯仑说，未来5年，中国大健康行业的市场规模有20万亿元。分析发展瓶颈，是为了更快地让这块大蛋糕落地，包括准入门槛、战略口号响但产品创新少、如何结合云和大数据等。

就未来大健康产业的发展，华大基因股份有限公司CEO尹烨，爱康集团创始人、董事长兼CEO张黎刚，汇桥资本LB医疗基金创始人兼CEO、汇桥资本合伙人李彬，山水文园集团董事局主席李辙，和美医疗控股有限公司董事局主席林玉明，九州通医药集团副董事长刘兆年进行了深入的交流，亚布力中国企业家论坛创始人、主席及元明资本创始合伙人田源主持了该场交流与讨论。

田源：随着时代的发展，很多当下很热的产业某一天就变成了传统产业，但大健康产业不一样，只要人类还存在，它就会一直存在，是一个常青产业。所以在全球任何国家，大健康产业都呈现出欣欣向荣的态势，很少听说大健康产业衰败了。但是在中国，大健康是一个有大问题的产业。一方面，现在中国人口正迅速老龄化，老年人口在向4亿这个数字狂奔，而老年人患病的概率远大于年轻人，尤其是肿瘤、癌症之类的重病，所以健康行业在中国变成了非常紧急的行业，大量病人没能得到很好的照顾，

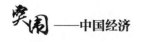

因为中国肿瘤患者的生存率只有美国的一半。另一方面，在中国，大健康是最说不清楚的行业，任何人都可以说他从事的是大健康产业。面对这样的情况，首先请各位分享一下自己对大健康产业发展的看法。

尹烨： 在我看来，大健康是一个模糊的概念，基因也是其中的一部分。"基因"这个词是1919年被翻译过来的，我觉得翻译得非常好，"基因"就是基本的因素，在拉丁文里有遗传的意思。华大基因是做健康产业的，我们有一个基本的员工守则叫"三好"——身体好、学习好、工作好！每年的12月，华大基因的员工要做的事情是减肥，在华大基因全员都必须控制体重，这是我们对健康的要求。

华大基因有5500名员工，每一个员工都有基因组数据。给大家举一个最简单的例子，喝酒是大家都躲不开的事情，在华大基因喝白酒不是用酒杯，而是用量杯，不同的人有不同的基因，酒量也就会有高低。酒量虽然不受基因控制，但酒的消化依靠的就是两种酶，乙醇脱硫形成乙醛，乙醛脱硫成为乙酸，所以这两种酶量的大小决定了酒量的高低。我们做了一组大数据，测试了接近3万人，根据测试数据我们可以将人的酒量分成五个档：酒神、酒仙、酒馋、酒乐、酒尝，而不同档的人的酒量完全不同，这就会让我们对自己的酒量有一个深刻的认识。

再举一个例子，华大基因的女员工只要怀孕了就需要申请做一个早孕的基因检查，这是免费的。如果是已婚且计划生小孩，夫妻双方会做一个孕前检查。华大基因的总部在深圳，我们差不多有1700名员工来自两广地区。我们收集的员工大数据显示，这1700多名两广地区的员工中99%的人贫血的概率比较高。如果夫妻双方都携带有低频基因，那么我们就需要确认他们是不是有1/4的概率生一个低贫血的孩子，为此我们就需要做诊断。我们会选择好的胚胎，以确保孩子不输在起跑线上。保证基因好才能保证孩子将来的健康，健康要从根上抓起。

刚才田总提到了肿瘤，华大基因将员工从20~60岁分了五档，每档抽取基因，对基因进行分析，根据基因的突变率来判断这个人是否有患肿瘤的风险，然后根据不同的癌种对不同阶段的人设计不同的检测项目。45岁的男性被强制要求做胃肠镜，所有员工要进行免疫力评估，这需要长期连续跟踪，每个员工3~6个月就要抽一次血。这样做虽然不能使我们远离肿瘤，但至少能保证肿瘤的发现比医院早，治疗肿瘤的时候也能更多地对症下药。正是在这样的严格监控下，华大基因董事长汪健如果不出突发问题可能就死不了，因为他能死的几条路径都被控制得很好，肿瘤被监控，各个基因数据都很清楚，所有的造影、颈动脉也都没什么问题，甚至还为他做了定制化饮食。

田源：我突然发现华大基因是一个临床医院，员工都是小白鼠，但是我相信很多人愿意当这个小白鼠。

张黎刚：这些年我发现一个现象，那就是几乎每一个家庭里都会有成员患癌症。确诊率几年前还是千分之二，现在差不多是千分之三了。癌症确诊率提高的原因比较多，一方面与环境恶化、食品安全有关，另一方面也与生活压力提高有关，同时也与癌症能够被发现有关。这几年，癌症能够较早被发现也有几方面的原因。一方面是影像设备的发展。以前常规的胸部体验都是通过X光，检查出来的癌症基本上都已经进入第四期。这几年，我们更多的是通过CT来检测，一期癌症也能被检查出来。针对肺癌的发现和治疗，美国的存活率可以达到50%，当然美国和中国都有一些临床指南，会要求人在抽多少包烟后去做相关检查。但这些都是针对大多数人

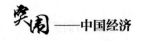

而言，很多人可能从来不抽烟也会得肺癌，所以如何更具针对性地为客户提供检查服务就成为我们的重要课题。三年前，爱康推出了体检宝，就是请客户在体检之前把家庭生活状况、身体基本状况输入我们的系统，然后我们会建议他做什么类型的体检。

李彬：我们主要是做大健康产业的投资。像田总所说，大健康产业包含了很多行业，比如医疗、医药以及相对应的器械。如果把从事大健康产业的公司做一个简单的划分，那就是传统型公司与新兴公司；按照沈南鹏先生所说的增长方式来区分的话，则是线性增长公司和非线性增长公司。比如传统企业不管是销售模式，还是发展模式，都是线性增长。而IT、人工智能、基因等行业的增长可能是一种爆发性的增长。在投资的时候，被投企业的增长方式也是我们做出判断的一个标准。

未来医疗行业发展的瓶颈，我觉得最主要的是创新不够。我们也希望通过投资支持中国大健康及全球医疗的发展，帮助中国企业不断创新。举一个例子，一年半以前，我们帮助无锡药明康德从美国退市，市值33亿美元。药明康德是中国医药行业里创新研发方面的标杆性企业，在全世界范围内都具有一定的标杆意义。整体上，中国医药企业本身的创新水平并未达到全球水平，所以我们希望通过帮助药明康德回归中国A股，促进中国医药企业重视研发，使中国的创新水平能够增速5~10年。作为投资者，我们希望通过投资标的的选择来帮助中国企业培养创新能力。

李辙：我们公司过去做房地产，最近三五年增加了主题公园的业务，未来我们的一大业务是大健康。我们在北京平谷有一个面积为22平方公里的金海湖项目，在这里我们做了一个121长寿部落，目的是集合全人类的智慧为客户量身订制活到121岁的计划。这其实是有科学根据的，我们知道，人体是由细胞构成，人体细胞按再生的规律分三大类：永不再生的细胞、快速再生的细胞和周期性再生细胞，其中周期性再生细胞决定了我们的寿命。据研究发现，人体细胞的分裂次数是固定不变的，50次。能够变的是每次分裂周期的长短，每次周期最长时间为2.5~3年，所以人的最长寿命就是125~150岁。巧合的是，世界抗衰老医学会也曾推出过《121手册》，教人们如何活到121岁；除此之外，更有"121长寿部落"《121长寿杂志》等众多"121"的存在。

Google曾预言，到2029年人类可以长生不老，这可能有点夸张，但是我们从中也可以看到人类抗衰老科技的迅速发展。美国梅奥医院最近开始了两项研究：一是尝试通过药物将人体周期性再生细胞的分裂周期从2.5~3年延长到3.5年，二是实现人体内代谢细胞的再循环。大家知道，细胞代谢后留在人体内，会产生大量的毒素和其他物质，从而导致人生病。梅奥医院现在正研究如何通过药物将代谢后的细胞进行循环。从这两个角度来看，人类活到121岁是没有问题的。

同时，我也提出了"一五六计划"。"一"就是人的一生，"五"就是思想、肠胃、血液、经络与气要"五通"，而在具体的管理上我们执行六大系统。第一系统是人体自身的运行，可以通过中医的五通实现长寿；第二系统是建立个人健康数据库；第三系统是科学系统，根据大数据进行各项指标的分析，然后用全世界最新的研究成果对症下药。第四系统叫社会医学系统，比如中国有一个叫李庆远的人每顿饭吃半饱，结果活了126岁。第五系统就是设备和医药系统。最后一个系统叫管理系统，365天、24小时对人的健康进行监控和管理。

林玉明：大家知道，医疗行业是一个公立医院高度垄断、高度集中、高度主导的行业，如何打破这个瓶颈？第一，我认为可能要走差异化的道路。比如爱康是健康体检，这与公立医院有不同的地方；华大基因是做检测的，这也是公立医院做不到的。第二，定位、服务模式上要有创新。比如我们做产科服务，其实产科每个医院都有，而且我们的收费还比较高，但是我们的产品设计好、体验度好，使产妇能很快、很好地康复。

刘兆年：我们做药品流通，在59个地市级有流通点，我们的客户主要是药房、诊所和基层医疗机构，占我们整个医药分销70%以上的份额；大型二级医疗机构很少，其在我们整个医药分销的份额2016年突破了20%。中国医疗分销行业大概有13000家企业，排在前10位的除九州通是民营企业之外，其他9家都是国有，或者国有控股企业。医药分销其实也是一个很传统的产业，最近几年我们也在探索如何转型。目前，我们的业务模式

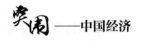

有两大块：B2B和B2C。B2B这一块我们主要通过ERP系统，进行全国性统筹。通过这个系统，我们可以清楚地知道产品储存在哪里，也能了解产品的流向。目前，我们也考虑，如何利用互联网为我们的上游客户和下游客户提供这种服务。

另外，2016年我们通过九州通下面的好药师把健康、B2C、O2O（Online To Offline，线上到线下）、海外购等都整合起来。雷军说他要做新零售，在全国设1000个零售店，覆盖整个中端消费市场。这对我有很大的启发，我们是线上、线下结合起来，比如控费系统、慢病管理系统都是通过平台对消费者进行服务，而药物销售通过线下进行，因为目前大部分药品不能在线上销售。

田源：我国医疗体系存在"看病难、看病贵"的问题，现在医改也主要是围绕这两个问题进行。如果你们是计生委主任，你们会如何解决这两个问题？

刘兆年："看病难、看病贵"的主要原因还是国家管制太多，尤其是对医药的管制。药品从最早的定价，到招标、配送商都由政府决定，甚至经销商把药品送到基层医疗机构以后，不是与基层医疗机构结算，而是与政府结算。药品生产企业也是一样，生产的药品进入医保系统就会是一个

大问题，如果进不了医保，销售肯定会受影响。即使进入了医保，还要去投标，只有中标了才可能松一口气。所以解决"看病难""看病贵"的唯一方法就是放松管制。前段时间大家在分析药品价格贵的原因，相关部门说是因为流通环节太多。对此，我不太认同，因为药品的价格最初都由国家发改委确定，2006年以后，每个省都以省为单位进行价格招标。价格一旦确定就不能再变化，经过再多流通环节也不行。从这个角度来说，药品价格贵跟流通没有任何关系。

尹烨：中国真的看病难吗？我觉得不难。我们不说那些难的手术，至少做一个阑尾炎手术在中国太简单了，所以中国现在的问题不是医的问题，而是药的问题。如果没有病谁都不会去医院，医院、医生能看病、治病一方面，但我觉得最关键的还是我们自己不重视健康。比如糖尿病，四型综合性糖尿病的患病率从1980年不到1%增长了现在的10%以上，为什么？吃得太多、动得太少，这跟医院没有关系。等血脂高了后再买他汀类的药品，这是不科学的。那么糖尿病怎么治呢？就是少吃点。再比如近视、颈椎病，这些毛病就是因为天天看电视、看电脑，久而久之颈椎出现毛病了，这跟医院有关系吗？怎么办？戒手机。如果我们都不把自己当回事，那最后身体肯定会出问题。那么怎么解决这个问题呢？首先从基因根上确保自己没有问题，如果是被传染了，那肯定要去医院医治，剩下绝大部分是自己思想的管理，比如要求自己的生活习惯要健康、均衡，保持心情愉悦，用大爱去善待这个社会。

张黎刚：医疗行业是患者的服务提供商，但患者对它又最缺乏信赖感，根本的原因我觉得是医疗从业人员比较稀缺。在美国，每千人有2.7个医生，欧洲发达国家如德国、瑞士每千人有3.1个医生，而中国只有1.4~1.9个医生。中国的大多数医生不是博士，当然这并不代表中国医生的专业水平比美国低，但由于中国实行综合治疗，所以很多医生的能力没有得到充分发挥。美国医疗产业的发展是从波士顿开始的，但是中西部的医疗水平与波士顿相比，也不会是天上地下。但在中国，北京和亚布力的医疗水平一定是一个天上、一个地下。据统计，中国可能有1000多家三甲医院，但是真正具有高医疗水平的只有500家。水平高的医生也主要集中在三甲医院，而不是专业医院，所以心血管疾病在心血管医院不一定能得到最好的医治。在中国，只有牙医已经实行专业化，一般的牙科门诊及口腔医院都已经达到专业水平。这种情况如果不改变，中国看病难、看病贵的问题就难以解决。但要改变这种情况，中国医疗行业以药养医的模式就需要改变。以前中国医院的收入50%来自药，10%来自检查，所有的医院都靠高价售药来养活医院，同时养活医生。在我看来，如果医生不具备专业性，那他可能就很难好好对待病人，医生对病人有怜悯心的时候才会干得好。如果医生每天想着没钱让小孩上好的学校、买不起房子，那他怎么能全身心投入到工作和病人身上呢？这是根本性问题。而且现在医疗成了一个社会发泄不满的地方，成了社会矛盾激化的地方。

如果要从根本上解决问题，我觉得应该让更多的人愿意当医生，将每千人拥有的医生数量提高到1.7~2.0，甚至2.5。接下来我们要做预防医学，更好地实行优生优育，同时建立移动医疗、互联网医疗，打破以前三甲医院垄断专业资源的现象，让专家型医生可以通过远程会诊给予意见与建议。中国80%的医疗支出是花在20%的慢性病病人上，如果通过移动互联网使糖尿病人不需要天天去医院，使亚布力的糖尿病热能够得到与协和差不多医疗水平的医治，那问题就从根本上解决了。我相信，只要国家下定决心让医生解放出来，让他们自由执业，医疗行业从业人员稀缺的问题也能得到很好的解决。

李彬：其实，中国的医疗改革已经说了好多年，上一轮是2007年，再之前是2000年，每一轮医疗改革大家都认为没有出路，为什么？因为出台的政策都不能从根源上解决问题，都是头疼医头、脚疼医脚。但这一轮的医疗改革从一开始就很不一样，针对全产业链的每一个环节都出台了相应的改革措施。比如在源头上，政策鼓励创新，提高中国药监局的标准，希望通过这些办法解决"劣币驱良币"的问题。大家可能知道，我们服用的药物中90%是不合格的，也就是说我们现在所吃的仿制药有90%达不到原研药的质量。另外，从2016年除夕开始FDA（Food and Drug Administration，食品药品监督管理局）做了一些改革，流通方面提出了"两票制"，服务方面提出了药品零差价，还有就是分级诊疗。而且政府内部的改革力度也比较强，2016年习近平主席和李克强总理同时出现在全国健康大会上，以前都是总理参加，这说明政府的决心很大。

其实在全球范围内，医疗行业是被老百姓抱怨最多的一个行业，因为人们对医疗的满意度永远比较低。很简单的例子，美国每一次总统竞选的时候，竞选者提得最多的是什么？克林顿、特朗普说得最多是医疗行业，如何实现更大范围的医疗覆盖。为什么大家总是不满意现有的医疗服务？因为大家对生命的追求是无限的，总是希望自己可以活到120岁，或者长命百岁。前面我说到行业的增长分为线性增长和非线性增长，人的寿命虽然是线性增长，但是我们为保障生命的线性增长付出的代价实际是非线性的。什么意思呢？二战以后，人的平均寿命大概是40岁，现在是80岁，每过10年医疗费用翻了一倍，活到50岁需要的平均医疗费用是40岁的一倍、60岁又是一倍，70岁又是一倍。如此庞大的医疗费用支出，美国解决不了，中国解决不了，日本也解决不了。那么该怎么办呢？最后，可能需要通过技术来解决，需要通过改变我们的思维来解决。

刘兆年：关于医疗改革中的一些政策问题，我觉得有几个概念要明确。现在的医疗机构分为两类：一是营利性医疗机构，二是非营利性医疗机构。在中国现有的医疗体制下，这两种分类可以简单解释为赚钱和不赚钱的两类。在美国，营利性机构会有股东分红，非营利性机构股东不分

红。但不管是营利性机构还是非营利性机构都需要赚钱，不能说非营利性机构就不能挣钱。如果不挣钱，医疗机构如何发展，如何提高医生的待遇呢？

非营利性医疗机构就是不挣钱，这是非常有害的概念。医疗要体现公益性，但医疗机构需要通过提供服务获得收益。这是一种市场行为。如果让医疗机构变成慈善机构，那么就难以给予医生好的待遇，也就难以提高医疗服务水平。自2009年实行新医改开始，国家先后累计投入几万亿元资金，其中大部分被用于补贴医疗机构。期间政府甚至进入医疗机构，使这些医疗机构变成国有性质，按照事业单位的方式进行管理。医疗改革中的某些政策，我觉得也很有意思，比如"鼓励民营资本、社会资本进入医疗行业，投资举办非营利性医疗机构"。这个鼓励政策，我觉得说了等于没说，在商业活动中基本上所有的投资行为都是为了挣钱，但非营利性医疗机构不允许股东分红，缺少可预见的回报激励，社会资本很少会进入医疗机构。

另外，某种程度上，医保费用没有花在正道上，这个问题必须解决。现在医疗的费用，包括医药价格不是由医保部门确定的，医保部门只负责买单，点菜的是卫计委或者发改委。我们都知道一点，如果点菜的人不考虑价格，买单的人总有一天会付不出这笔费用，医保费用超支就是因为这个原因。所以我觉得，对于医疗机构来说，我们需要的不是政府的投入，而是自主权。一旦接受了国家的投入，相关部门就会对你进行审计，说这个钱不能花，那个钱不能花。如果是花自己挣的钱，那这些问题就都不会存在，所以我觉得医疗行业存在的问题实际上是一个权力的问题。

张黎刚：如果没记错，美国医疗支出占整个GDP的17%，但是美国公民医疗自费部分为15%，85%要么是政府买单要么是商业保险买单。中国人为什么会觉得看病贵？因为医疗费用的38%由自己买单，如果这一比例能够降到15%左右，我相信"看病贵"的问题应该就可以得到一定程度地缓解。

另外，国营医院大部分依靠过度医疗养活自己。因为如果只收取设备使用费用，那么收入实在太低了，这样的正常治疗养不活一个医院。比如结节，其实百分之八九十的结节都是良性的，但患者本人并不知道，而医院基本上都会建议做切除手术，以防万一。未来，我觉得只有一种方法可以解决医疗困境，那就是让民营综合型医院、商业保险发展起来。在美国，商业保险也是单位买单，只不过购买的比例很少。现在"五险一金"已经让中国企业的负担很高了，再让企业去买商业保险基本上不太可能，所以唯一的办法就是减税。如果企业能将10%的税用于购买员工的商业保险，那么国家可以将这部分钱还给企业。如果一家三口一年的商业保费达到5000元左右，那这个市场完全可养活足够多的民营医疗机构。如果在民营医疗机构看病的费用报销比例提升，那么会有更多的人愿意去民营医疗机构，而如果民营医疗机构的门诊费用能达到一两百元，那么它们也完全可以聘请更专业的医生，这样民营医疗机构的医疗水平就会逐步与三甲医院靠拢。一旦医疗水平得到提升，我相信大家对民营医疗机构就会更有信心，也更愿意去民营医疗机构看病了。这样就可以良性循环了。

田源：刚才有提到美国的医疗体系，也谈到了美国的商业保险会承担一部分医疗费用。这种模式中国是不是可以采用？我觉得首先应该分析一下美国的实际情况。事实上，美国的保险公司与医院、医生的关系跟中国很不一样，他们的掌控力非常强。比如患者希望增加一些检查，医生和医院会建议患者跟保险公司商量，如果保险公司同意，他们才能为患者做这项检查，如果保险公司不同意，那这项检查就不能做。而就目前的情况来看，中国还做不到这一点。在中国，医院和医生实行编制，无论公立医院还是私立医院，医生都归属于医院，但美国的医生和医院是分离的，医生有自己的医生集团，医生集团代表医生跟医院谈判，谈好了就按照规矩来；如果没谈好，那就接着谈。整体来说，中国好的医生只是允许多点执业。那么我们是否可以允许医生从医院彻底剥离出来，自己组成集团然后和医院签合同？

张黎刚：对于民营医疗机构，大多数人都戴着有色眼镜去看。但如果我们多几家出色的民营医疗机构，大众的看法就会逐渐改观。目前，中国唯一的一家靠技术水平赢得口碑的民营医疗机构是武汉亚洲心脏病医院。民营医疗机构的收费普遍比较高，比如武汉亚洲心脏病医院，心血管疾病治疗的风险高，收费也很高；儿童医院收费也很高，大部分夫妻都只有一两个小孩，总是希望能为小孩提供最好的教育和服务，正是抓住这一点，很多民营儿童医疗机构聘请了很多专业医生，相对应地收费也会比较高。在中国，商业保险在医院没有任何地位，因为他们带来的收入不到医院收入的5%。

嘉宾：三十年前，美国的医疗情况其实跟我们现在差不多，医生是最牛的，保险是弱势群体，后来保险不断扩增、不断与医院签约，开始也很难，最后"绑架"了医疗服务。很多时候保险说了算，报不报、报多少都有保险决定。现在中国的健康保险也有很多的机会，关键是看我们怎么去做。前面也有嘉宾提到通过减税的方法促进企业为员工购买商业保险，我觉得这种做法如果能落实到政策上，企业和个人都会愿意。虽然现在我们没有这样的政策，但通过社会各界的努力，我觉得是可以说服政府的。2016年政府做了一件事情，那就是允许生二胎，这直接促使中国2016年全年出生人口达到1786万人，比2015年多增131万人。同样的道理，政府如果能从税收方面做出努力，也能鼓励专科医院的发展，凭借这两条政策就可以改变整个健康产业。

刚才李彬先生讲到了一个数据，我们平时吃的药中有90%是仿制药。从中我们也可以明白，中国医药产业瓶颈的突破一定要靠创新，一定要研发出满足临床需求的药。美国的药品研发为什么能取得好的效果？因为费用最终是由保险公司承担，即使价格贵一些，保险公司也承担得起。比如有一种美国研发出来的治疗丙肝的药效果非常好，服用13个月就完全可以把丙肝治好，但这种药价格非常高。可即使价格高，其第一年的销售额就达到了100亿美元。所以我觉得未来中国健康产业的发展就是要依靠创新，依靠开发新药，走向世界，而且要有保险的支持。

田源：最后要大力发展更多的健康保险公司，让更多的健康保险公司进入医疗领域。

内容创业何去何从

互联网的价值正在从工具转向内容，内容创业刚刚启程，内容创业者很可能成为消费升级的第一波受益者。但内容创业的第一波热潮已经消退，正遭遇寒潮。未来可见的趋势是什么？如何在内容创业的热望中来一场冷思考？

在 2017 年 2 月 9 日的亚布力中国企业家年会上，由第一财经日报副总编辑杨燕青担任主持人，Chin@Moment 秦朔朋友圈发起人、著名媒体人秦朔，一点资讯 CEO、凤凰网总裁李亚，万合天宜 CEO 范钧，36 氪创始人兼 CEO 刘成城，新物种试验计划发起人、场景实验室创始人吴声，英雄互娱创始人兼 CEO 应书岭等嘉宾对这一问题进行了深入的讨论。

杨燕青： 在过去的5~10年，全球的经济、内容、文化所发生的变化，与商业的进展是一致的。这个世界正在发生的变化，其实就是对规模经济的重组，也就是用范围、水平的方式改造整个平台经济。这种变革虽然是从产业开始的，但最近几年，媒体领域也发生了翻天覆地的变化。这种变革不仅会颠覆商业模式，颠覆每个产业，更会颠覆人类沟通的方式与人类的未来。

秦朔： 我们做平台的时候发现，好的作品还是比较少的，所以我就想，自己能不能先从一篇一篇文章写起。那时候我只有一两个助手和自己的几十万块钱储蓄，所以也没想太多有关商业模式的事情。事实上到今天为止，我也没看过合同，我只专注于看书、采访、调研、写作。可能就是因为专注在一件事情上，慢慢地就有了一定的规模，用户质量也比较高。

在我看来思考的核心在于，我们在什么样的内容上能黏住一批读者？就是这么一件看起来非常简单的事情。比如说，上一代企业家是有历史感的，现在80后、90后的人去采访他们，在历史感上可能就会稍有欠缺；相反地，我这一代的媒体人很多都有这样的历史感。因为在这个点上的空缺，所以就有一批上一代的商业领袖觉得只有跟我们才能深度地聊一聊，因此我们也才能在这一个点上具有优势。

杨燕青：秦总这么多年从自己的本心出发，思考自己应该做一些什么事，才能对整个商业界有价值，才能符合自己的本心和价值观。但是秦总创业的时候，您一定也想到了未来的可持续和商业模式吧？

秦朔：今天这个时代，从媒体的角度来看，媒体已经是一种社会化的媒体；从社会的角度看，社会已经变成了一个媒体化的社会。媒体的核心是内容和信息，这是我们生命中最重要的组成部分，所有的决策都跟它相关。天猫"双十一"的销售额已经这么高了，怎样才能再增加呢？但它依然在增加，因为它是跟娱乐和内容关联在一起的。

今天很多媒体工作者与企业家都有自己的微信公众号，CEO本身就是一个媒体人，本身就是改变这个时代的人，因为他能通过他的信息和概念来影响很多人。从这个意义上来讲，一切机构包括政府，方方面面都应该用媒体化的思维去考虑这件事。我们创办"第一财经"的时候，媒体人要采访N多的人，但今天有很多是被采访者，那时我们自己便有着直接到达用户的路径和方法。从这个意义来说，今天我们理解的媒体只是商业形态或者投资形态的一个入口。有了移动互联网之后，如果能将媒体的结构导入一个产业，其发展的空间是非常大的，甚至不排除在未来3~5年，有可能会形成新的品牌。因此，虽然纯粹的内容生产可能排在第一位，但是我看到的发展图景其实非常庞大。

李亚：现在媒体也好、内容也好，作为连接人的重要路径、工具和平台，本身就是人的延伸。移动互联网可以赋能给个体，让个体成为一个个网络化的个人主义者。这不仅对经济，也会对我们整个社会产生根本性的影响。

我接着谈一下对现在内容产业的理解。从内容分发、内容创作、内容传播的角度来看，内容创作日趋自媒体化，原来机构媒体生产的内容越来越多地被自媒体取代。当然，自媒体现在也有重新被机构化的特征，因为要想持续生存必然要求商业模式的壮大。但是，由算法来分发、社交来传播内容的这一特点带来的却是前所未有的变化。原来一些做内容分发的平台，也因之而丧失了主导地位。

这种传播有一个特点，就是不像机构生产内容那样有可持续的、专业性的重视。当个体生产的内容依靠算法去分发，再通过社交传播的时候，我发现它的特点就是越是情绪化、娱乐化的内容，越能得到最有效的算法支持，从而使得这样的内容最容易获得点击量。

杨燕青：这种趋势会持续下去吗？人类的未来会被这样的趋势改造吗？

李亚：当投资者在投资的时候只看用户规模，当广告主还没有上升到能辨别虚假点击，当没有更好的转化率来衡量营销效果的时候，这种趋势可能还会继续存在。越是年轻的、学历不高的用户，点击的可能性就会越

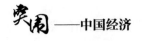

高，去传播响应一个营销事件的概率也会越大。但是，如果我们可以更精准地找到某个个体，掌握他所关注的有趣、有料的新闻，关注对投资、教育、家庭来说有用、有价值的信息，基于这种用户画像所做的内容服务，在我看来才更有价值。

杨燕青：如何通过技术的方式来避免人性被操纵和假新闻的泛滥？

李亚：首先是怎么了解什么是对一个人真正有用、有意义、有价值的兴趣点，然后进行用户画像；其次是怎么甄别高品质的内容。甄别高品质的内容非常重要，比如说以前的优衣库事件、王宝强事件、特朗普事件，自媒体作者会创造出很多信息，但是哪篇文章适合企业家看，哪篇适合小年轻看，这就需要机器与编辑相结合来对内容的品质进行把握。

杨燕青：是更多地依靠机器还是更多地依靠编辑？

李亚：这两者都需要。我们没法知道用户深层次的隐私，但是算法知道。比如说，我们鼓励引导用户搜索、订阅他们感兴趣的内容，但后来我们发现，许多用户并不会把到处可见的、无差异化的娱乐内容作为他的搜索词或者关键词，虽然那些内容在他的阅读中也占据了不少的空间。订阅表达是终极的兴趣，是对他的工作、健康、家庭、教育有价值和意义的。

杨燕青：机器如何判别是否有价值呢？

李亚：我们识别用户，鼓励他搜索订阅。2016年"一点资讯"平台上有超过47亿次的主动订阅行为，总共有超过360多万个关键词，据此我们获取了非常立体深刻的用户画像，这对内容分发和广告分发有巨大的价值。比如说"儒家民主"这样很小众的领域，在一般平台上是找不到读者的，但我们就能帮它找到。

机器算法能够帮助我们识别用户，而编辑在识别内容品质方面则起到了基础性的作用。编辑会给每个自媒体号一个默认评级，在这个基础上我们有个动态的机器模型，根据这个自媒体产生的内容、阅读完成率、社交分享率、点赞率、评论数等一系列参数，动态调整自媒体的评级。久而久之，我们就对内容的来源、数量以及内容的领域分属，形成了更深刻的理解进而把内容画像与用户画像更好地匹配在一起。

在拥有了这样一个中长尾的、大规模的用户画像，以及大规模的内容来源以后，就能实现大规模私人定制有价值的阅读这一目标，让读者在娱乐之外也能获得有价值的信息。

范钧：我关注的是娱乐，而且是针对年轻人的娱乐。最初我们也是从"网红"演变而来的。十年前，我现在的合伙人"叫兽易小星"是第一代的"网红"，是土豆的第一播客。我们团队中的"网红"们对网络用户以及使用习惯、心智模型都非常了解，所以他们在创作的时候，非常知道哪些点是可以打动人的。

他们在创作中大量使用"反转"，其最大的特点就是一本正经地干着非常荒谬的事情。比如说，餐厅上菜的时候，中间是真正的菜，旁边是活着的鱼。上的活鱼应该怎么吃？其他的人都觉得特别荒谬，但是他们认为这是非常值得认真去做的事，这种反差就是笑点。还有大量二次元的、来自日漫的典故，我们这些70年代的人都不知道这些典故，你看起来也很好笑，但是他们会心一笑的时候你并不知道是因为什么。事实上，我们引经据典，他们也是引经据典。

开始创办这个公司的时候，我没想太多，只是觉得互联网生态搭建得差不多了，现在缺的是内容，于是我们就开始做内容。

杨燕青：解决问题的过程中，你遇到的最大困难是什么？怎么解决的？

范钧：活下去。我们创业的时候一没资源，二没钱，什么都没有。我们把"叫兽"从湖南"骗"到北京，我们说付你工资，给你租房，就这样开始工作了。我们第一个办公室就是在他住的三室一厅里。你得活下去，怎么办？就是挑别人不愿意干的活。我们拍第一季《万万没想到》的时候，一集的制作费只有1.5万元，没法请演员，我们就找那些稍微看着顺眼些的员工来演。女员工数量不够，

所以才有了孔连顺。我们没有足够的资金聘请团队，几千块做一个后期肯定没人愿意做，于是我们只能自己招人来做。就这样，从创意到制作、后期、招商，都是公司内部完成的，就是这样一种商业模式。

我们当时也没想到《万万没想到》会这么成功，但这也带来两个后果：一是大家非常看好这个公司，但内容产品的可复制性其实不那么强，做一个新的产品就等同于重新开始；二是它提升了大家的期望值，之后无论是推出第二季还是其他新产品，得到的一个评论词中总有一个是"江郎才尽"。

杨燕青：怎么解决呢？

范钧：没法解决，只能硬扛着。做创作的人必须有非常坚强的心智，因为一定会有很多负面评价。公司有了"万万"以后，拿到的不过是一张市场入场券，让你得以进入这个市场。但是一旦你真地进入主流市场，那就还是要回到主流的逻辑和规律上来。我们现在面临的问题是升级，从"段子剧"升级为大体量的作品，而这背后是整个团队和运作模式的升级。2016年我们升级了一年，2017年会体现这些成果。

杨燕青：你们是越来越像传统的内容制作者了吗？

范钧：从制作工艺上来说还是必须走工业化道路，这就是传统。但是在创意以及新人的使用上，还必须保持新锐。

刘成城：我们做的事情，其实挺简单的，主要分两条线——以"36氪"为中心做了一个纵向的事情和一个横向的事情。纵向的事情是把"36氪"作为一个媒体，希望做得更好。横向的事情就是"氪空间"创投公司，是给VC公司做了一个ERP的SaaS（Software-as-a-Service，软件即服务）系统。

杨燕青：收入主要靠广告？

刘成城：媒体行业未来的格局是什么？美国的传统媒体比较有影响力的《华尔街日报》《纽约时报》，现在在应用商店里依然名列前茅。也就是说，传统媒体能否顺利转型，其实是跟体制有关系的。过去5年是一种混沌的状态，未来如果沉淀下来的话，我认为媒体行业的格局有两种东西能做大：一个是渠道，一个是媒体品牌。渠道可能会越来越集中，通过兼并或其他形式，最终剩下那么几个。媒体品牌则是针对不同领域存在且不停地更新换代，"36氪"做的是基于互联网的商业媒体品牌。

至于自媒体，如果不想沉淀成一个品牌是不可能长期存在的。自媒体如果不变成类似机构媒体的形式，或者只以个人爱好来维持，在商业上是难以成功的。

秦朔：现在怎么理解自媒体的"自"？如果指的是更加自由且自律的创作方法，它无疑对现在的机构媒体来说是巨大的冲击。现在机构媒体有各种各样的条条框框，创作的时候往往有先置的习惯在里面，但是这个东西在市场上是非常不受欢迎的，所以从这个角度上看，自媒体是很有前途的。但是如果把"自"当作是个人符号标签，自己在那儿折腾折腾，那确实没有什么远大的前景。

李亚：自媒体被赋能的同时，内容的供给也会大大增加，稀缺性在绝大多数领域就相应少了。并且人的时间变得更重要，这时候只有极少数自媒体通过内容付费，找到了自己的商业模式。大多数自媒体不能期望自己成为上千万的规模，而是要看成是一种方式的转变，以前是机构人，现在是自由人，平台之间有非常重要的相互依存的关系。

杨燕青：有了"一点资讯"这样的平台，是不是有品质但却小众的自媒体会更容易生存呢？

李亚：有一种病叫"读写障碍"，在"一点资讯"上能查到非常丰富的内容。如果你订阅了这个频道，你表达了强烈的兴趣，那么很可能你就是愿意付费的，所以这部分自媒体不论是营销价值还是广告价值、收费价值都会存在。问题的关键还是在于我们这样的平台能够帮助中长尾、有品质内容的自媒体创作者找到他的目标受众。

刘成城：我觉得未来内容行业能做成功的只有渠道和内容品牌，其他的也会存在，但可能不是以赚钱为目的。但是今天有很多自媒体创业者是以赚钱为目的的，这种自媒体，除非修改他的定位，否则很难持续。此外，内容创业如果要做大，就必须有商业模式。商业模式其实还是那样，卖广告、卖内容。过去几年，因为新渠道的出现而产生的用户红利诞生了一些新的内容品牌，但它们往后的商业化变现，我个人觉得还是离不开传

统的模式。

吴声：无数的黑天鹅已经说明了，一个人就可以轻松地击败传统的规模宏大的精英设定。这就告诉我们，个体在被深刻地赋能。我们看到的物质是超载的，我们看到的信息是爆炸的、盈余的。

由此再看内容创业的时候，我们就会有新的理解。比如说，内容是不是新的流量？用户经营本身是流量经营的核心，而流量经营会指向第二种法则，就是你必须变现，完成商业环境的闭环。有非常完整的变现模式支撑，才能考虑它是不是一个可持续的动作，能不能形成一个持续的内容输出。所以说，稳定性的内容供给能力必须要商业模式化。

内容创业必须机制化、常态化，保证持续稳定地输出独特的内容，这个时候必然会走向IP（Intellectual Property，知识财产）化。也就是说，每个内容创业者都应该IP化，我们能理解的媒体、自媒体自身都要成为富有高效率流量变现能力的闭环创造者。

万物皆内容，好的产品首先就是好的内容，才能够自带势能、自带流量。我只是以我的技术来驱动，但是这个技术驱动如果不能形成用户中心，从用户中来再到用户中去，毫无疑问他是自嗨。如果能明白这一系列问题，如我们是不是有足够的能力形成新的细分投部，能不能真正意义上持续稳定地输出我们独特的内容，完成差异化的魅力人格；能不能善用新的计算平台，完成流量变现；能不能将内容本身作为一种新流量完成用户的经营，形成社群化的结果，从而更加深耕细作，挖掘价值，挖掘变现能力，我们自然就能理解讲内容创业的热望与冷场都是伪命题。

杨燕青： 内容创业，我们有新的商业模式吗？还是只卖货、卖广告？

吴声： 像《商业内参》就是很好的效率支持产品，所以自然就完成了一种直接可售卖的逻辑。"万万没想到"基于视频原生广告形成了非常好的创意机制，变成了整合营销传播机构，带领那么多的网红从而变成了网红孵化器。"36氪"基于科技领域垂直的报道，不断催生和孵化新IP的同时，所衍生的是创投的功能，还是直接内容订阅的功能？这些都不重要，重要的在于理解用户、洞察用户，理解新技术迭代的趋势和消费者新的消费精神。我们最大的意义就在于好戏才刚刚开始。

应书岭： 我2008年离开金融行业创业，因为自己特别喜欢游戏，于是就做了与游戏相关的公司。很多人说手游这两年特别火，我就是2008年最早做手游的那一批人。2012年公司在纳斯达克上市，2015年国内资本汹涌，我们把公司卖了，做了新的公司，就是英雄互娱。

坦率地讲，我们很敬畏内容，每一个做内容的人都有价值。每一天在亚洲地区有100万人在玩我们的游戏，500万人在看我们的视频，300万人在游戏里面创作比赛视频，所以我尊重每一个内容制作者。

2014年我们开始做用户学习系统，为了摆脱对编辑的依赖，我们从来不用任何编辑。消费者喜欢的是内容，不喜欢的就不是内容，不管人性善恶，只要能把这个内容做出来。

杨燕青： 刚才让每位嘉宾介绍了自己目前在做的商业模式和激动人心的事业。我要问大家的就是，从你的角度来看，其他几位嘉宾所在企业代表的商业模式，你们最看好哪一个？未来十年你觉得哪个会成为具有影响力，且有巨大商业变现的模式？

秦朔： 绝对是英雄互娱。就像今天最热的是房地产，未来是你心灵、情感世界里的"房地产"最大。00后不再需要那么多的房子了，因为父母已经给他们提供了。美国过去发生的变化，就是除了人变重了其他的都变轻了。人性里面不需要有很多思考的、逻辑的东西，更多的是娱乐、体育等最本性的东西。几万年以前追逐野兽，那是人需要存活的意志力，而现在人们需要的是精神上的食粮，这个市场肯定是最大的，而且黏性也是最强的。

李亚：还是得有点敬畏感，特别是在市场机会大、竞争挤破头、差异化小的领域。不管是游戏领域还是我们自己的内容分发平台，从来都有一种网络效应，不能说是"赢者通吃"，但是最后集中度一定会比较高。市场机会最大的领域往往是未来规模经济、范围经济潜力最大的领域，但从来也是竞争最激烈的。

范钧：从商业成功上来看的话，我觉得是应书岭。但是要从影响力来讲的话，我还是希望秦朔能成为中国的《华尔街日报》或《金融时报》。

刘成城：商业模式上我更看好"一点资讯"这样的平台，影响力方面也比较看好秦朔。

吴声：在商业价值上我的确还是看好应书岭。我是"游戏改变世界"的推崇者，我认为未来就是游戏的天下，英雄互娱毫无疑问是最有机会的。若论最有价值的话，还是李亚的"一点资讯"，内容的分发平台和引擎在未来将承载着更重要的价值使命。输出价值观本身就是最大的价值，在这个过程中，李亚他们自己没有意识到，我们需要拭目以待。

应书岭：我对内容很敬畏，每天早上都会看"秦朔朋友圈"，里面有很多知识。另外，就是《万万没想到》，它陪伴我成长，给我带来很多快乐。秦朔帮我省时间，"万万"帮我杀时间。

杨燕青：能不能请大家举一个案例，或者说说你自己的看法，来说明在我们的商业模式中，技术扮演了怎样巨大的作用？

李亚：以前传统媒体不能够做到千人千面，这是商业模式本身决定的。我们通过大规模的私人定制，彻底改变了平台的功能。绝大多数用户还是想看有料的热门新闻和娱乐八卦，但是与此同时，我们也能满足很多领域的精神追求，这个价值我觉得是技术本身所带来的。

范钧：我们这个行业里有很多收费服务，面临的最大困难就是黏不住用户，用户会流失，所以要不断推新。只有命中率高才能黏住用户。我们给视频贴上标签，在关键场景中贴上标签，哪些是你看完的，哪些是你没看完的，最后就会形成人物画像。如果能做到这一点，内容收费就能做到细分，根据不同用户价格的敏感度和喜好来进行收费。这才是整个视频网站发展的最终出路。

刘成城：在刚开始的时候，因为创投行业的兴起我们去曝光小企业，而在以前很少有渠道能关注到这些小企业。后来我们开始做抓取，抓得越来越多。我们也做了一些机器的筛选，由此来提高效率。如果没有机器筛选，媒体要找到这家公司的难度就大很多。2014年之后，基本上都是创业公司主动投递信息给我们。

吴声：2016年我们策划了一个关于音乐的互联网订阅平台。IP消费其实在很大程度上就是个性化的消费，因此我们肯定不满足于工业化的成品。所以我们通过算法形成了更好的未申请版权、未完成、碎片化的半成品。最开始很多人不那么看好，但是做了5个多月，这个APP的下载量就将近200万了。

此外，当内容创业野蛮生长、跑得很快的时候，技术能不能解决一些基础设施层面、生态层面的问题？技术的重要性不在于原创，而在于有没有解决创业者的痛点。理解这个生态，我们才能用更好的多样性来面对它。技术的重要性自不待言。

应书岭：我们有一半收入来自海外。在中国台湾地区我们有500万用户，平均每4.5个人中就有一个我们的用户；印度尼西亚3亿多人口，我们有5000万用户。当用户到了一定覆盖度的时候，我们就得知道别人到底喜欢什么东西。可那些地方和我们的距离又很遥远，所以我们可以经由系统不停地学习。当我们在印度尼西亚拥有1000万用户的时候，我自己进到游戏里去玩，结果惊呆了，跟原来的模式完全不一样，这就是一个不断学习的过程。

此外，由于我们要服务很多国家的用户，不同语言之间的交流便是一个很大的问题。因此，我们就开发了一个系统，内嵌入谷歌和百度的翻译，任何国家的语言在我们中国的支撑中心都会以中文显示。我们只有一个200人的客服团队，但却可以服务来自不同国家的庞大消费群。技术使得我们可以快速响应,提高效率。

【互动环节】

提问1: 未来知识经济、知识收费这种直接模式的市场有多大?

李亚: 我们的首页信息流内容分成三种:一种叫作热门新闻,一种是消遣娱乐,第三种是知识。这种知识的东西,实际上是强调它的实用性、个性化、场景化和价值化。从商业闭环的逻辑上来讲,我们比"得到"规模更大。当我们能够把大数据、私人定制和知识经济结合到一起的时候,就能做到规模化。一旦规模化以后,市场想象力就能够超过我们现在所担忧的这种局限。

吴声: "得到"2016年整个专栏的收入差不多过亿,这种买手模式在各行各业都会发生。在这样认知升级的领域里,更加细分的内容本身就是一个稀缺品、效率品。从知识经济角度看,我看到的至少是百亿元的规模。它本身又是流量、入口,可以演化出很多新的商业模式,我们至少可以乘以十,是千亿元的市场。

提问2: 并不是每个企业都愿意成为自媒体,这样的情况下可以做内容生产传播平台,甚至可以自己做媒体。这是一个机会,但是同时也是一个问题,想问问大家怎么看这个问题?

李亚: 2009年我们在三亚组织过一场讨论,叫作"转型时期的媒体变革",重点讨论价值转移这个话题。价值是指商业价值,从内容生产者转移到了平台分发方。从那以后这个趋势进一步加速,特别是在中国的媒体环境确实有一些体制弊端的情况下,所以内容生产本身的价值在商业化上确实在降低。我们投入到内容生产方面的资源也下降了,但是也有一个机会,就像"得到"一样,他们就是逆向思维,以最高品质做内容,做内容服务,这样生产的内容才有投放价值,也才有做内容的冲动。经济学上的供需失衡使得最终总会有人发现这个机会,总会创造出新的价值。

应书岭: 其实,现在内容已经越来越多了。比如在做体育的时候,如果你的媒体属性更强一点,可以做出更好的、更有话题性的内容,你的点击量就会更好,也就可以采用付费模式。因为体育产业的市场很大,比游戏更大。大家都想赚钱,所以要把自己的内容做好,要跟媒体结合好,让

媒体愿意写。

杨燕青：请各位嘉宾回答最后一个问题，总的来说，内容创业对人类的未来是好的、有价值的，但在这个过程中我们应该避免什么？

应书岭：不主观。

吴声：要跳出内容看内容，不自我设限。

范钧：避免急功近利。

李亚：从用户价值出发，而不是从商业模式出发。先从满足用户价值出发，然后再打造商业模式闭环，而不是先找到所谓的商业模式，或者以这个商业模式来设计用户价值。

秦朔：我只能代表我自己的路径，就是做内容创业的时候避免把内容当成一种商业来设计。

雾霾围城，怎么办

雾霾是唯 GDP 主义、唯经济主义的负面恶果，而"企业家"是 GDP 主义和经济主义的主角之一，这是硬币的一面；硬币的另一面，正如我们看到的，企业家是塑造这个社会环保理念的重要力量。我们如何看待企业家的经济和社会角色？更重要的是，治理雾霾有什么精准、实效的办法？

在 2017 亚布力年会上，亚布力中国企业家论坛名誉主席刘明康、时任万科企业股份有限公司董事会主席王石、泰康保险集团股份有限公司董事长兼 CEO 陈东升、德龙控股有限公司董事局主席丁立国、时任中国房地产业协会副会长任志强、泰康保险集团股份有限公司监事长马蔚华、月星集团有限公司董事局主席丁佐宏就上述问题进行了深入讨论，爱佑慈善基金会理事长王兵主持了该场论坛。

任志强： 从企业家的角度来说，企业家必须主动承担环保的责任。令人欣慰的一点是，越来越多的企业家愿意加入类似阿拉善SEE基金会这样的组织，投身于公益环保事业，他们也充分认识到了社会环保问题的重要性。只有让我们的河水重新变清澈、天空重新变蓝，才能让我们的子孙后代在地球上继续生存下去。不是大自然亏待了人类，而是人类亏待了大自然，我们一味拼命地索取，却没有给它应有的保护和回报。

阿拉善SEE基金会成立之初致力于荒漠化治理，并建立了荒漠化防治基金。与此同时，我们发现了更多亟待解决的问题，于是在全国范围内开

展了动物保护、红树林保护、三江平原保护等一系列公益活动，目前也在研究雾霾问题的解决方法。

那么最精准的治理雾霾的方法是什么？先简单谈一个西方国家雾霾的实例。洛杉矶政府在治理初期，曾经向市民呼吁减少汽车出行，并出台了类似于我们限号出行、摇号购车的一系列措施。而洛杉矶民众的关注点在于汽车、汽油都是按照政府标准出售的商品，在商品达标的前提下，产生了雾霾和污染，政府不应让消费者来承担这一责任，而应由政府来负责。这也就迫使美国政府提高了汽车用油的标准及汽车出售的标准，使得上路的汽车排放的尾气都是经过处理的，造成的污染微乎其微。这是可供我们参考的一点。

因此，国家要提高环境保护的意识并制定相关法律。如果我们目前的科技水平还达不到其他发达国家的水平，那么就应该用更高的标准进行研究如何将汽油生产得符合排放标准，如何让汽车对汽油的处理达到排放标准。以煤为例，过去千家万户都烧柴火，并没有产生雾霾，现在烧煤是一种进步，但雾霾反而增加了。因此我们必须制定相关的规定，只有达到某一标准的煤才可以用于民用生产及消费，否则就不可用于民用生产及消费，而是用于工业，这也就要求工厂采取更具有技术含量的排放措施。

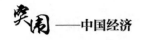

在国际层面我们可以看到，碳排放标准并不统一，有发达国家的碳排标准和发展中国家的碳排标准。中国享受发展中国家的标准，允许进行较多的排放。这是因为目前我们仍处于发展阶段，技术、劳动力及科技都没有达到更高的水平，首先要解决的还是贫困问题，贫困问题解决之后才能解决环保问题。但是我们企业家们已经反其道而行之，更多地从环境保护的角度出发来推动贫困问题的解决。

王兵：在雾霾治理及环保方面，企业家是承担社会责任的主要载体，像爱佑基金会、阿拉善SEE基金会、壹基金都参与其中。这里我想介绍一下爱佑慈善基金会是如何承担雾霾防治责任的。爱佑基金会成立之初，从事的公益项目以儿童医疗为主。在经过十几年的发展之后，我们的孤儿养育项目在世界范围内已经达到规模最大，是2016年全国评选中唯一达到5A级别的基金会，也是《福布斯》杂志所评选的中国基金会中的第一名。在发展的过程中，我们也经历着转型，这就涉及民间环保的问题。

大约四年前，爱佑从支持项目转向了整体推动中国民间机构的公益产业链当中，严格执行机构标准，2016年对100家民间NGO（Non-Governmental Organizations，非政府组织）进行了创投，用商业和科技手法来改造和提升这些环保组织。比如由我担任名誉理事长的IPE（Institute of Public and Environmental Affairs，公众环境研究中心），在爱佑和阿拉善SEE的共同支持下推出了一款名为蔚蓝地图的APP，它可以实时反映国内380个城市大气污染的情况。我们当初也曾经在"两江"环境中心和任总（任志强）一起共同推进对水污染、工业污染进行实时监控的环评网的发展。我们投资的一家NGO专注于太湖流域农村水污染的问题，做了很多改造工作，对长三角水资源污染的治理起了很大的作用。我们参与的山水自然保护中心，则致力于自然保护地及大熊猫保护等方面，目前规模十分可观。还有我们投资的道兰环能，为中国的绿色食品做了很多贡献，现在发展也十分迅速。

总而言之，我们是运用公益组织扩大他们的组织能力和推动他们影响力的模式，再不断地推动行业发展。下一步我想请王石来介绍一下企业家在其他环保组织及环保方面所做的工作。

企业如何突围

王石：改革开放之后，随着企业家的自省自觉，中国出现的第一家环保组织就是在2004年成立的阿拉善SEE基金会。阿拉善SEE基金当时由北京的企业家刘晓光先生发起，有了组织之后众多企业家的行动非常明确高效，大家投入时间、精力、金钱来做环保，和自己企业的产品来挂钩。从这一角度来讲，企业家有组织地从事和环保相关的公益活动也肇始于2004年。

雾霾对人类的影响众所周知，从治理方面来说西方要比我们好得多。从科学角度考量，由于我们为了经济发展而不顾它对环境造成的破坏，产生的危害已经不仅仅局限于自然界生物，甚至开始影响到人类自身。因此联合国专门成立大会来探讨和解决气候问题，从最初的COP1（Conferences of the Parties，各方大会）到现在的COP26。中国的企业家有组织地参加气候大会实际上也和阿拉善SEE基金会有关。2009年哥本哈根世界气候大会有100多名中国企业家代表参会，其中大部分来自阿拉善。这一年也最终达成了一个非常重要的协议，即在气候问题上，全世界近200个国家区别对待，共同承担责任，到2020年再进行变动。此后至今，我几乎每年都作为中国企业家代表参会，只缺席过两次。2015年的巴黎气候应对大会十分重要，这一年的协议有两个重要国家的参与和响应：美国和中国。然而在2016年10月的摩洛哥气候应对大会上，作为第一大碳排放国家的美国却宣称将退出《巴黎协定》，那么对于中国来说，需要做到的不仅仅是听其言，更要观其行。因为国际上更多的眼光现在都集中在中国身上，而《巴黎协定》的成果其实就源自2009年中国的方案——共同承担责任，区别对待。与此同时，中国多年来的首席谈判代表谢振华先生已经成了一线领袖，他本人已经在国际上获得了认可，这是非常难能可贵的。

还有一点值得我们关注的是：在摩洛哥的会议上，中国民营企业家代表团代表了24万中国企业家，这一数字的增长也体现了中国的企业家们在积极地参与到环境保护的工作中去，主动地承担更多的责任。

王兵：王石刚刚将中国企业家参与环保公益事业的历程向大家做了简要介绍。众所周知，雾霾并不是中国独有的现象。在一百多年前，伦敦就被称作"雾都"；20世纪60年代，洛杉矶的空气污染也十分严重。今天洛

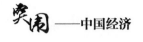

杉矶的蓝天背后是五六十年的产业结构调整。下面请刘明康主席就整个雾霾、经济发展、企业家的作用这几点作一个全面的阐述。

刘明康： 我感觉有这么几个问题，可能要引起人们的重视。

首先是实事求是的态度，这个很关键。我们自己做一件事，态度要端正，思想认识要正确。有几种观点我是不能容忍的。第一种观点是"过去也有"。过去和现在的情况是完全不一样的。这种说法认为过去北京也有沙尘，甚至拿出很多七十年代沙尘漫天的照片，照片中的人们都还没有口罩，是用布包着头脸。但照片中的环境污染并不是雾霾而是沙尘，沙尘的颗粒很大，是无法穿透血管进入人的内脏中去的。第二种我不能容忍的观点是"沙尘不带有致癌的化学物质"。如果真是这样，那么这些没有工业污染的成分又是如何造成癌变，诱发抵抗力下降以及不育等疾病呢？还有就是"人家也有"这一观点。方毅副总理在20世纪70年代的时候被周恩来总理派遣到英国进行访问，回国后他向总理进行汇报的时候说到，泰晤士河水已经很清澈了。当时总理十分震惊，因为他们在二三十年代的时候都曾经在英国学习过，见到过当时伦敦的环境污染。英国后来撤掉了泰晤士河两岸的工厂，进行了治理工作，河水又恢复了清澈。方毅副总理当时就注意到了污染的问题，污染不单单是"人家也有"，在进行治理之后，人

家的污染也会没有。

我们对待污染问题，不应该等到严重成灾的时候才着手解决。还有一种观点认为雾霾的发生是自然灾害，这也是我所不能同意的。雾霾并不是自然灾害，我们自己不努力解决问题，还反过来说这是天灾，这是不应有的态度。所以我非常赞同中央气象台的一点就是，在进行天气预报的时候将雾和霾分开，有雾不一定有霾，但是当雾霾出现的时候，雾是多少级，霾是多少级，这一定要区分清楚——这也说明了一种实事求是的态度，我认为是应该坚持的。雾是一种自然现象，甚至可以成为有利的现象，但霾完全是人为的现象。PM2.5小到可以直接进入人的血管、内脏，甚至现在还有研究发现大量PM2.5进入大脑，会对人的身体产生影响，对儿童的危害尤大。现在中国人口占全世界人口的20%，但癌发病率占全世界人口的26%，肺癌发病率甚至占到了42%。之前我们的第一杀手是心血管病，但现在却是肺癌，排在它之后的是消化道癌和胃癌。所以我感到企业家们持续参与到世界最前沿的会议中是非常必要的。

对待起因问题我们也要有实事求是的态度。有的观点认为雾霾是烧秸秆造成的，这一点也经不起推敲。我在60年代下放到农村的时候就经常烧秸秆，这在农村是十分常见的现象，但当时并没有雾霾产生。烧烤和汽车也不可能引发雾霾，问题的源头一定是工业污染，比如燃煤、炼焦。我也曾经在钢厂工作过，参与过炼钢、轧钢。炼钢实质就是将硫和磷脱掉，而造成严重污染的很多物质都是硫化物和磷化物，因此发电厂、钢铁厂和石化厂工业带来的污染是极大的。但这一事实是可以转变的，马克思主义最重要的原理就是强调在尊重客观条件的前提下，发挥人的主观能动性。强调人的主观能动性是我们唯物辩证法和唯心法的一个重大区别，人是可以发挥自己的作用，这是企业家们要看到的。

企业治污、防污是非常重要的，如果一家企业能将治污、防污计入KPI（Key Performance Indicator，关键绩效指标）里，并且能够为了给社会多做一份贡献而提高生产成本，那将是非常值得我们敬佩的。在河北这样乌烟瘴气的钢铁大省里，德龙可以做到零排放、全封闭，包括最后妥善处理污水，这并不简单。

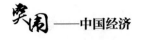

企业家群体和NGO组织结合起来发挥作用也是非常重要的一点，因为群体的组织是最强大的。脱离民营企业家组织，我并没有看到更好的出路。在提高全要素生产力、提高文明和科技水平方面，亚布力论坛和阿拉善SEE基金会都起到了非常重要的作用。

在雾霾治理方面，政府发挥作用的重要性无须赘言。所有在这方面成功的国家都是两套手段相结合，一套是行政手段，另一套是市场手段，这二者是并重的。行政手段即政府要做有效的监管，确立严格的标准，同时还要有激励机制，如果达标和不达标的待遇一致，那么这对参与环保的积极性是严重的打击。激励机制的办法有很多，比如长期的优惠贷款，因为设备的采购需要大量的资金投入；还有对提供社会租赁的租户进行让利，使融资的利率和成本降低。市场手段便是让市场来起作用，从市场机制的建设中来解决碳排放、污染物排放的问题。

政府也一定要率先有所作为。举例来说，可以对河北省前200名碳排放大户进行限制，每年规定碳排量的指标，超过指标的排放量需要购买，价格也呈梯度向上。同时将企业用于购买碳排量的资金用于植树造林及环境保护。

陈东升：我们企业家群体对于环保问题的觉醒非常必要，雾霾问题已经是一个关系到中华民族未来的大问题了。我2016年出差很多次，其中有四次并没有选择飞机。一次从北京前往武汉，一路上大约有两百公里的行程尽在雾霾的笼罩之中，给人一种同死亡亲吻的感觉。这让我感受到雾霾不仅仅是一两个地区的污染造成的，其背后的源头是我们中华民族过去30年的工业发展，是我们追求经济成长和幸福生活所带来的"超级副产品"。而我们亚布力论坛的企业家们一定要在这件事上起到带头作用，除了公司改进、资助智库进行研究之外，我们还要调动科学家及其他因素，从自身开始来进行更多的理性工作。GDP是政府主导下的企业家们创造的，我们更应该负起这份责任。我在北京生活35年了，过去冬天的寒风在今天却是吹散雾霾的救命的风，这是很令人难过的。

马蔚华：2017年春节后我去了一次三亚，发现房价上涨了至少30%，原因就是北京的雾霾。明代的薛蕙有诗曰"长安城中不可留，风尘日日使人愁"，如今可以改为"北京城中不可留，雾霾日日让人愁"。穹顶之下，雾霾围城，有人选择逃离也不足为奇。但远走三亚并非长久之计，就像那句俗语所说：躲得了初一，躲不了十五。常年居住北京的人们仍然要回来，事业还在这里，逃离并不是办法。

除了逃离，还有人选择惊恐或是沉默，世间百态在雾霾面前体现得淋漓尽致。而在我看来，面对这样一件事，关键点在于选择怎样的态度。《纽约时报》的专栏记者布鲁克斯曾做过一个实验，假设西半球的人类在未来将丧失生育能力，那社会将如何？答案自然是崩溃。那么从我们的角度来讲，如果大家都觉得未来的雾霾问题无法解决，那么现在自然就会放弃，未来将毫无希望可言。雾霾已经不是一个选择的问题，而是我们必须要去主动面对和治理的问题。我十分赞成刘明康主席的观点，治理雾霾首推政府的带动作用，因为个人的效益远远小于成本，只有全社会行动起来才能提高效率。政府应通过立法的手段，使造成污染的群体付出更高的代价。

2016年我曾在欧盟和巴罗佐进行过一次讨论，内容是对航空公司的燃油限制较为苛刻的问题。实际上欧盟对于各国家污染治理的要求都极为严格，在2012年执行的规定中，凡欧盟国家一年内雾霾天数达到35天就要被处以4.5亿美元的罚款。因此，我们的政府在这一问题上也应向欧盟学习。政府在制订法律的时候往往不愿太过严厉，担心会影响GDP的发展，但我们依靠污染行业来提高GDP，这一问题一定需要解决。目前，我们所缺乏的就是一个严格的标准。

还有就是总量控制的问题。目前我们对水资源的控制比较严厉，但是对整体的排放量控制不够严格，在这一点上应该加大力度。如果在水资源和排放量这两方面的控制都能保持严格的标准，那么污染问题将会有很大的改善。至于结构调整、发展理念等，这其中我们更应重视绿色金融的作用。

何谓绿色金融？我的理解它分为两个层次：一是金融的发展和环境保护要相协调、可持续，金融政策制订和信贷资源的发放及风险管理要符合标准；二是金融企业本身要符合绿色的标准，加强对自我的约束。政府的作用固然重要，但在污染治理方面则需要企业家的积极配合。下面，我从金融的四个角度来谈这个问题。

第一点是间接融资。在现阶段中国的银行中，间接融资仍占有60%~70%的比重，所以银行的绿色信贷十分重要，我称之为"过滤器"。在我任招商银行行长的时候，对造成环境污染的非绿色企业均一票否决，而对那些对污染治理有功的企业则给予支持。在刘明康主席任职银监会期间，便制定了较为详细的绿色信贷原则，到2009年已经形成了非常完善的评价体系。

第二点是直接融资，包括绿色股票。像德龙这样的绿色企业便可以享受IPO绿色通道。其他非银行业的还有绿色基金、绿色租赁、绿色保险等。

第三点是绿色的交易市场，主体即碳排放市场。严格来说，碳排放有它自身的金融体系，具有流动性，可作为金融产品来进行交易。有总量控制才会有碳排放市场，即节省了碳排放便可获得收入，超出了排量便要付出经济代价。

第四点是整个绿色金融的服务体系，目前来说还非常薄弱。这个体系应包括评价、中介机构、律师会计评估体系等，这些都是现在所缺乏的。这不仅仅是金融的责任，更是一个发展机会，这是值得我们的企业家们进行思考的。

还有一点便是金融机构如何与公益组织相结合。现在的很多NGO组织有这一方面的专家，并且进行了大量的投入。而将来的银行会面对"绿色风险管理"，可以让金融机构和公益机构共同参加，我们目前还缺乏在两个领域都精通的人才。

王兵：接下来请河北的钢铁大王丁立国为我们介绍一下他面对工业污染的做法，因为他的企业是现在雾霾治理的重点对象。

丁立国：我简单介绍一下德龙目前的情况。在2017年春节之前，全国范围内大约有四十家媒体到我的工厂集中进行报道，重点关注了我们的污水处理问题。按照国家标准，将污水处理到中水初水的程度即可，但由于河北省的标准更高，而我们工厂的标准要再高一些，所以在报到现场，有人直接饮用了我们处理后的废水。我们工厂采用的是反渗透的净化方式，因此排出的污水都达到了饮用水的标准，但也增加了成本。

  这样做的原因有几个方面：一方面是我也加入了阿拉善SEE基金会，因此必须要有企业家的担当，主动去承担环保的责任；还有一方面是生存的压力。邢台市在前几年是全国雾霾最严重的城市，出于绿化和治理污染的考量，我们在那里的工厂有被关停的风险，因此我也主动去与政府交涉，希望能获得整改的机会和时间。得到批准后，我先后前往日本、韩国、德国、美国等国家的工厂及环保机构进行学习，将工厂内从脱硫开始的水、气、渣、尘包括工厂周边的植被都进行了改造。为了工厂周边的环境治理，我租了两千亩耕地进行植树，从美国引进了一种名为"美国柳"的树种。这种植物在重金属污染严重的环境下都能很好地生长，我们共计栽种了40万株美国柳。在废气处理方面，我们采用了高新技术，将煤气和蒸汽排出后再回收进行发电，目前工厂的自发电占比为65%，而这样发电的成本为每度电0.26元，远低于购电每度0.6元的价格，通过技术的调整已经创造了效益。其他污染严重的钢厂可能浓烟弥漫，但我们钢厂的高炉平台是完全闻不到煤烟味的。在废渣处理方面，过去工厂的废渣都是直接排掉的，每座钢厂都是渣山遍布。我们为此专门从日本购进了设备，将废渣磨细后做成渣子水泥，更促进了水泥生产上的环境保护。目前水泥中废渣的添加量占比为30%~40%，这对地产行业也能做到节约成本。在粉尘处

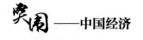

理方面，我们有两种选择。一种是用设备回收后进行二次利用，还有一种就是回收后交给云南的一家我们投资的处理企业。因为有段时间铅、锌资源严重缺乏，这家企业购买全国电厂、钢厂的含有贵金属的灰进行焚烧回收。甚至在用车方面，我们工厂的翻斗车、推土机都可以做到不使用柴油而使用天然气，同时最近我们还在进行使用电动车进行作业的实验。

在邢台工厂的改造之后，我们将之推广到保定和唐山的工厂，现在我们的任何一家工厂都不会再经历因环保问题而关闭的风险。过去的工厂可能乌烟瘴气，但现在完全是青山绿水。

陈东升：这些改造用了多长时间？

丁立国：大概三年时间，投资的成本大概是十几亿元。现在政府领导到我的工厂进行考察，说得最多的一个词就是"没想到"。我们现在仍在进行更多的研究，争取做到无烟工厂，虽然这已经不属于雾霾的范畴了。

在工厂整改治理上我个人的感悟是，企业家要顺势而行，有担当，不能用搪塞、贿赂的方式来逃避问题。

陈东升：如果中国的钢厂都能做到像你这样，那可能我们的雾霾很快就会消失了，但这也需要时间。

丁立国：进行改造涉及的很重要的一个因素就是资金，如果没有资金，一个钢铁厂想生存将非常困难。但进行改造不仅仅是一个钢铁企业的资金和技术问题，更是责任问题。

王石：我进行一些补充。我个人有一个观点：绿色是企业的竞争力。万科这么多年下来，一直是走在先知先觉的道路上的。在大家不注意环保的时候我们做环保，在大家不搞绿色的时候我们搞绿色，因为不搞绿色就失去竞争力了。万科此前的建筑在绿色标准方面便百分之百达到了国家三星级的标准，现在已经精确到了将误差控制在毫米范围。2016年万科经历了非常困难的一年，但经营规模从2500亿元上升到了3700亿元，其核心竞争力之一就是绿色。如果说此前绿色作为竞争力没有借鉴性，那么立国对污染重灾区的钢铁厂的改造一定具有说服力，既然他可以做到，那么其他的企业同样可以做到。

丁立国：大家对于雾霾的意见和观点我都同意，另外再进行一些补充。邢台雾霾严重的一个重要原因就是城市规划问题。现在的城市都是环形向外扩张，但邢台距太行山十五公里，由于历史原因，现在钢铁厂、电厂、炼焦厂分布在城市四周，大风过后，污染物被太行山挡住，全部落到邢台。因此我也向政府领导建议选择对新区进行重新规划。

何启强：目前在治理雾霾问题上，我们存在地方和中央思路相左的问题。我在保定市投资了20亿元，买下了几座热电厂并进行了改造，拆掉了原来工厂中一半左右的烟囱，氮氧化物和硫化物的排放量也减少了50%，对于节能减排有很大的推动作用，当地的政府领导也希望我能尽快开工。但由于办手续要耗费大量的时间，需要盖几十个公章，至少要一年的时间。因为这样节能减排的工厂是符合国家大政方针的，对环保也是利好，所以在经过一番思量之后我第一次做了违规的事情，在手续完善前就开了工厂。中央环保局来调查之后，关注点不是工厂是否有节能减排的实际举措，而是纠结于手续的合法性。因此，目前工厂仍不能开工，还在等手续，有效的节能减排项目进度大大放缓，这完全是一种本末倒置的做法。我们应该坚持的是以结果为导向，而不是紧抓每一个中间环节。

丁佐宏：我认为今天的雾霾和人类的贪婪（包括我本人），是有很大关系的。由于我们的贪婪，不断地创造更多的财富，而创造更多财富的同时采用了一些不科学、不合理的做法，导致了雾霾的出现。

值得我们反思的一点是目前严重的资源浪费。举例来说，城市的住房过剩，即使是一线城市如上海、北京，也不能保证90%的住房有人居住，更遑论三、四线城市。我们消耗了大量社会资源建造住房，但最终却不被利用，这便是一种浪费。还有就是生活上的浪费，平日过于铺张。因此我认为这是我们的文化和教育甚至生活方式出现了问题，需要从自身做起，改变浪费严重的问题。

陈东升：解决雾霾不能只靠一两个人的努力，需要进行社会动员，用理性的力量、法治的手段来实施措施，企业家们更应该以立国和王石为榜样。他们能够做到，我们其他的企业也一定可以做到。雾霾问题虽然严重，但在治理上也是很有希望的。

寻找中国"钢铁侠"

埃隆·马斯克因经历、气质被称为现实版的"钢铁侠"。他热衷于科技发明和创业、创新，缔造了 Zip2、Paypal、SpaceX、Solar City、Hyper loop One 等公司，涉及在线支付、汽车、太阳能、航天技术等领域。寻找我们的"钢铁侠"，就是寻找我们的企业家精神，寻找充满想象力和创造力的新生代企业家。

在 2017 年亚布力中国企业家年会上，就中国青年一代的创业、创新问题，新希望六和董事长刘畅、英雄互娱创始人兼 CEO 应书岭、摩拜单车 CEO 王晓峰、云洲科技公司创始人张云飞、一亩田创始人邓锦宏、昆仑鸿星文化体育投资首席执行官廖志宇、WME-IMG 中国 CEO 马晓飞进行了深入讨论，亚布力青年论坛轮值主席陈奕伦主持了该场论坛，亚布力论坛名誉主席刘明康、时任中国房地产业协会副会长任志强、云南红酒业有限公司董事长武克钢、武汉当代科技产业集团股份有限公司董事长艾路明、清华大学经济管理学院院长钱颖一进行了点评。

陈奕伦：青年论坛开始于2014年，是亚布力论坛专门给青年创业者、学者、各界的领袖一个表现自己的舞台，除了每年的亚布力年会和夏季峰会，还有青年论坛年会，请大家多多支持。首先有请亚布力青年论坛主席、高瓴资本创始人兼首席执行官张磊先生致辞。

张磊：1971年出生的埃隆·马斯克在南非长大，后来在加拿大皇后大

学、宾夕法尼亚大学读了四个专业，后又到斯坦福大学读博士，随后创办了好几家公司。我和他交流过很多次，有几点印象比较深刻。

第一，他具有真正的跨行业、跨专业的背景。今天大家都在讲科技创新，很多时候也觉得科技创业必须出身计算机或IT专业。其实不一定，埃隆·马斯克本科学的是通识教育，研究生、博士学的是物理学，是典型的跨专业、跨界。

第二，把关于商业模式具体的盈利可能不如我们想象得那么早或那么多，埃隆·马斯克思考最多的是如何在商业模式中不断创造价值，这种精神很值得学习。现在年轻人创业遇到一些困难，很多人将之归咎于"资本寒冬"，其实也不完全是，现在新创企业的商业模式越来越空洞，也越来越雷同。所以创业失败，先别问是不是资本寒冬，而要问自己到底创造了什么价值。我觉得目前中国企业创造价值采取的大多是取巧的商业模式。我们所谓的商业模式就是"你送3公里，我送5公里；你20公里起送，我全程免运费"，这种价值创造在早期会有一个窗口机会，但长期来看肯定不行，不足以支撑一个企业的长足发展。我觉得科技创新要进入真正的科技，即使是商业模式的创新也要思考是不是在不断创造价值。

第三，人多的地方不能去。首先，在创业之初要有所思考，扎堆或者一窝蜂都不是独立思考、独立判断。其次，要珍惜自己，由于你去的都是地广人稀的地方，所以机会比较多，但换一个角度来看，困难也比较多。短期来看，认可你商业价值的人可能比较少，在这种情况下能否坚持下去，在我看来是锻炼自己的最好机会。有一定的时间来创造壁垒，换句话说就是不要过早地把自己摆到一个成功企业家的位置上。

第四，把事情做到极致，就是现在大家所讲的匠人精神。青年企业家、青年创业家更多的是抓住机会锻炼自己，再小的事情也要做到极致，做到最好。

第五，具有人文关怀、人文精神的企业家才能够走得远。企业家精神值得尊敬，能够带动整个社会的发展，带动科技新产业的发展。

陈奕伦：我们今天请到七位创业者来讲述他们的故事，然后由几位嘉宾进行一下点评。下面有请第一位演讲嘉宾新希望六和股份有限公司的董事长刘畅。

刘畅：我们公司目前拥有7万名员工，是一个典型的重资产公司，同时也是全世界第二大饲料工厂。企业的下一步发展方向究竟是什么？这是我一直以来在思考的问题。

现阶段公司面临内、外压力同时夹击的局面。外部压力来自整个农业环境的变化，行业环保要求提高，城市化导致大量农村土地闲置，从而导致农村养殖环境发生了根本变化：从过去的小散户养殖转变为今天大量资金涌进后的公司化和规模化养殖模式。就内部环境而言，我们一直以自建为主，兼顾资本并购以及跟民营企业合作，在这样的大规模、多人力的格局下，我们面临的问题其实也是中国制造业所面临的问题。

下一步我想通过去产能化、加信息化，并且在销售端通过激励和合作的方式来挖掘更多的销售模式，简言之就是着手做"互联网+"。通过调结构、稳增长等一系列改革的创新努力，我们过去三年也取得了一些成绩。2016年整个集团的销售额达到890多亿元，利润达到80多亿元，同比利润增长了15%，销售收入增长了7%。在整个行业经济比较低迷的情况下，我们保持了较大的增幅。

关于改革创新，我简单举两个例子。一方面，作为非典型的家族企业，我们一直以来都以专业化公司的特点来要求自己。在整个公司发展过程中，紧紧把握市场机遇，努力追求变革，在巩固过去经营产业的同时，将资本运用在寻找新的投资方向上。在投资上，我们更关注与我们互相促进的企业。比如消费行业，我们以农牧为背景，持续关注消费者真正关心什么，以食品消费方向为核心来打造品牌，以达到最接近终端消费者的目的。另一方面，我们不停地挖掘公司内部具有企业家精神的合伙人，"草根之本"是我们内部的一个创新基金，用来鼓励内部经理人。同时其他初创型企业如果能与我们协同发展，我们也会嫁接新的模式进行投资。在全球范围内，我们也会购买跟中国资源互补的一些产品，比如澳大利亚牛肉、新西兰牛奶，未来我们打算建立起全球的蛋白质供应链。

新希望六和能够有今天的格局，更多的是靠机制，靠挖掘合伙人，靠发现与我们优势互补的行业，从而创造我们新的经济增长点。

应书龄：很多人说英雄互娱是一个移动电竞公司或者是电子竞技公司，其实我们是一个互联网体育公司。电子竞技是未来的发展趋势之一。我刚才被记者问了两个问题：第一，你的游戏会不会对年轻人有危害？第二，你好像很喜欢做一些冒险的事情，这是不是80后应该有的特质？

关于第一个问题，很多人认为游戏是具有暴力倾向的产品，但事实是很多人并没有玩过游戏，不了解游戏。从我的角度来看，游戏的暴力程度远远比不上影视文学。举个例子，根据有关部门的规定，中国的游戏里如果杀掉一个人，是看不到血的，但我们却可以在电影里找到大量血腥的镜头。游戏和电影都只是一种传媒方式，而游戏只不过可以连接用户和媒体，从而实现进一步互动。与电影相比，我认为游戏反而是更先进的、可以代表互联网的一种传媒方式，关于对游戏的沉迷，我觉得可能还比不上香奈儿等奢侈品牌对消费者的吸引力。

关于第二个问题，是否冒险只有80后的人才具备？其实，冒险代表的是一种企业家精神。有朋友带我去看大白鲨，我们被工作人员丢进一个大笼子，撒了一点肉在海里面，鲨鱼就来了，就像脚本一样是被规定好的流程。对未来保持好奇心是很重要的，那种期待就是我跳进海里并不知道我会看到什么。所以，冒险精神不是80后所特有的，很多60后、70后企业家，当年也是因为对这个世界有着强烈的好奇心，才勇于突破和创新，从而拿到了时代的红利。

其实，互联网体制背后有很多规律性的东西。我们在做文化出口的时候，会发现优质的文化产品是能够跨越国界的。英雄互娱在印度尼西亚有5000万用户，每天有各种各样的信息上传，我们在跟用户交流的时候发现，我们只需要做好内容就足够了。

内容创新是一个痛苦的过程，需要超乎常人的耐心。这种超乎常人的耐心，最后换来的就是现在大家所说的IP。IP是什么？IP其实是潜移默化的一种东西。当我们在生产和制造IP的时候，我们会发现机会无处不在，会发现所有的努力、所有的认真都是值得的。内容就像真爱，真爱总是值得等待。

王晓峰：我最早做摩拜单车的时候，是想在赚钱的同时帮助缓解空气质量下降尤其是雾霾日益严重的问题。

以北京为例，每天街上奔跑着300万辆车，单双号限号的时候也可以达到240万辆。那么，有没有一些出行方式可以解决、缓解北京的拥堵，也使得出行变得更方便？

我们分析了政府主导的80%的公共自行车项目，发现这中间存在着很大的机会。如果只把它叫作自行车出租，利润特别微薄，因为有好几方的企业需要从中再次划分利润，比如自行车制造商、技术服务商等，而政府

的预算是有限的。因此，针对既有的800个城市公共自行车项目，我们做了一些改变。第一个改变是改造整个价值链条，把自行车的生产、制造、软件提供和运营都放在自己手里。第二个改变是让10万、20万、50万车主不再开车或选择出租车出行。曾经在华盛顿世界银行的门口，我们发现了一个自行车站点，有10个自行车车桩，于是我们两个人每人花2美元骑到了白宫。在回去的路上，我们一直担心找不到车桩，到了后确实只有1个空的车桩，就要为另一辆车到处去找空车桩。车桩给大家带来了极大的困扰，包括使用、租借、归还的不方便，以及支付的不方便。如果我们能提供一种服务，使大家想用自行车的时候随时能用，想归还的时候也可以随便停在马路两边不影响交通的地方，这样就能解决人们使用公共自行车的不便，从而促使更多的人使用这个自行车服务。其次，我希望价格能够低廉到社会金字塔最基层的人也不会觉得贵，所以我们把价格定在了1元、0.5元。

现在我们发现，大家开始喜欢使用摩拜单车了。我们在每辆车上安放了一把智能锁，这个智能锁内含GPS、感应器和锂电池，能够帮助我们定位每辆车的位置，极大地减少人力的运维费用。当我们试图打造一个对人有帮助的产品和服务的时候，会有很多人跟我们一起来爱护和维护这个产品，比如在路边划定白线区域，把车停到停车点等。

我们在2016年4月22日正式推出这个产品，到今天产生的骑行超过2亿次。以深圳为例，每天因为骑自行车所减少的碳排放相当于减少1.6万辆汽车上路产生的碳排放。同样的逻辑，如果在北京和上海，我们能够说服另外60万人不开车或不乘坐出租车，那么我们就可以使城市的交通变得更加通畅。我们希望三年之内在中国的大、中、小城市投放超过1000万辆以物联网为基础的自行车。

邓锦宏：农业是中国最古老的行业。一个数据是截止到2016年10月，中国的农业合作社已达到175万家，覆盖了中国42.7%的农户。以大田作物为主，全国农作物耕种收割综合机械化率为63%，现代化农产品产地批发市场数量迅速增长，标准化检测中心也迅速建立。另一个数据是2016年人口普查显示，45岁以上从事农业的中老年人人数越来越多，这验证了现在都是老人在家种地这一现实。

现在生产资料发生了变化，生产方式和硬件发生了变化，销售渠道也发生了变化。以上这几点变化最核心的内在驱动力有四个：一是城镇化，越来越多的年轻人往城里跑；二是消费升级了，除了吃好，人们还想吃得安全，吃得有故事；三是生产规模化，由一亩、二亩地的散户慢慢流转到大户手里；四是技术升级。

那么一亩田在做什么呢？在经历一些风波之后，我们回到以农产品B2B为核心的运营模式，帮助老百姓解决卖货的问题。现在我们服务了300万农业大户，除帮他们销售产品外，还帮助他们购买好的生产资料，如种子、农药、化肥、收割机等。因为有了足够的交易和数据量，我们开始对用户进行信用评级。

未来中国农业会发生怎样的变化？首先，规模型的中小农场会越来越多，尤其是30~300亩的规模。我本人不是非常看好上千亩的规模合作社，因为投入太大、管理成本太高。其次，产地服务会以市场需求为导向。再次，生产和经营决策越来越依赖现代化的技术工具。所以未来一亩田会做好农产品的撮合，同时对买家进行分级，为产地产品提供服务。

一亩田为什么能走到今天？我觉得这跟我当初成立一亩田的初衷有关。2009年我还在百度工作，当时百度要做一个农村公益活动，但在收集资料的时候，我们发现网络上关于农村以及农产品的信息非常少，于是我就想着如何进一步完善农业的相关信息，于是就离开百度成立了一亩田。六年来，我们经历了起起伏伏，但是每一次通过不懈的努力，我们都挺过来了，最根本的原因就是坚守住了我们的使命。

未来我希望实现三个目标：流动更高效、生产更科学、食品更安全。在农业领域，我们坚持了六年之后，才开始理解农村、农产品和农业，未来我们希望有机会跟大家做更多的分享和交流农业的变化，也希望有更多的人关注农业。

廖志宇：我们公司的人都具有做投资和投行的背景，现在希望做中国第一个具有国际水准的体育俱乐部，而且是冰球俱乐部。中国本身缺乏可以在国际联赛中竞争的队伍，不管是中超还是CBA①而且没有职业的冰球俱乐部，所以我们的起点相对较高。作为一个圈外人，只有打破这个圈子的做事方式才有可能成功。

圈外人转身投入体育行业，这一趋势很多人认为非常具有历史意义，我们也从中总结了一些独特的经验。第一，体育风口正当下，很多企业都在尝试转型做体育，我们必须严格要求自我。竞技体育最终的结果就是要赢，所以对俱乐部本身的管理，还有教练员、球员的管理至关重要。第二，整个梯队的建设也是一次可以帮助中国冰球行业、冰球产业重新辉煌起来的机会。为此，我们建立了一套非常完整的梯队系统，第一梯队成立了俱乐部，第二梯队和哈尔滨共建了哈尔滨俱乐部，和国家队共建了18岁以下的俱乐部。我们还建立起了完整的冰球人才选拔和晋升体系，真正地提升了球员和球队的质量。

就目前的情况来看，国内体育行业的管理存在一些问题。就冰球行业而言，存在如下几个问题。第一，人才选拔和自身的体系存在问题。冰球行业的管理层大部分是外籍人士，中国人对冰球没有任何经验，因而需要大量的沟通和培训。第二，资源整合需要创新。我们尝试了与明星互动，邀请明星来观看我们的冰球比赛。事实证明，与娱乐整合的方式非常有效。第三，要重视和完善人才输送体。其实冰球培训是非常赚钱且极具现金流的业务，未来我们还会办冰球学院，从各个方面挖掘和培养人才。

关于具体的盈利模式，在经营过程中我们提炼出了几点：第一，营销创业；第二，赛事活动的组织落地；第三，销售和广告；第四，运动员经纪和艺人经纪；第五，衍生品；第六，版权交易；第七，基于我们自身的优势，总结出的企业财务顾问以及积累的体育行业优势。我们始于冰球，但是不止于冰球。

张云飞：无人船大家接触得比较少，我今天主要给大家讲一下无人船是什么。

---

① China Basketball Association，中国男子篮球职业联赛，简称中职篮。

2001年11月，美国正式启动无人机项目；2012年Google无人驾驶汽车获得牌照；2017年我国科技部颁布了国家人工智能专项规划，人工智能开始大规模进入我们的视野，进入我们的生活。

我们在进行无人船创业时最早从环保行业切入，首先做环境污染监测，可以监测地下污水偷排管道，也可以进行大规模水文监测，另外还可以进行海洋测量，探测水下地形、地貌。之后我们又做了海洋无人船，这是真正的无人艇，可以在海上代替人进行工作。我们填补了行业空白，所以也特别荣幸地在2014年接受了李克强总理的视察，这也标志着我们真正进入无人艇领域。

目前，工程样机以上的无人艇大约有60多种，其中美国占了一半，我们国家比较少，只有2~3种。未来无人机的应用领域会非常宽广，例如有危险且需要人做的事情都可以用机器替代，包括如核电站监测、近海监测、马航飞机失事等。无人艇的应用涉及信息支援、信息对抗、水面作战、防控反导等，总体而言是一个跟无人驾驶汽车很相似的平台，它需要感知环境，通过雷达、声脉了解水上、水下的路障，其核心是基站技术、遥控器技术、吊放技术、尾滑道技术、船坞技术、反导技术、仿真技术、测试技术等。因此，行业协同创新非常重要，因为牵扯的行业太大、学科太广，所以我们在做的无人艇海上测试基地，可以为行业产业链上的研究单位、科研机构或团队提供良好的测试和协同创新的环境。

最后，我希望可以通过对无人船技术的开发和推广，改善未来人类和大海的关系，让水面无人系统代替人来处理危险系数较高的工作。

马晓飞： IMG（IMG Worldwide）是全世界历史比较悠久的一家体育公司，1960年创立，1971年进入中国，公司创始人1999年去世之后，IMG就迷失了方向。直到2013年，WME联手银湖资本收购了IMG，合并重组为WME-IMG公司。目前，WME-IMG的业务遍布影视、时尚、音乐、图书、数字、体育等多个领域，其中，体育是该公司的重要领域之一，客户涵盖职业运动员、体育组织、体育联盟，并拥有温网、美网、高尔夫欧巡赛等多个赛事版权，并且在2016年全资收购了职业MMA综合格斗赛事UFC（Ultimate Fighting Championship，终极格斗冠军赛）

后，才开始起死回生。UFC每年会举办超过40场赛事，是世界上最大的按次付费转播平台的供应商，在超过156个国家和地区，采用29种不同的语言播出。我们针对UFC尝试进行内容和商业开发，希望打造出更多的体育赛事明星。

同时，WME-IMG作为一个成熟的体育经纪公司，正在适应娱乐化的市场趋势，积极地将体育与娱乐融合起来，将更多体育赛事推到普通观众的眼前。2016年6月份，在中国娱乐和体育产业同时崛起的势头下，由红杉资本中国基金牵头，腾讯、方源资本和分众传媒跟投，WME-IMG推出了合资公司WME-IMG中国，标志着我们正式进军中国市场。我们希望最终可以将这个公司从全球的架构中独立出来，作为一个独立运营的实体而存在，中国将拥有这个公司所有的版权以及在中国以后的永久开发权，从而使其成为独立的中资公司。我们不仅希望把全世界最好的IP顶尖赛事带到中国，也期待与中国合作伙伴共同开发属于中国自己的品牌，最终可以在中国大陆或是香港上市，以符合中国特色的叙事方式将综合格斗、电子竞技、骑牛大赛等多个赛事的优质IP带到中国市场上来。

现在很多人说，IP稀缺、难以创造，但我个人觉得在中国目前的情况是，IP太多且很多粗制滥造，也有些是仿制别人的IP，这是欺骗消费者的一个不好的现象。但现在中国消费者的要求大幅提高，粗制滥造的IP已经无法满足他们的需求，在这种情况下，我们公司准备助力引进和打造一些世界上最顶尖的IP，让中国消费者受益。

陈奕伦：感谢几位的精彩演讲，希望有更多的青年企业家、创业者、投资人加入青年论坛，来分享你们的创业经历、企业经验，更希望通过这个舞台帮助更多的青年一代，为推动国家经济发展、社会进步贡献我们的力量。

武克钢：今天听完大家的分享我认为有几点非常了不起：第一，这批青年人的演讲、宣传能力比我们强很多，我们当年只是傻干；第二，中国富不过三代，特别是民国以后，几次商业的兴起与衰落和政治变革有很大关系，但是这次世界格局的变化或许能将中国带入真正的全球化；第三，年轻人已经成为亚布力最靓丽的彩虹，我希望他们能慢慢壮大，将我们这些老年人慢慢边缘化。

任志强：我的感觉有以下几点。第一，年轻人太幸福了，知识储备很多，在科学技术发展的过程中，如果年轻人能控制或者掌握这些技术，未来中国将有很大的发展。第二，在干预市场的过程中，中国政府没有解决生产方式问题，换句话说政府不够开放，从而导致我们不得不通过其他的方式求生存。关于前面一位年轻人提到的创新问题，我觉得只有政府打破陈规，我们才能有真正的创新。第三，全世界永远要面对的问题有两个：一是如何和地球共存；二是如何与地球上生存的其他人共存。刚才这几位年轻人的演讲集中在社会分工、技术服务、技术创新等话题，这些话题的实现只能依靠企业家，因为只有企业家才能实现人与人之间的协同，所以我觉得新一代年轻人能更好地解决与地球共存以及人与人之间关系的问题。

在我看来，真正的"钢铁侠"应该能找到解决这两个问题的方法，否则无法创造出可以长足发展的盈利模式。我衷心地希望年轻人能尽快地替代我们这一代人，不是让我们死掉，而是把我们赶下舞台，从而服务更多的中国用户。

刘明康： 我分别对几位年轻人讲几句我的体会。第一位是刘畅，其实你做了一件非常伟大的事，现在人们都关心食品安全，所以这里面有无限的商机，希望你能坚持下去。在这个过程中，我希望你注意一下现金流问题，对企业来说，如果没有现金流，真的会很快完蛋。另外，也希望在发展过程中，你能逐步学会聚焦。

第二位是应书岭。衣食足而知游戏，进入角色后就不想出来的就是游戏，我送你三句话：抓生活、接地气、讲雅兴。

第三位是王晓峰。我发现许多旅游景点，游览的时候自行车会更方便。但这里需要考虑气候因素，长江以北的城市都是夏天烈日炎炎，冬天冷风刺骨，所以我建议自行车加两个小东西：一是一个兜，夏天可以把西装领带装在里面；二是湿纸巾，骑行的人抵达目的地后可以用它来擦把汗。

第四位是邓锦宏。民以食为天，现在我们也已经把过去的"以农为本"改为"农以技为先"，所以你坚持在这条路上走下去是非常对的。但是这条路难就难在最后的一公里，如果客户突然要取消订单，生鲜产品的保鲜成本会让你的资金流非常紧张。所以，最后一公里最能够体现客户体验和客户价值，做到这一点你就成功了。

第五位是廖志宇。对冰球我一无所知，但是我觉得冰球是小众化的高尚运动，要在这个领域有所作为需要做好两件事情：一是文化熏陶，二是搞好KPI。比赛、游戏、广告这三点一定要抓住，只有将这三点结合在一起，才会有更多粉丝，千万不要请太多的明星过来。

第六位是张云飞。我只是提醒一点，不要把事情估计得过高，一定要换位思考。现在不是美国比咱们早19个月的问题，而是美国无人艇和无人机技术不知道比我们早了多少年，这一点希望你能引起重视。

最后一位是马晓飞，我非常赞成你们的理念，做任何事情都不拷贝，中国人的拷贝能力太强了，坚定自我的理念，相信你的伟大事业一定会成功。

张磊： 前面我讲到要不断创造价值，人多的地方不去，我觉得这一点七位创业者都做到了。创业成功的关键在于我们能否在窗口孤独期深挖自己的价值，并不断创造价值，引领科技创新的未来。

艾路明：听了七位年轻创业者的演讲，我非常感动，也觉得我们真的过时了，青年一代很有希望，他们一方面在创造价值，另一方面在争取最大的发展。但是在发展的过程中，自身人文价值、人文情怀如何提升，我觉得这是你们需要考虑的一个问题，因为这对企业的长远发展有着重要的意义。

钱颖一：时代不一样，创业的路径也大不相同。以前是技术驱动创新，现在是市场、需求驱动创新。我们现在的驱动力属于后者，根据市场和需求来创新，未来我们是否也可以把思维的高度提升到物理学和量子力学，这可能还需要各位进一步研究。

人工智能时代的机遇

　　有了无所不在的物联网和传感器，数据泛滥也随之而来。面对泛滥的数据，如何清洗和分析这些数据则变得更加重要了。在互联网大数据里，再小的数据都是大数据，在传统的统计数据里，再大的数据也是小数据。

大趋势与次趋势

文 吴 鹰 ▶ 中泽嘉盟投资有限公司董事长

大趋势一：互联和融合

如今高科技呈现飞速发展的趋势，人类的科学水平已经达到了前所未有的高度，并以各种方式进行融合。第一，传感器和物联网将会使世界完全互联。第二，到2020年，平均每个用户将会有5个联网设备，平均每个家庭将会有10个联网设备。第三，市场上会有800亿台互联设备，全球会有超过50亿的网民。第四，高速互联网设施也在加速渗透，比如哥伦比亚已经把接入互联网作为一项基本人权，并由政府加以确定，原因就是政府已经意识到上网可以改善人民的经济状况，通过上网获取信息能够真正给人民赋权。以上这些都是当下大趋势——互联和融合的体现。但对于企业家来说，更密切的关联来自于这个大趋势之下的次趋势，这也是我所要讲的重点。

次趋势一：机器人

随着机器人的发展，未来5年内每个人都有机会拥有至少一台机器人，这些机器人将会成为我们生活和工作的助手。百度董事长李彦宏说语音在几年之内会成为主要的输入手段，其实现在已经发生了。亚马逊的Echo等其他人工智能支持的机器人已经融入了千家万户，且特斯拉车上的导航也是语音输入。另外，从教育方面来讲，机器人可以准确答出家长无法回答的问题，既避免了回答不出的尴尬，也能加快孩子的学习过程，同时语音输入也增强了学习的乐趣。

　　中国其实有望在机器人市场上分一杯羹，我认为中国制造业的重要出路就是"中国制造+智能"。这是两个概念：一个是生产制造过程要智能化，一个是产品本身的智能化。虽然德国制造业一直坚持高端制造和精端制造，但是对移动互联网、大数据、机器的深度学习还有相当多问题。只是简单地把一些问题计算机化是不够的，人工智能的发展还需要做很多事情。中国如果做好规划，是有机会到2025年后来居上的。也许很多年以后两个国家发动战争，是各派一个团的机器人来打，打输的就投降。人的肉身始终无法与机器人相比，这就是科技水平的竞争。

次趋势二：大数据

　　有了无所不在的物联网和传感器，数据泛滥也随之而来。面对泛滥的数据，如何清洗和分析这些数据就变得更加重要了。在互联网大数据里，再小的数据都是大数据；在传统的统计数据里，再大的数据也是小数据。

　　大数据有非常多的产出和应用，比如预测分析，辅助商业决策，或者用作动态的定价工具。举例来说，在汽车保险行业，通过智能汽车的动态数据来确定保费，按照你的动态驾驶记录，动态调整你的保费。如果这几天开车太疯狂，马上预计提高你下月的保费，这样你可能马上就会开车小心点儿了。因此大数据的核心就是把"数据分析"和"商业决策"结合起来，通过大量的数据分析，得出结果并应用到有意义的商业决策中，这是企业发展最重要的一环。

次趋势三：人工智能

人工智能的发展正在实现突破性的进展，而人类也正在进入人工智能时代。继围棋大战之后，前段时间德州扑克大战的双方又是人与机器。德州扑克与围棋不同：围棋是信息全面的情况下，谁的棋子多谁就赢；而德州扑克桌上的两张牌都是扣着的，在这种信息不全的情况下，人和机器大战非常难，因为变化组合太多。四个世界级高手和机器打了20天，最后人工智能赢了。这场大战非常有代表性，人工智能通过学习大量人的思维方式，再加上对牌的分析，从而避开人类设计所存在的漏洞最终取胜。

很多人认为人工智能就是机器人，其实不然，人工智能并不等于机器人。我们可以看到人工智能已经在很多方面改变了人类的未来。

首先，人工智能促进了社会的公平。人工智能可以为更多的人提供教育机会，促进教育平等：在移动互联网时代，利用人工智能在线教育可以使差距较大地区的学生受到同样水平的教育，另外人工智能还能自动判断出学生所在地的学习水平，因人而异提供相应的教育。人工智能还可以根据人的技能喜好和价值观来推荐工作，更能把工作机会由中国扩大到全球范围，变成双向选择，这样不仅提高了国民的工资水平和机会，也使中国获得了网罗全世界人才的好机会。

其次，人工智能改善了就业前景及商机。好的企业会通过人工智能对企业员工素质的提高提供很好的培训，更重要的是人工智能将帮助企业在细分领域颠覆创新。人工智能还可以造就商机，一些新的产品、新的服务也有可能击败巨型公司。也许你的企业目前在现有领域是最好的，但如何用人工智能把它做得更好，甚至为更多的小公司提供发展机会？相信未来一定有这样的高科技中小型人工智能公司为其他公司提供机会，帮助其他企业成功，这种嫁接一定会最终实现，并且出现在各个行业。

再次，人工智能大大提高了人类的生活质量。目前美国大部分癌症已被攻破，其做法就是利用了大数据。我们都知道"举一反三"很了不起，但是美国攻破癌症用的就是"举上百万反一"的推算法，用好多病历算法来推进病情发展。此外，随着人类对人脑思维方式更加深入地了解，将脑科学的发展用在人工智能上，将会大大促进人工智能的发展。反过来人工智能也将大大促进脑医学的发展。人工智能技术对人脑一些疾病的治疗，如儿童孤独症、中年抑郁症、老年痴呆症等，有望近期得到改善和突破，这不仅是大脑疾病患者的福音，对人类的整体健康也将起到很大的推进和帮助作用。而人工智能对商业最大的影响则是带来了个性化和定制化，即我们需要提前了解潜在客户的世界，比如社群、环境、上下游及周围。在人工智能时代，对客户的了解越多，越能掌握客户的需求，这样效率就会提高很多，也能够将企业和客户更紧密地联系在一起。

大趋势二：实体和电商

以上我们分析了在互联和融合这个大趋势下的三个次趋势，下面分享一下另一个大趋势，就是实体和电商。现在越来越多的实体企业和电商实现了线上和线下的打通，共同发展进步。

比如汽车行业，一般汽车销售我们都会想到4S店，但现在汽车销售正在转向线上。奥迪在英国伦敦有一个无人展厅，客户可以在展厅中看到并亲身体验到最新的车款，理解相关的参数，在店里做出购买决策并下单，整个购买过程都是没有人介入的。在美国，特斯拉是完全跳过经销商网络来进行汽车销售的，没有一家4S店，完全进行线上销售。你可以网上下单并购买车险，通过物流实现快速的汽车交付，更有意思的是还可以实现无人驾驶，购买后车会自动停在你家门口。

我们这一代企业家是幸运的，我们经历过中国的极度贫穷，有些人可能连上学的机会都没有，但同时我们又经历和成就了辉煌。虽然我是2007年之后才创业，但做了两家成功的上市公司，也是非常幸运的。

今天我们面临科技革命大爆发带来的机遇，这个机遇是前所未有的，也是全球最好的。因为世界上没有一个市场像中国这么大，它的市场规模不是以家庭为单位，而是以人为基本单位。但是机遇永远只留给有准备和有行动的人，你准备好了吗？

想象数字社会

文 刘积仁 ▶ 东软集团董事长兼CEO

　　中国企业在面对市场变化转型需要创新时，会在全球范围内寻找市场机遇，同时也面临着包括传统生产能力下降、产能过剩，以及消费者对现有产品更高的要求和期待等问题。在当下企业转型的困惑时期，我就"如何看待数字社会为每一个企业的转型和创新带来机会"这个问题分享自己的看法。

　　数字社会的定义至少有如下三个特征。

　　第一，数字化技术正在从商业和民用逐渐演变成一种独特的产品和文化。如果我们早些年拥有数字化技术，工业制造的数量会远超现在。今天

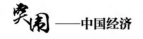

数字化技术已经成为消费品，成为我们文化和生活方式的一部分。

第二，我们生活的社会所存在的物理实体，在数字社会里是另外一个映像，两者是完全不同的，且已经在数字社会里形成了另一个由数字群体组成的空间。随着数字空间的基础设施和其所构造承载的未来商业能力的无限放大，人们身上的无线装置越来越多，全世界所有的东西都紧密连接在了一起。它们所产生的数据关联，给人类带来了另外一个从未接触过的世界。

第三，数字空间的就业人口在逐年增长。回顾过去十年，我们会发现很多工作职位之前是不存在的，完全是由新时代所创造的。同时，数字空间的存在也让大量的工作种类和岗位逐渐被淘汰。例如，贸易中介公司、旅行社等中介机构模式以及银行的传统交易模式和社会的传统教育模式，都因数字化技术的发展进行了工作种类和形式的更迭替换，创造了一大批互联网上的就业机遇。

在改革开放的30多年间，中国在基础设施、制造业等产业最自豪的变化，就是我们所拥有的数字空间和互联网的基础设施，我们所拥有的创新、连接能力，以及我们所制造的各种各样的智能终端，都能够支持日益丰富的互联网硬件设备，而使其不至于被淘汰。

中国人花费在智能手机屏上的时间可能是美国人的几倍，这显然已经形成了一种独特的文化，进而构造了一个虚拟的数字社会。除了它所带来的商业和就业机遇，未来互联网治理也将要面临极大的挑战和产业发展机会。比如网络安全问题，这就是一个巨大的挑战，也是未来一个巨大的产业发展空间。

当我们谈及数字社会时，不可避免地要谈到数字经济。数字经济正在形成一个巨大的产业规模，企业的传统盈利和价值创造模式已经被颠覆了。数字社会和物理社会最大的不同是可以跨边界，而且数字社会里形成的产业和经济规模，在未来有无限的想象空间。在这个数字社会里，中国可以凭借自身的人口规模和交易数量逐步成为一个极强的经济体，从而带动互联网文化和创新能力的发展。我也相信，中国的企业可以用最短的时间成为世界上最强大的企业，数字社会就是一个开始。

中国互联网世界独特的复杂性也使得中国人在互联网创新方面创造了自己独有的模式。BAT作为互联网平台已经成为互联网基础设施的一部分，加之中国也逐步成为强大的资金吸附国，这些都为创新转型带来了全新的发展机会。

由此可见，中国不仅拥有传统的制造业，我们也正逐步形成一个十分发达的数字化社会，为我们提供新的就业空间和转型空间。同时，所有从事IT互联网及传统行业的企业，在未来都将面临下列挑战：产品生产者对购买者需求的理解，对顾客思维的理解，特别是对年轻一代思维的理解。

此外，我们更多的变革要从现有的思考方式着手，改变对数字化社会的认知。在企业转型过程中，学会如何成为一个数字技术公司，学会思考如何在数字社会从事个人商业行为。同时，要认真识别，什么是将会在社会变革过程中消失的机会和工作，什么是即将产生的新的机遇和工作。

数字社会最大的特点就是包容与融合，尤其是娱乐和技术的融合，这是一种新型的价值创造。在这个充分融合的时代，需要我们在转型和创新的时候，重新完善自我思考，在过去看不到的空间里面重新构造全新的商业模式，从而实现转型过程中企业生命力的延续。

指数型增长

文 **沈南鹏** ▶ 红杉资本全球执行合伙人

智能时代已经来临，并且在很多行业中有了实实在在的运用。

可以说，人工智能是过去几年信息科技高速发展的重要产物。为了更好地把握智能时代，我们应该先回顾一下信息产业，尤其是互联网行业的历史发展轨迹。我有两个核心观点与大家分享：第一点是"加速演变"，第二点是"全球化"。第一点，大家很容易达成共识，但是这个"度"未必所有人都能感知到。第二点，在目前这个阶段，恐怕有些人心中是画着问号的。

"加速演变"指的是在很多行业的发展中，其增长呈现"指数型增长"，即"加速度增长"。互联网是整个信息产业发展中的主链条，全球移动数据量在过去的十几年中以40％以上的速度增长，未来还会以同样的速度递增。另一个能让大家更好地体会到指数增长的，那就是物联网。全球的网络连接设备正在爆发性增长，呈现出J形曲线。

下面是一组非常重要且有意思的数据，即全球每一个领先行业排名第一的公司获得1亿用户所需的时间成本：无线电，38年；电信，11年；社交网络（PC时代），3年；移动互联网，1年；这个例子已充分说明，我们处在一个加速增长的时代。这种现象不仅仅发生在信息科技领域，也不仅仅是互联网范畴，在生物科学领域里面，基因测序的成本过去十年从6万美元左右降到现在的几块美元，呈现出指数型下滑的曲线。

中学时听过一个数学故事，叫"国王与棋盘"：国王决定奖赏一位聪明能干的宰相，宰相说陛下只要在这张棋盘的第一个格子内赏他1粒

麦子，第二个格子赏2粒，第三个格子赏4粒，每个格赏赐的数量是前一格的2倍就可以了。国王一开始听到这个要求时，认为宰相要的并不是很多，就爽快地答应了。当麦子不断摆下去的时候，他才发现这已经远超过国家的财力所及。其实这个数字是巨大的，最后的总量居然高达18,446,744,073,709,551,615粒小麦，这个数字我们今天读都读不出来，这就是指数级和线性级变化的天然差别。今天，指数级变化对人类的适应带来了巨大考验，因为人的心理习惯于适应线性变化。很多企业家、金融家的直觉判断正是基于线性的增长变化，指数级增长的趋势将会是我们面临的一项巨大挑战。

第二个观点是关于"全球化"。虽然有些人担心全球化趋势可能会有所改变，然而在过去的十几年中，互联网作为创新技术其所带来的全球化是不可阻挡的趋势。就全球互联网用户的分布比例而言，中国第一、欧洲第二、美国第三。互联网在全球产业运用中的一个非常重要的领域是电子商务。那么，电子商务和传统零售的差别在哪里？传统零售主要是基于本地交易，电子商务本质上是全球连接，连接全球商家与买家之间的交易。它几乎在每一个主要经济体中都越来越重要，并且在过去的几年间每个国家都呈现出高速增长的态势。

　　另外分享一组数字：在过去20年间，国际贸易从1995年的5万亿元增长到2015年的37万亿元，年复合增长率高达百分之十几，远超过全球GDP增长的速度。从企业层面讲，有一个现象非常值得注意，全球500强或者全球100强企业大部分是全球性和跨境扩张的企业，这点不足为奇。但是：比较有意思的是，一些全球优秀的信息科技企业，在早期就已经开始进行全球扩张了。例如Uber和Airbnb这两家公司，发展不到六年时间，但今天它们的生意版图是全球化的；无人机领域非常有代表性的中国企业大疆创新，其超过70%的市场份额来自海外，这也同样得益于公司创业初始的全球化定位；BAT的版图当然不仅仅在中国，这点不多赘述；小米在印度市场的发展已经位列第二；京东的全球化发展也在不断创造惊喜。

　　特别提一下滴滴出行和今日头条这两家年轻的公司，最近的消息是：滴滴出行进入了巴西市场，参股了巴西本土最大的移动出行服务商99；今日头条在2017年春节期间全资收购了美国短视频应用Flipagram。这些公司在发展早期就已经把全球化作为自身战略的一部分。从企业角度来讲，全球化跨境扩张已成为他们发展的基因。

　　我分享的两个观点：一是指数型增长和演变；二是跨境扩张和全球化。这些变化与挑战背后蕴藏着巨大的机遇，相信如果企业家能够把握好这样的市场机会，现在应该比历史上任何时期更可能获得更长足的进步、跨越式的发展。

数字化趋势引领汽车行业新发展

唐仕凯 ▶ 戴姆勒股份公司董事会成员
戴姆勒大中华区董事长兼首席执行官

很多人担心中国市场的增长要结束了，在我看来，即使经济增速相对放缓，中国作为全球第二大经济体的地位将保持不变，相对于其他主要经济体而言，6.7%的GDP增长速度也是强劲稳定的。对于中国经济未来的发展，我们保持乐观的态度。

2016年，中国乘用车市场保持了良好的增长势头，持续领先美国，巩固了其作为全球最大乘用车市场的地位。我们相信，中国乘用车市场将持续稳步发展。但并非所有的市场表现都如此出色。例如2015年，中国的重卡市场出现严重的下滑，而奔驰也在该细分市场有不少投入。这让我们认识到并非所有市场都是欣欣向荣的，不同的细分市场会有不同的表现。

在戴姆勒130年的发展中，类似的情况并不鲜见。我们在不同国家、不同的细分市场、不同的时期，会看到不同情况的发展。过去，美国是世界上最大的乘用车市场，然而在金融危机的两年里（2007—2009），美国的乘用车市场销售量下降了35%，对全球的汽车市场都造成了重大影响。此外，目前巴西的重卡市场发展情况

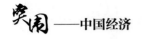

不容乐观，2016年市场较2013年下滑了71%，截至目前仍没有复苏的迹象。再举一个我亲身经历的例子：1994年，我前往墨西哥就任当地的卡车销售总监，在我到达墨西哥3个月之后，当地的货币贬值了60%，其重卡市场完全坍塌。由此可见，由于种种因素，市场是波动起伏的，后来，美国市场和墨西哥市场也逐渐开始复苏，我相信巴西也终将会恢复。因此，即便某些细分市场出现些许下滑，我们对中国车市依旧保持乐观。

而作为企业家的我们需要调整，也需要积极地应对市场的波动。只有能够更积极应对市场变革的企业家，才会成为最终的赢家。知名手机公司诺基亚在巅峰时期，其市场份额占比高达全球的40%，是当时世界上的巨型公司，但是在接下来的几年时间内，随着智能手机的不断推陈出新，诺基亚的市场份额迅速下滑，最后只能将其手机业务出售给微软公司；还有我们众所周知的公司柯达，在胶卷时代其市场份额占到世界胶卷市场的70%，但是结果和诺基亚一样，由于整个胶卷市场的萎缩，柯达的销量不断下滑，并在2012年申请破产；另外，在德国的三大豪华汽车品牌中，奔驰市场份额占比在2000年高达42%，后来我们也曾一度被竞争对手所赶超，尤其在中国市场的表现也不尽如人意。

2016年，戴姆勒邀请了亚布力理事会成员们参观了德国总部，深入了解了奔驰的历史，并一同探讨了行业未来发展的一些趣事以及奔驰为此所做的相应准备。此外，我们还拜访了一些其他德国百年企业，例如知名医药化工企业拜尔和机械制造企业杜尔，这些公司的发展历史都超过了100年。在参观学习的过程中我们发现：历史悠久的百年公司同样需要通过不断的创新才能够保证可持续的发展。

对于汽车行业来说，我们认为从以下三个方面着手，才可以更好地赢得制胜的机会。

第一，对客户以及市场需求的绝对关注。

第二，打造一个强有力的品牌——值得信任的品牌。

第三，通过创新，不断推出极具吸引力的产品和尖端的技术。

对于汽车行业而言，没有创新就很难在行业立足并获得长期发展。在2016年梅赛德斯—奔驰参加的亚布力中国企业家论坛欧洲之旅中，我们共同探讨了工业4.0。到底什么是工业4.0？我曾经认为"工业4.0"也许是咨询公司为推销服务所打造的概念。百度百科关于工业4.0的解释是："……将生产中的供应、制造以及销售信息数据化、智慧化，最后达到快速、有效、个人化的产品供应……"。回顾工业发展的不同时期，我们可以看到：工业1.0是机械化生产，以水动力、机械动力为主；工业2.0是大规模的生产，以电力驱动；工业3.0是借助电脑实现自动化生产；现在我们谈到的工业4.0，更多的是生产制造的智能化以及数据化的体现。对于汽车行业来说，数据化的大趋势也将带来革命性的变革，而且这种变革是贯穿整个行业链的，从设计、研发和测试，到生产和供应链管理，并延伸至销售服务。以下我将跟大家分享对戴姆勒而言，工业4.0在前两个方面给我们所带来的一些影响和机遇。

数字化和工业4.0使得戴姆勒可以减少很多实体模型的开发，尤其是在使用了虚拟现实技术以后，我们可以让世界各地研发中心的研发人员无须出差，也可进行同步测试。另外，在不降低任何安全标准的情况下，我们也应用数字化的路测以及碰撞测试。利用这种先进的演算法和数字化技术，我们可以节约大量的开发时间及成本，也进一步提高了车辆的安全性。

此外，在生产方面，工业4.0也带给了我们的不少改变和影响。此前，机器人的应用很大地提高了生产效率，但如果生产流程出现任何改变，相应的程序调整也将花费大量的时间和成本。在工业4.0时代，人机协作会进一步增强，这不仅会降低成本，也可以大大提高灵活性，以便更快速地满足客户需求。又例如说，每个生产设备都会有出现故障并停机的时候，对设备维护花费的时间也会影响我们的生产效率。但在未来，我们可以通过演算法预计设备可能出现问题的概率和时刻，并提前制订好维修计划，以确保生产的顺利进行。

因此，我们必须承认工业4.0并不仅仅是咨询公司的一种噱头，其鲜明的特点和独特的优势会改变我们接下来的工业发展走向。而这不仅仅关乎于汽车行业，对于整个制造业来说，都将来带来更多的创新和机遇。

对于汽车行业而言，我相信在接下来的10~15年中，我们所看到的变

化要大于过去130年所积累的变化，这些变化将是什么呢？首先，电力驱动车辆将会更加普遍，尤其在中国市场会有越来越多的电动汽车。其次，自动无人驾驶也终将实现，司机和乘客将拥有更多路上的时间。因此，智能互联功能也将大有作为，并改变客户未来使用汽车的方式。最后，共享出行也是行业的大趋势。

对于梅赛德斯—奔驰而言，我们要确保在接下来的130年以及更远的未来持续拥有创新和转型的能力，并成为新四大趋势的驱动者。为此，在戴姆勒内部我们创建了名为"C.A.S.E."的新部门，其中C是Connectivity，智能互联；A是Autonomous Driving，自动驾驶；S是Shared Mobility，共享出行；E是Electric Drive，电力驱动。这个部门将主要负责开发适应C.A.S.E.新潮流的下一代梅赛德斯—奔驰车型，这些车型必定会是拥有尖端技术和极具吸引力设计的创新之作。2016年，各位在奔驰之旅中也看到了一些这样的奔驰未来车型，并与我们的设计总监进行了沟通与分享，希望你们也感受到这些车型的创新性和吸引力。

而正是包括持续创新在内的各种努力，让梅赛德斯—奔驰在2016年有了突出的表现，凭借208万辆的销量重夺豪华车全球销量冠军，这比此前计划的2020年提前四年实现了该目标。这份成绩同样得益于包括大家在内的中国客户的大力支持，中国作为奔驰最大的单一市场贡献巨大，销量同比增长高达27%。

这并不意味着我们可以就此停下脚步。未来，汽车行业所面临的挑战之多大家有目共睹，但我们依旧有足够的勇气和信心来应对。我们会继续努力，为大家提供更好的产品，不断地创新。中国拥有巨大的市场优势，我希望也坚信：在未来的世界经济发展中，中国一定会取得巨大的成功。

我答"钱学森之问"

文 **钱颖一** ▶ 清华大学经济管理学院院长

全世界可能没有任何一个国家比中国更加热衷于创新。国家把建立"创新型国家"定为战略目标；企业把创新作为转型升级的重要途径；大众创新、创业的热情空前高涨，《从0到1》这本书在中国的销量超过全球其余国家的总和。但是我的一个判断是，中国要成为创新型国家，不缺创新的意志、创新的热情，也不缺创新的市场、创新的资金，最缺的是大量具有创造力的人才。

中国是世界上人口最多的国家，也是世界上在校学生最多的国家。中国高等教育在学规模3600万，高校在校生2700万，高校每年录取本科、专科学生700多万，这些数字都是全球第一。中国经济GDP总量是全球第二，占世界经济总量的1/7。不过，相对于巨大的人口规模、潜在的人才规模以及巨大的经济总量，具有创造性的人才数量无论是在科学技术成就、人文艺术贡献方面，还是新产品、新品牌、新商业模式方面，都显得很不相称，不令国人满意。

缺少创造性人才，教育首先受到诟病。这让我想到"钱学森之问"：为什么我们的学校总是培养不出杰出人才？虽然钱学森他当时是针对学术研究而言，但这个问题可以推广到各个领域。更现实的问题是：相对于我们对教育的投入，相对于我们的人口规模，相对于我们的经济总量，从我们的教育体制中走出来的具有创造力的人才为什么这么少？

过去十年，我在清华大学经济管理学院担任院长。这十年的经历让我确信，我们的教育体制，有它的长处，所以才有迄今为止的经济增长，但也有它致命的短处，尤其不利于杰出人才的成长，不利于创新。其中的一个问题，就是我们对教育的认识，过于局限在"知识"上，教师传授知识，学生获取知识，好像就是教育的全部内容。"知识就是力量"这句话深入人心，不能说是不对的。但是，创造知识的力量又是什么？仅靠知识就能创造新知识，就能产生创造力吗？我看不一定。创造力需要知识，但不仅仅是知识。

人的创造性或创造力从哪里来？我有一个简单的假说，就是创造性等于知识乘以好奇心和想象力（creativity＝knowledge×curiosity/imagination）。这样一个简单的公式马上告诉我们，知识越多，未必创造力越大；所以，创造力并非随着受教育时间的增加而增加。但知识通常是随着受教育的增多而增多。经济学家度量"人力资本"的通常做法，就是计算受教育的年限。但是，好奇心和想象力与受教育年限的关系就没有那么简单了，其很大程度上取决于教育环境和方法。我们有理由相信，儿童时期的好奇心和想象力特别高。但是受教育越多，好奇心和想象力很有可能会递减。这是因为，知识体系都是有框架、有假定的，好奇心和想象力往往会挑战这些假定，突破现有框架，这在很多情况下并不正确，所以会被批评，但是在客观上就容易产生压制好奇心和想象力的效果。在我们国家的应试教育制度下，情况更糟，当学生学习的目的是为了好成绩，教师教书的目标是传授标准答案，那么教育越投入，教师和学生越努力，好奇心和想象力被扼杀得越系统化、彻底化，好奇心和想象力的减少程度就越大。

如果创造力是知识与好奇心的乘积，那么随着受教育时间的增加，前者在增加，而后者在减少，结果作为两者合力的创造力，就有可能随着受教育的时间先是增加，到了一定程度之后会减少，形成一个倒U形状，而非我们通常理解的单纯上升的形状。这就形成了创新型人才培养上的一个悖论：更多教育一方面有助于增加知识而提高创造性，另一方面又因减少好奇心和想象力而减少创造性。这两种力量的合力使得预测教育对创造性的贡献很难，但是能解释为什么有些大学辍学生很有创造性。

对我这个假说的一个支持是2016年7月31日美国《纽约时报》的一篇

报道，介绍了一项中国、美国、俄罗斯三国教育学家正在进行的研究。在对电子工程和计算机专业大学生"批判性思维"能力的初步比较中，发现一个有趣的现象：在大学一年级的学生中，中国学生的批判性思维能力测试是三个国家中最高的。但是，在美国和俄罗斯，大学三年级学生比大学一年级学生的批判性思维能力要高，而中国大学三年级学生比大学一年级学生的批判性思维能力要低。这似乎表明，中国的大学在批判性思维教育方面起的是副作用。由于批判性思维能力与创造性思维能力有一定的相关性，所以这个证据与我前面的猜想是一致的。

所以，我对"钱学森之问"有一个简单的回答：不是我们的学校培养不出杰出人才，而是我们的学校在增加学生知识的同时，有意无意地减少了创造力必要的其他元素，就是好奇心和想象力。如果这是对的话，它对大学教育改革有重要的含义：大学除了教授学生知识外，还要创造一种环境，尽力保护和鼓励学生的好奇心和想象力。我对"钱学森之问"的回应是，创造力的产生不仅仅是培养问题，更是环境是否宽松问题。这是我这些年来一直试图在推动的大学改革。

我下面把以上的想法进一步扩展。比好奇心和想象力更一般、更深层的因素——英文有一个词叫作Mindset，中文翻译成思维模式、心智模式或心态。好奇心和想象力是思维模式、心智模式、心态中的一种。所以，我更为一般性的假说是，创造力等于知识乘以心智模式（creativity=knowledge×mindset）。

斯坦福大学心理学家德韦克（Carol Dweck）写过一本书，英文标题是《Mindset: The New Psychology of Success》，中译本标题是《看见成长的自己》，并没有翻译Mindset这个关键词。Mindset这个词很重要，它不仅是一种能力，更是一种价值取向。创造性心态是一种永不满足于现状、总想与众不同的渴望。

下面我举四个人的例子从不同角度说明具有创造性的人的心智模式特征。

第一个是爱因斯坦（Albert Einstein），他的"简洁思维"。爱因斯坦的心智模式是相信世界是可以被简洁的理论理解，并可以用简洁的公式表述。他说过，"如果你无法简单地解释，就说明你没有理解透彻"（If you can't explain something simply, you don't know enough about it）。在他看来，科学研究不是为了智力上的快感，不是为了纯粹功利的目的，而是想以最适当的方式来画出一幅简化的、易领悟的世界图像。所以，推动他的创造性的动力并非来自深思熟虑的意向或计划，而是来自激情。

第二个是乔布斯（Steve Jobs），他的"不同思维"。在面对IBM这样的大公司在计算机领域的霸主地位时，乔布斯的心智模式是我要与你不同。长期以来，IBM的座右铭是创始人沃森提出的"Think"（思考），这就是ThinkPad名称的来源。1997年，当乔布斯重返苹果时，公司正处于低谷。他花重金为苹果设计了一个划时代的广告，在展示出包括爱因斯坦、爱迪生、毕加索等杰出人物之后，推出的最后广告词是"Think different"，就是"不同思维"。

第三个是马斯克（Elon Musk），他的"反直觉思维"。马斯克的心智模式受到物理学的影响。他从量子力学中受到启发，发现在量子层面的物理规律与我们在宏观层面的物理学直觉往往是相反的，却是正确的。他从中悟到，不能跟着在通常世界中形成的直觉走。马斯克还推崇用"物理学第一原理"，也就是一种"追究最原始假设"的方式思考，而不是人们通常用的"类比"方式思考，他运用此逻辑去打造可回收的火箭。这就是原始创新与边际创新的差别。

第四个是蒂尔（Peter Thiel），《从0到1》的作者，他的"逆向思维"。蒂尔的心智模式是"contrariant thinking"，但这种"逆向思维"并不是在多数人想法的前面加一个"负号"，而是要想别人没有思考过的维度，要思考别人还没有想到的领域。比如，当别人都在讨论技术问题时，他要提出商业模式问题；当别人都在商业模式上纠缠的时候，他的思维更多地集中于技术创新。他的逆向思维不仅使他在2004年成为Facebook的第一个天使投资人，也使他在2016年美国大选中成为硅谷唯一支持特朗普的企业家和风险投资人。

在我看来，上面所描述的"简洁思维""不同思维""反直觉思维""逆向思维"，都是具有创造力的思维模式、心智模式。它们不完全相同，也不应该相同。我想强调的是，它们绝不仅仅是思维技能或技巧，而是一种心态、一种习惯。心智模式虽然在学校很难讲授，但是我相信学生自己可以在感悟中塑造。同好奇心和想象力类似，改变心智模式和思维方式需要大学尽力创造条件，培育出一种宽松、宽容的环境和氛围，让学生自己"悟"出来，让人才自己"冒"出来。这是我对具有创造力的人才产生规律的基本判断。

最后我想说，创新取决于创造性人才，创造性人才取决于教育。在这个意义上，教育决定未来。科学探索、技术突破、商业创新，仅靠知识是不够的，还需要有好奇心和想象力，还需要一种开放的、多样的心智模式。

教育，不仅是教，更是育。

人工智能时代来临

中国互联网发展已有20多年，随着网民数量的增长而水涨船高的粗放式发展模式已经基本结束，基于商业模式的创新已经转入基于技术的创新，中国互联网的下半场已经启程。人工智能将是互联网的下一幕，它将走向何方？未来的超级公司将会诞生在哪些领域？

在2017亚布力年会上，就"互联网的下半场"，宽带资本董事长田溯宁、金沙江创业投资董事总经理丁健、当当网CEO李国庆、摩拜单车CEO王晓峰、阳光印网董事长兼CEO张红梅、昆仑万维董事长周亚辉、地平线机器人创始人兼CEO余凯、易瓦特科技股份公司董事长赵国成进行了深入讨论，联和运通控股有限公司董事长张树新主持了这场论坛。

张树新：我们今天的主题是"互联网下半场"。在我看来，"中国互联网"用"下半场"这个词形容不太合适。因为大家经常讲"颠覆"，所有的商业模式都处在颠覆中，所以互联网也就不存在下半场。

今天，我们的嘉宾中，有来自"上半场"的，也有来自"下半场"的。我想请各位嘉宾用简短的语言描述一下自己是什么时候介入互联网的，现在都在干什么，做的事情和最早的创业有没有关系？

田溯宁：我和丁健1990年相识，一起做了中国最早的互联网公司——亚信。我们三年前把亚信私有化，继续探索能不能跟互联网下半场再有一些关系。

丁健：我和田溯宁过去一起做亚信，做互联网，现在主要做投资。我们不仅是互联网下半场的积极参与者，而且是"闹事者"。在金沙江创投，从最早投资"去哪儿"，到后来投资"滴滴"，我们专门"鼓动"投资。这其中，失败的十有八九，大家记住的都是成功的项目。

李国庆：我是1999年11月9日成立的当当网，17年来一直做这一件事。当当网占中国图书全部销售量的38%。在全世界的图书行业，一个企业占本国该产业20%以上份额的目前只有当当网。

王晓峰：我是王晓峰，毕业之后在宝洁工作了九年，一直在传统行业工作，对互联网有些看不懂。现在在做摩拜单车。

张红梅：其实我也算老互联网从业者。1998年做过一次产业互联网的尝试，也很愉快地接受了失败。在2011年的时候再次创办了阳光印网，也算很早就启动了互联网的下半场模式。

周亚辉：我2000年进入互联网行业，当时在清华上学，后来休学创业，做了一个社区网站叫火神网。那时候其实做得很好，用户也很多。但是，我觉得中国做产品的创新能力跟美国相差太远。那时候做中国社区网站是没有创新的，一直到Facebook诞生。现在我还是在做社区，是关于游戏和影视方面的。2015年公司上市，2016年收购了挪威的OperaAS，

买了美国全球最大的同性社交网站Grinder，然后又买了美国的第二大音乐社区网站。

余凯： 1997年，我开始做神经网络。当时人工智能还没有这么流行，纯粹出于兴趣。我记得有一次看了一本神经网络的书，竟然可以把它当成小说一样连续看三天不睡觉。我的第一份工作是在西门子的数据部门，这是一个很奇怪的部门，三十几个人做各种数据挖掘。2012年加入百度，创立了百度深度学习研究院、百度自动驾驶，还吸引了AndrewNg的加入。2015年6月1日儿童节那天离开百度，创办了地平线机器人。我们现在做嵌入式人工智能解决方案。我们认为未来AI Inside将遍布我们生活和生产的各个环节，它的数量会比人口的数目还多。

赵国成： 我接触互联网相对晚一点，觉得上半场还没开始，就进入了下半场。我第一次创业是做国际贸易，2010年创建了易瓦特公司，做工业级无人机。目前我们是中国第一批以无人机为主业的公司。之前我们做了一个监管平台，是民航局认可的中国第一个无人机大数据监管平台。

张树新： AI（Artificial Intelligence，人工智能）从2016年开始特别火，包括深度搜索、深度学习、神经网络、人工智能、智能时代。余凯是专家出身，能不能简洁地告诉我们什么叫AI？另外，既然你有百度这么好的平台，为什么要离开？

余凯： 先回答第一个问题。实际上AI这个词是1956年提出来的，深度学习的很多核心思想也是在20世纪80年代提出来的，但长期不被大家所接受。最近AlphaGo事件才把围棋和这个很神秘的技术关联在了一起。实际上，深度学习真正被大家关注，在中国差不多是从2012年开始的，在美国也差不多是2011年，未来我认为会持续风暴式地席卷整个产业界。

第二个问题，互联网改变了人和商品、信息、服务等事物的连接，但更多的是价值的转移，比如从线下到线上，并没有改变科技生产力，生产力的提升依靠的是真正的技术创新。从历史的角度来看，每个跨越性的成长一定都因为有某个技术的发展。比如20世纪80年代，正是因为美国半导体行业的发展，才带来了今天的信息时代和移动互联网。

我觉得接下来会出现一大波纯AI类的技术企业，比如说自动驾驶技术的企业、以AI技术作为核心能力去运营某种服务的公司，这两类企业未来会变成现在的互联网企业。而这两类企业，我觉得在现有的企业里面很难孵化出如百度或Google这样的公司。最近Google大量科技人才流失，我觉得是因为他们看到了一些新的机会，但是这种新的机会在旧的体制、旧的框架下不能得到很好的应用。要做好这件事，我们就需要有一个全新的思维、全新的体制，所以离开百度就成了必然。

张树新：我想问一下丁健，因为你投资了地平线。这里面有一个有趣的问题，AI技术二十年前其实就存在，但是没有应用的可能。今天AI热潮已经开始，你觉得它是在大公司中成长起来的机会多，还是在独立的AI inside公司机会更多？

丁健：这个问题就好像我当年问你，你觉得互联网是在大公司还是小公司更有可能实现。目前AI是一个非常大、非常新的领域，所以它给大家带来的想象也非常多。2016年，我在亚布力闭幕式上用核战争来比喻它的厉害程度，因为将来它对于社会和各个行业的颠覆性甚至会比互联网本身的诞生还要高几个量级。实际上，下一波人工智能的冲击会更大，现在还不能说人工智能会取代很多工作，但是发展速度一次比一次惊人。大家都知道AlphaGo，但是却忽略了2017年AI领域里的一个更大的突破，那就是在人机的德州扑克比赛中，机器人把人类最顶尖的德州扑克牌选手给干掉了。AlphaGo只是一个固定式的程序，所以它比人脑算得快大家还可以理解。但是在玩德州扑克牌的时候，人可以诈和，可以骗人，非常具有灵活性，结果机器人在这个方面都比人做得好。当然它不是真的懂怎么骗人，而是有很多概率在里面，通过概率进行计算，但是它的潜力以及由此对人类社会的冲击，怎么想象都不过分。所以比尔·盖茨和霍金都指出，AI可能是人类的一个灾难，我们需要开始管理。我觉得这个观点表达出来的AI对人类的影响程度并不算过分，但影响是好是坏我持相反意见。因此，我觉得我们不用去考虑小公司或者大公司哪个更能从中受益，这是一个巨大的领域，也是一项巨大的颠覆性技术，对所有人来说都是一个机会。

张树新：过去20年，我们对互联网做了一件事情，那就是迁徙，将各种信息、内容、视频、社交、游戏都从原子星球迁徙到了数字星球，我们的商业也是其中的一部分。但是还有一种商业形态跟这些迁徙到数字星球的形态有很大区别，这些公司就是基于已经有的互联网内容和数字化而诞生的。所以，我觉得互联网不存在"下半场"一说，一切才刚刚开始。回到另外一个问题，两年前在互联网领域，大家讨论最多话题就是BAT的威胁，对此现在大家怎么看？

周亚辉：刚才几位在聊的过程中提到了一点，那就是"中国互联网的下半场"是一个伪命题，根本不存在下半场，现在只是数字化革命的下半场，而不能算互联网的下半场。互联网这个根已经扎得很深了，所以我给自己的定位是千万不要有太高的目标。我们只做二线平台，现在美国的一线平台如Facebook、Google年收入也只能做到50亿~60亿美元。这几年，谁都没有想到移动互联网结束得这么快。如果大家是自己做市场配资，就会发现互联网领域绝大多数股票都集中在腾讯、阿里，所以他们涨到四五千亿美元绝对是大概率的事件，他们就是数字星球"联合国"的常任理事国。

张树新：2016年我问马云，你觉得将来的阿里巴巴是什么？他说应该是全球第五大经济体。这是一句有趣的话，其实这有点像当年哥伦布发现新大陆。新大陆和旧大陆是什么关系？新大陆上的人是什么时候迁徙进去的？什么是新大陆上生长出来的？我们这些人中一直在做一件事的就是李

国庆，你觉得上半场和下半场有没有关系？

李国庆：我还就不抱BAT的大腿，当当网遭受到的"战争"不断，但也没死，而且还活得挺好。零售业中，便利性销售的比重在西方国家仅占10%。但是在中国，便利性销售通过补贴，比重可以高达20%~30%。大约在五六年前，美国曾经举办过一个座谈会，他们发现如果补贴没有创造出竞争门槛和规模优势，等到撤销补贴的时候，原本被补贴所打败的竞争者就会死灰复燃。因为原本的补贴者无法继续承担高额的补贴成本，商品价格明显提高了。

张树新：我相信丁健不同意。

丁健：我其实特别同意，为什么？我们内部对这个问题争论得非常厉害，虽然滴滴目前是中国最大的O2O，早期我们也投资了"去哪儿"，但是加在一起我们投资的O2O企业也不超过10个。我们在O2O的选择上非常慎重，以拼价格来建立市场是很难持久的。但是"滴滴"和"饿了么"稍微有一点区别，特别是"滴滴"有一点网络效应，像当初电话的垄断一样，最后我们可能没有滴滴软件就打不着车，司机没有这个软件就找不着用户。

张树新：滴滴的情况我可以理解，但自行车这个事，我实在不理解。

王晓峰：对我们来讲，自行车租赁本质上和价格战没关系。比如公共汽车是典型的公共交通，它的出现大概有上百年的历史，我们从来没有没听说过公共汽车打折。为什么公共汽车的价格便宜到一两块钱？哈尔滨的公共汽车不论是今天打八折，还是明天价格提高20%，大家还是一样要用。

我们这些公司被派生出很多新词，比说toB、toC、toVC，这些新概念都是经济学教授研究出来的，我们就是干活。我们就是希望为用户短途出行多提供一个解决方案，想骑自行车的时候就骑，想停下来就停。从2016年4月22日到现在大概300天内，我们投放的自行车超过一百万辆，骑行次数超过2亿次。

张树新：未来会有新的联盟吗？我觉得历史可能不会重演。

余凯：从这个层面来讲，因为操作系统的典型属性是复制成本为零。如果无人驾驶比传统驾驶方式能够实现平均每百公里减少一次事故，我觉得大部分厂家就会选这个，我们考虑市场最核心的属性是替代成本。IT的使用以及制作芯片的过程就像复制一样，所以可复制的成本接近零。正因为如此，未来垂直领域的机会可能会非常多，在小的细分领域把事情做到极致就行，比如会有一个垂直的公司专门运营机器人，这些机器人专门种苹果、草莓。

赵国成：互联网的创新和人工智能的创新不同，相对来说互联网好复制一些，但是人工智能要复制起来难度大很多，因为人工智能的技术要求、门槛、壁垒要高很多。实际上，像我们这样的无人机公司，既不是互联网公司，也不是人工智能。我们现在打造一个以民用无人机为主的产业集群，互联网关联的只是其中的一个分支，也就是大数据互联网信息，即监管平台。我们和AI也有关联，有一个板块叫核心部件，它包含了动力系统、发动机，还有飞行控制系统。早期无人机不可以在室内飞行，现在室内可以有超声波、光流，还可以有视觉的壁障，其中的一些算法就是人工智能的一种。我们现在申请了500多项专利，在全世界范围内排名前列。BAT不是在所有领域都那么可怕，互联网领域里可能BAT更厉害，但是做无人机可能我们更厉害。

张树新：红梅是我们在座的唯一一位女企业家。你觉得未来十年，你的企业会是什么样的？

张红梅：阳光印网是一家企业级的共享经济，为什么这么说？我一直在想，作为一个传统产业，印刷业的互联网该怎么做？中国是一个产能极其丰富的国家，加工制造业非常冗余。一般的工厂都是垂直的，它的产品服务都非常地单一，可以提供的产品也是单一的。有很多有需求的企业不知道怎么和加工制造企业联系起来，我们做的就是一个企业级的分享经济，把供应和需求连接起来，其实就有点像滴滴。

但我们有一点和滴滴不同，他们卖产品，我们卖服务，我们的服务非常地长，所以要用技术把它标准化。我们不会把用户的订单直接扔给厂商。在供应端我们要考核印刷厂和加工制造厂的产能，核心点是利用他们的空余产能。如果订单价格很好，厂商就接单。厂商自己有订单的时候做自己的，有空余时间就可以接我们的。

张树新： AI离不开数据，说到数据离不开云。我想问一下最早倡导云基地的田溯宁，你如何看待AI的发展？

田溯宁： 刘积仁前两天跟我讲，每次演讲都觉得自己是一个过气的演员，大家不爱看又不得不看。最近我也有这种感觉，怎么在这个时代保持一种好奇心，保持一种敏感度，不仅能够观看也能够参与。云基地在这里只扮演了一定的角色。

互联网改变了我们的衣食住行，但是对企业架构影响非常小，整个企业管理还是以ERP为核心，可以说是二三十年前的架构。我觉得企业未来会越来越无边界。这个时代，企业级的软件怎么做？还是不是过去的商业模式？这是我和丁健研究的方向。未来企业级的软件一定是巨大的机会，一定是云化的软件。这样的软件应该能够完成社交化、实时化，最后实现智能化。这样的变革方向，具有非常大的前景。

等每个产业都互联网化的时候，谁为这些产业互联网提供一整套的工具？不可能每个银行都搞一套自己的搜索、互联网软件。当产业需要关键性应用的时候，像银行的转账、运营商的计费等的安全性变得非常重要。所以高可靠性、高可信度的产品在未来有非常大的机会。云计算、物联网、大数据、智能化，这几种技术力量汇集在一起，就会铸就新一代的企业和产品。

张树新： 当年丁健回到亚信的时候，亚信其实已经有了1.5万名工程师。想请问丁健，你觉得是投资一家新的企业更加容易，还是管理一个像亚信这样"有包袱"的企业更容易？

丁健： 这是站在一个投资者的角度经常被问的问题。作为投资人，投资一个又好又便宜的小公司肯定更好，但我们之所以回归亚信也自有原因。第一，亚信最重要的业务是大规模的企业软件，具备这样软件能力的公司中国其实没有几家。为什么现在中国电信、中国移动离不开亚信的软件？这跟软件的流程和经验很有关系。第二，《华尔街日报》有一篇文章探讨了人工智能和互联网给企业带来的巨大机会。而传统大企业要进入互联网并大规模应用这些最新的技术，完全和个人、小企业是不一样的。所以对亚信来讲，这么大的一个相对传统的企业，蜕变重生的过程会很痛苦，因为这个领域是需要打破的，我觉得最重要的还是时机。我们两个人作为亚信的创始人，过去这么多年经历了很多，也看了很多。我在国有企业经营了十年，也看到了大企业各种各样的问题，也明白要完成一个企业级软件的变革特别需要耐心和决心。所以亚信的第二次创业，至少要在下半场中扮演自己恰当的角色。但我们也得稍微客观一点，有些事能做，有些事却真的需要更年轻的企业家、更新的基因来进行。

张树新：虽然大家都不认可"下半场"这个词，但是像亚信这样互联网中最老的企业，包括像搜狐、百度，历经时代变迁，这些企业都还存在。因此我觉得在行业的不断变迁中，只要理性分析和挖掘，传统企业也还是有潜力的。中国最好的例子是华为的成功转型，是做交换机出身，通过技术的积累变成了今天的样子，它代表了中国的形象，因此无论是新企业、旧企业，大家都有机会。

【互动环节】

提问1：我想问丁健一个问题。我在360负责IOT（Internet of Things，物联网）投资很长时间，把国内和国际上的智能硬件都看了一遍。我觉得中国互联网面临一个很大的问题，那就是智能硬件或者AI本身的设想很好，但是现有的应用和发展空间则是阶段性的。实际上很多大公司对数据的挖掘并没有做得很透彻，反而是一些新的公司，如摩拜单车真正做出了一些东西。我的问题是，你觉得是基于互联网下半场把数据挖掘

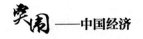

做好更重要，还是直接进入一个新的时代更重要？比如像李彦宏说的，百度想要直接跳过这个时代到下一个时代，变成人工智能。

丁健：这个问题确实挺好。我觉得不同的行业会有非常大的区别。当一个行业的上下游价值链还不完善的时候，你跳进去就等于自杀，等于孤军深入。如果你只在自己的行业耕耘，对形式的变化把握不好，可能下一个被淘汰的就是你，所以这个度的把握确实非常难。要找准方向，同时结合自己所在行业的实际情况，不要着急跳到下一个时代，也不必非得走在最前面，但是一定要知道海啸从哪里来。

提问2：我有两个问题。第一，下半场其实不是针对互联网，而是移动、在线、人工智能和云结合在一起，对此大家达成了共识。问题是下半场的载体会是一个什么形式？第二，不管是从提供价值，还是从提供效益的角度来说，我觉得未来转向消费的价值和效益的提高有无限的发展空间。那么所有这一切的价值核心在哪里？是效益的提高还是可能创造一个我们完全不知道的新世界？

赵国成：我觉得未来不单单是效率的提升，未来伟大的公司一定是把互联网好的商业模式和好的人工智能技术完美结合的公司，也是未来的发展走向。

余凯：我觉得它一定是效率的大量提高，生产力的极大地丰富，因为很多事情机器干了，人就可以做自己的事情，娱乐或者科学创造。其实人适合干一些比较慢的事情，机器适合干一些比较重复、高效率的事情。从更深远的层面来讲，社会的组织形态和人的生活方式也会发生很大的变化，比如在自动驾驶时代，我们的房价会受到怎样的影响？

周亚辉：上半场以共享经济达到了高峰，下半场以共创经济作为开场。

张红梅：我觉得效率提升是必须实现的，因为我们现在都面临着效率怎么提升的问题。

王晓峰：回到人的本性上，人是懒惰的，如何使人衣食住行更方便，这是驱动企业界、科技界发展的最根本原因。为了提高效率，我们会将现有的新技术拿过来用，如果没有新技术就会开发出一个新技术。比如无人驾驶汽车就是因为人懒，不想开车而发明出来的，只不过真正实现无人汽车可能需要若干年的时间。但一旦这个产品实现了之后，某些东西将会重构。比如摩拜单车开始实行之后，每个城市是不是应该有自行车专用车道？这些都会对经济、技术、社会产生很多的影响。

李国庆：在互联网上半场，中国学Google等西方的互联网模式，因为那是一种成熟的商业模式。在这种情况下，西方国家的创新是原创新，咱们则是流创新。所以下半场我们应该有原创新，也就是自己的创新，而不是跟着别人的创新模式往前走。

丁健：我把下半场会分为三段。效率的问题在今后3~5年是核心的问题，效率的提高会使产业发生变化，这是第一段。第三段保守说大概5年到五六十年以后，可能会出现人机合一，物种、人种开始变化。最重要的应该中间的阶段，而这一段是不确定性最强的，而这个阶段我认为就是现在所产生的革命。现在的分配制度，其实在很大程度上并没有让人们享受到科技发展所带来的好处。所以未来5~30年，我们的社会从分配体制到劳动体制都会发生很大的变化。也许将来我们每周只工作2天就够了，因为大部分的工作已经被机器人干了，这会给整个社会带来深刻的影响。我想这会是我们未来需要面对的一个问题，也是需要我们思考的一个问题。

田溯宁：我经常想起小时候跟我爷爷的一段很短暂的生活。我爷爷花了很大力气才能理解收音机的原理，他不明白为什么人的声音可以通过电线从收音机里传出来，等半导体出现的时候，我爷爷就真的理解不了了。现在我特别怕自己将来会变成我爷爷，理解不了到底发生了什么。所以我觉得世界需要一种新的想象力，需要一种新的故事。

张树新：对这个问题我觉得可以从两个层面来看。第一是历史，当人类没有电的时期，我们生活在黑暗时代，我们的生活方式和我们能够消费的东西是有限的。从电出现到今天为止，我们有太多的消费是过去人类无法想象的。第二是回答我的比喻，在互联网时代，人类完成从原子星球到数字星球的迁徙，这个迁徙不是物理上的迁徙，是我们第一次解放我们的大脑。在未来某一天，我们将会再次被解放。物我两望之境终于到来，人类将重新被设计。

文明下一站

文 **沈志勋** ▶斯坦福大学物理系教授、美国国家科学院院士

对物质的应用和认知改变了我们的生活，比如LED的发明。物质科学实际上涉及了很多领域，包括物理学、化学等。物理学一方面非常大，即研究非常大尺度上的物理现象，比如说宇宙学；另一方面又非常小，研究物质世界最小的、最根本的组成，这也是物理学的另一个分支——凝聚态物理。它的特点就是多，把很多东西放在一起，展现出非常不一样的东西。这就是超导式物理的核心，核心对超导来说就是集体的力量。

凝聚态物理包括三个方面。第一，测试新的物理概念。很多东西人类是无法测量的，宇宙间的事情是不可控的，我们只能观察，而不能真正地测试，但凝聚态物理的一个特点就是比较容易测试相对的物理概念。第二，优化材料的物理性质，这是一个应用。第三，发现新材料、新特性。凝聚态物理能发现一些由于人类知识的局限性而没有想到的新事物。

关于凝聚态物理优化物质的特点，也有很多的例子。比如从材料角度讲，过去六七十年，是我们控制和优化一种材料的过程——硅，这是产生信息革命的基础。所以掌握一种材料及其特性，会产生极大的作用，还会产生意想不到的东西。再比如，有一种新材料——钻石除了漂亮之外还有很多其他性质。2003年，美国一家石油公司偶然发现，石油中有很多非常小的钻石，只有几个原细胞大。我们研究发现，这种简单的小钻石可以用来做电子材料，分子自组装和分子医学也可以用它做生物成像。此外，2016年我们以这种小钻石为平台，做了一个世界上最细的纳米管，实现了用原子组成一条线。

超导是凝聚态物理中一个非常有代表性的领域，超导研究涉及了凝聚态物理的各个方面，包括测试新的概念、优化材料的物理性质以及发现新的特点。超导是什么呢？从表征上看，就是电阻为零。超导还有一个特点，就是抗磁性，人们将这种现象称之为"迈斯纳效应"。人们用此原理可以制造超导列车和超导船，由于这些交通工具将在悬浮无摩擦状态下运行，这将大大提高它们的速度和安静性，并有效减少机械磨损。超导的核心原理是量子的凝聚，超导里面所有的电子都同心协力做一件事情，就是我们平时所说的集体力量。

但是要使电子聚在一起并不容易，这就是超导难的原因。而高温超导更难，因为超导是在极低温环境下被发现的。理论上，超导是一种人无法直接感知到的宏观的量子现象，因此在超导被发现的前80年里，大家都认为这只是一个极低温现象，是自然界的错误才让我们看到了这个现象。

超导的研究意义在哪里呢？首先，在于它本身是一种非常奇妙的现象，它有非常深刻的道理，即怎样让大家同心协力做一件事情。其次，在超导现象中有一种集体效应，用数学语言写下它们的组织原理，给我们带来很多启发，这是超导研究的一个比较深刻而又广泛的应用。

超导具体应用在哪里呢？目前超导的应用主要集中在医疗领域，将来也会应用在交通领域。日本正在建设世界上首条城际超导磁悬浮高速铁

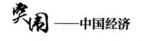

路，从东京至名古屋全程286公里，设计运行速度每小时505公里，预计2027年正式投入商业化运行。我相信日本先行以后，中国的高铁也会再提高速度，完全可以改变国际高铁市场格局。在能源领域，尤其是清洁能源的传送方面，超导也是非常实用的。还有就是无线通信，这是现在可以看得到的。量子计算也是未来非常重要的一个方向。我们其实并不清楚量子计算到底能否做得出来，但仍是一个非常重要的科学方向，而超导也是最有竞争力的手段之一，甚至可能是量子计算机的一条道路。

可以看出，超导可以影响人类生活的方方面面，但同时超导研究也是一块硬骨头。在物理学家当中，最聪明的阿尔伯特·爱因斯坦花了很多时间在超导研究上，却始终没有突破；还有一个非常著名的物理学家沃纳·卡尔·海森堡，曾用一个理论解释超导。但当最后成功的超导理论出来以后，另外一位著名的物理学家沃尔夫冈·泡利却说了这样一句话："我早就说过沃纳·卡尔·海森堡这个傻瓜的理论是完全不对的。"另外还有一位非常著名的俄国物理学家列夫·达维多维奇·朗道，他在超导研究方面也没有突破。近代物理学家、美国公认的天才理查德·菲利普斯·费曼也投入了很多时间专心研究超导，做了6年多也没有文章发表。但并不是没有人成功过，这些优秀的物理学家都是因在超导研究的各个方向做出突出贡献而获得诺贝尔奖的，所以超导也是物理学当中可获得诺贝尔奖的一个分支。

超导被发现的最初80年是一个非常缓慢的进程。1911—1986年，超导温度由水银的4.2K提高到23.22K（K为开尔文温标，起点为绝对零度）。1986年1月，发现钡镧铜氧化物超导温度是30K；12月30日，又将这一纪录刷新为40.2K。1987年1月升至43K，不久又升至46K和53K，2月15日发现了98K超导体。这是高温超导体研究取得的巨大突破，使超导技术走向大规模应用。虽然直到今天超导应用还非常具有争议性，但不可否认，超导是一个非常令人期待的领域。

人类是通过物质或材料来定义文明阶段，我们经历了石器时代、青铜器时代和铁器时代。如果用一种材料来定义当今的这个信息时代，最有影响的应该是"硅"。那么什么材料有潜力定义人类文明的下一个阶段？我认为如果能研究出室温超导，那将有可能影响整个人类的文明进程，它将影响医疗、通信、交通、能源、计算、信息等方方面面。

做一件事情难并不重要，重要的是你做的必须是值得做的事情，这也是一代又一代物理学家前仆后继攻克超导的原因，因为它的前程实在太重要了。那么室温超导能实现吗？超导的广泛应用是否可以作为人类文明新时代的标志？这些都是需要我们继续深入研究并且抱以期待的。

抓住能源商机

文 薛其坤 ▶ 清华大学副校长、中国科学院院士
清华大学物理系教授

关于物质世界的未来，关于能源，我有以下两个部分想要分享。第一，可持续发展关键技术的背后，我们应该深刻思考哪些问题？第二，中国企业家在未来能源发展方面是否有商机，该如何抓住机遇？

我们人类发展到今天并继续走下去，5年、10年、15年、20年以后，根本的问题其实就是能源的问题。如果没有能源，所有的现代技术会全部消失，人类只能回到原始时代伐木取火，所以，能源是非常重要的事情。

能源分两类：一类是地球经过50亿年的进化给我们留下的自然资源，另一类就是人造能源。我们发展到今天，经过了三次工业革命，每次工业革命的推动都是在考验人类如何去利用这些能源。第一次工业革命是机械化。蒸汽机的发明使自然界能源转换成机械能源，将我们现有的煤炭、气、木头变成机械能，让我们有了很好的交通工具和机器。第二次是电力革命。有了电以后，人类将自然界的能源变成电能，使我们人类得以在不同的角落使用各种各样的电器或者工具。第三次是信息革命，现在我们正处在信息革命蓬勃发展的时代。那么下一代能引起工业革命的技术将很可能是和超导有关系的能源技术。如果室温超导实现了，我们生活的每一个角落都将出现革命性的变化，所以我认为，能改变人类文明的技术革命，很可能还是能源，而导致这次革命的材料将很可能是高温超导材料。

中国的能源问题非常严重。在我国的一次性能源消费总量中，煤炭

占60%多，以前高达70%多，但实际上中国的自然资源是非常缺乏的。而且，在中国整个能源体系当中，非化石能源——太阳能发电、三峡水电站、核能，消耗量加起来还不到10%。因此，国家制定了长期发展计划，希望到2030年把煤炭能源消耗降至50%多，也就是要把非化石能源的消耗量提高到20%，那将是一个巨大的增加。这个计划为许多企业提供了商机和机遇。

如何抓住这个商机？最重要的显然是核心技术的把握，比如太阳能技术。太阳内部温度是12万摄氏度，表层是6000多摄氏度，通过核剧变产生能量，照到地球，这就是太阳能。太阳能将有可能成为我们克服目前有限资源的一个非常重要的能源，这对企业家来说就是商机。

太阳能电池中有一类是硅太阳能电池，而硅太阳能电池也正是我国目前大规模利用太阳能的主要手段。硅半导体能隙对应的波长1127纳米，而太阳照到地面的光谱中最强的部分也就是我们波长在400纳米到800纳米之间的可见光，所以硅太阳能电池对太阳能的利用效率其实非常低。如果物理科学研究者能在可见光阶段发现一种高效半导体太阳能材料，而且价钱和硅一样便宜，它将带来无穷的商机，并且是可持续发展的商机。

目前硅的利用效率在实验室是28%，如果有能力做到30%，就可以打败所有太阳能企业。从产业角度来说，未来企业家如果能和基础研究人员、物理学家、材料学家结合在一起，精心部署，我认为这将是一个重大的产业机会。如果未来某天"硅"的利用效率能达到50%，不但为企业家带来一笔可观的收入，还给人类可持续发展解决了一个重大问题。企业家们是否应该现在就开始部署，而不是守株待兔？

我再讲讲材料的重要性。我们的锅炉、发电厂都需要燃气轮机和涡轮发动机这两种机器。这两种机器的核心要素在哪里？燃气轮机透平入口处的温度决定了汽轮机、发动机的效率以及发电能力。E级是1000~1200℃，我们国家正在成熟的F级温度是1200~1400℃，而美国的是J级，已经达到1600℃。我们根本无法与之抗衡。而涡轮发动机的材料，其关键技术是叶片耐温度，如果可以稳定在1600℃左右，那将是一个巨大的进步。如果能把这个材料做出来，那我们所有的锅炉、燃气轮机、船舶都将发生革命性的变化。战斗机就更重要了，如美国的F35等第四代战机，其中的涡轮发动机叶片耐温很高，可以保证打一场仗——10~20个小时的高效运转，表明材料是非常重要的。所以说，材料某种程度上制约着未来的发展。人类文明和产业的进步与材料息息相关，从石器时代、青铜器时代、铁器时代一直到今天的"硅"器时代，无不如此。

所有和能源相关的领域，都会有重大的机遇，但我们目前的技术创新水平较差。中国人口基数大，自然资源又非常有限，在未来的转型发展中，要想象西方发达国家一样强大，我们就必须重新思考创新的途径。这自然又回到了这个主题，从物质科学的角度来看，能改变世界、重新定义人类文明的材料是什么呢？那就是超导。

关于超导，我再稍微发挥一下。磁悬浮的运行原理是：上面是一个液氮温区的超导体，它用液氮泡了以后，下面放一个磁铁就浮起来了。我们想象一下，如果实现了室温超导，马路都变成室温超导地面，那么上面利用磁悬浮支撑的汽车基本不需要动力了。我们可以有无穷的想象空间。室温超导在通信、医学上也非常重要。提高超导转变温度是硬道理，室温超导是我们的目标。

从科学研究的角度看，这方面的产业机会是巨大的，但唯一欠缺的是创新能力。要有世界一流的研发人员，他们要掌握核心技术底层的东西，有非常好的科学基础。在未来的产业中，我们还有很长的路要走，但同时也有无限的机会。所以我认为，未来若企业家和科学家以及工程技术人员实行强强联合，把科学研究的积极性与挣钱的积极性有机结合在一起，将会是产业发展的一个方向。

商业与道义

二十世纪八九十年代，"万通六君子"海南江湖聚义，几年后又相继各自闯出一方霸业，成就了中国商业史上的一段佳话。

姜建清的下一站

履新"中国—中东欧基金"董事长，只是姜建清银行家生涯的下半场，用他自己的话说，"只是换了个角色和角度继续履行银行家的使命"。他的银行家生涯有个华彩而完美的上半场，他在工行16年，从基层到董事长，带领工行完成股份制改造、上市，成为宇宙第一大行。他是真正意义上世界级的银行家，他的这16年被称为工商银行的"姜建清时代"。这个时代并没有落幕，只是换了个场景，我们期待着这一时代的新剧情。

在2017年亚布力中国企业家论坛第十七届年会开辟的《中国商业心灵》板块上，姜建清董事长围绕自己的职业生涯做了精彩分享，中国并购公会创始会长王巍主持了该场论坛。

王巍：大家知道，在中国"士农工商"中，"商"的地位最低。在中国文化里，大家认为搞金融的商人是最坏的，巧取豪夺、为富不仁，是一群野蛮人，而且很多阴谋都是金融家主导的。因此，在中国，金融家的地位一直非常低。所以，非常感谢亚布力论坛专门为金融家设立这样一个品牌栏目。下面邀请今天的主要嘉宾姜建清董事长上台。

姜董事长曾是中央候补委员，也曾是全球第一大银行工商银行的董事长。什么样的人能成为金融家？民国时期有陈光甫、张嘉璈这样的银行家，尽管不能说他们主导了整个金融领域，因为受到了当时很多政策、法律的制约，但他们表现出来的独特人格、素养、视野让人非常钦佩。今天

在座的有很多金融家，如招商银行原行长马蔚华、民生银行董事长洪崎、渤海银行董事长李伏安，还有很多控股银行的老板，个人认为，姜建清本人的影响力足以进入中国金融家排行榜前列。在30多年的时间内，中国工商银行按照国际标准变成了全球最大银行，这是我们无论如何也想象不到的，但是姜建清做到了。现在他在做中东欧基金，中东欧基金和"一带一路"战略有什么关系？请您介绍一下。

姜建清：中东欧其实是指中欧和东欧，这是一个地缘政治概念。我们现在说的中东欧其实是指冷战时期属于华沙条约组织的一部分国家，加上波罗的海附近的几个国家，以及受苏联控制的前社会主义国家。1989年之后，它们逐渐独立，并逐步与中国建立了比较友好的外交关系。2012年，为了发展中国经济，通过中东欧国家把产品成功打入欧洲和西方市场，中国与中东欧16国合作，成立了"16+1"合作机制。中东欧是欧洲的一个组成部分，也是中国"一带一路"的重要基点。

这16个国家中，11个加入了欧盟，5个属于欧元区国家。这些国家有一些共同特点，比如法治比较好，市场经济程度比较高，很多国家的经济总量已经达到了发达国家水平，像捷克、匈牙利、波兰等国家更是欧洲工业走廊的重要组成部分。德国、奥地利等国把大量先进制造业工厂设在了这些地方。虽然这些国家的电子行业和农业非常发达，但基础设施建设却需要更多投资。即使加入欧盟后获得了一些支持，但总体来看与他们自己想要快速扩张的愿望是不匹配的。所以，我们想通过建立中国—中东欧金融公司和中国—中东欧基金去支持他们。中国—中东欧基金以"政府支持、商业运作、市场导向"为原则，计划撬动项目信贷资金500亿欧元，主要定位在基础设施建设、高新制造业和大宗消费品上，期望通过投资来带动信贷，投贷联动，促进中国"一带一路"和16个国家的互通互联。

王巍：这些国家和地区过去是冷战思维的中间地带，受两种意识形态的影响非常严重。从你的经验来看，这个地区的企业家和政府有什么特点？

姜建清：这些地区确实是比较复杂的，简单来看，它是欧洲特别是欧盟的一个组成部分。但是由于历史、政治、社会等方面因素，与其他欧洲国家又有不同。以宗教为例，该地区基督教、东正教、伊斯兰教并存。另外在历史上，罗马帝国、奥斯曼帝国、俄罗斯帝国均在这个地区有所交融，所以存在很强的复杂性。在苏联时代，他们又有一些特殊的历史。苏联解体、东欧剧变之后，他们都要求回归欧洲，呈现一边倒的状态。现在我们到这个地区做商业，也会关注他们在政治、社会、历史上的特殊性，尊重当地人民，理解他们的价值观和思考方式。

总体来说，这16个国家虽然存在你刚才说的问题，但每个国家的具体情况有很大差别，尤其是在市场经济的完善程度和法治的健全程度上，需要我们自己去把握。另外在16个国家里，无论政界还是经济界，年轻一代都在迅速崛起。许多年轻的企业家、政治家都是从欧洲学习回来的，所以他们的思维跟现在欧洲的一些思维方式比较接近。其中非常重要的一点就是按照市场经济的原则办事，欧洲对私有经济之间的竞争合作也要求不能有政府力量介入。在这种情况下，政策性的贷款便不能进入。所以，像我们这样完全市场化的基金，可以发挥很好的作用。

王巍：20世纪六七十年代，很多人都上过山、下过乡、做过工人。你如何看待当时的中国环境、意识形态对你性格形成的影响？对工商银行又有什么影响？

姜建清：许多年前有一本国际名人录这样介绍我：从矿工到银行家。在欧美人眼中，银行家具有很高的地位，而我又做过矿工，他们觉得非常传奇。我们那代人的经历很相似，都是工人、农民、解放军。我17岁上山下乡到了江西，在农村除了当过农民，还做过教师和农村干部，后来因为哥哥大学毕业后分到煤矿工作，开始觉得农村没有太大前途，所以到煤矿当了工人。

有人说这对你的成长很有必要，其实我觉得人的成长有各种道路，不一定走我们这样的路才算成长。当然我们走过的这条路对我们的人生有很大影响，比如当农民的时候，农民质朴的品质对我的影响很大，这是第一点。第二点就是农村的天气让我认识到要按自然规律去办事，如果逆自然规律办事，就没有收成。

在煤矿的时候，第一是工人要讲究纪律，尤其是在大工厂，一个矿难的发生往往是因为多个环节出了问题，所以工人必须要严格按照规矩来；第二就是责任，煤矿里有灾难也有事故，一个矿区的领导和工人都要担起安全的责任。人生的经历就像吃不同的食物，很难说哪种食物对你的成长帮助更大，但是你的经历会在你的人生留下烙印。

举个例子，2002—2003年，我去山西大同考察，当时正值煤炭行业进入低潮，所以银行都不愿意贷款给煤炭企业。有一个矿长带着高层向我汇报，说要新开一个矿，需要十几亿资金。当时信贷系统不对矿业批贷款，我当时很矛盾，我说我在煤矿干过，我给你们提一个要求，如果你们能做到，我们再谈贷款的事。之前我去看了大同的一个矿，产量大概400万吨，有2万名工人。与矿场人员交流时，我了解到如果要生产出1500万吨煤，那么就需要8万名工人。于是我对申请贷款的矿长说，你们是否能将员工控制在1000名以内？你们的食堂、澡堂可以外包，也可以不设车队，让员工买得起车，开车上班，还提了其他一些非常苛刻的要求，因为我认为他们不会接受。但是那个矿长答应了，他说他能做到。大概过了四五年，我又去了一次大同，他们告诉我这个塔山煤矿只有700名工人，停车场停了300多辆汽车，工人都是开车来上班，他们完全做到了。我当时的一个观点是，吨煤成本很重要，是煤炭业生死存亡的关键，成本高的企业就会很危险，成本低的企业就会有比较强的竞争力。

王巍：你在美国留过学，西方的留学经验对你有什么样的影响？

姜建清：1994年，我有机会到哥伦比亚大学做访问学者，学制是一年半，后来因为上海城市合作银行的筹建，我被提前叫回来担任了第一任行长。

中国改革开放给我感受最深的一点就是全国非常重视教育和科技。当时我们这代人已经开始比较系统地学习经济学基本知识了。到美国学习之后，我们拥有了思考和比较的能力，这两点非常重要。当时美国的银行业已经非常发达，所以我觉得中国的商业银行必须要进行大改革。1994年，中国银行业已经有不良贷款了，即使没有很严格的分类标准，但不良贷款率已经很高了。我在夏威夷看到了美国银行的呼叫中心，看到银行的流程和做法，回来之后第一件事就是建立中国第一家大型工厂式呼叫中心。

1995年是美国互联网金融爆发的一年，美国的报纸杂志天天都在讲传统商业银行电子化。我在1999年出版了中国最早的科技书《美国银行业的科技革命》，之后又出版了《金融高科技的发展及深层次影响研究》。在这两本书中我讲了一些例子，通过比较分析找到了我们与国外银行的差距。所以，我就在想如何能在我们自己的工作平台上进行改变，让中国的金融业赶上世界水平。

王巍：好像你还匿名写了一些散文，不是泛泛地抒发情感，更多的是与金融历史、造币历史有关。我有两个问题：第一，哪些书对你的写作有比较大的影响？第二，在这么忙的情况下，你为什么还去写这些书？

姜建清：我非常热爱我的职业，并把它视为最重要的事业。我喜欢研究银行业的历史，但它是非常冷僻的一个领域，几乎很少有历史学家去写这方面的书，因为他们缺少这个领域的专业知识，也很少有银行家或者理论研究者去写，所以我反而有机会去研究这些问题了。

很多年前，我们的团队问我，你能不能给我们年轻人列一个书单，这对我们年轻人来说很有帮助。我想了一个月，把一张白纸发给他。我们一生不知看过多少书，家里藏书几千本，但是就像我们每天吃的食物一样，我不会去关注哪一个食物对我最有影响。银行史方面，我看了《美国货币

史》《美国经济史》《美国汇率史》等书。看过这些书后我最为感叹的是，美联储的一些领导在写历史的时候，研究得很深。马丁·迈耶写的一本书叫《大银行家》，我看了很多遍，印象也很深。

随着中国金融业的发展，我与全球很多的大金融家成为朋友。我关注他们这些银行背后的历史，发现这些银行在百年甚至几百年的历程中产生了非常大的变化。全世界有很多银行如流星一样在天空中一闪而过后消失不见，也有很多银行通过涓涓细流汇聚成大海，最后成为一家伟大的金融企业，我对这些非常感兴趣。所以，我就把银行史作为研究、写作的爱好，写了一些关于银行业沧桑变迁的札记。

举个例子，六年前金融危机的时候，我写了一篇叫《英雄失去了小红伞》的文章，讲述花旗银行的历史。1962年，花旗银行150周年庆的时候发布了一枚铜章，这个铜章上面是一个英雄伸开双臂，庇护着天下众生，这是花旗的雄心——想成为英雄的雄心。但1993年花旗银行收购旅行者保险公司时获得的"小红伞"标志，却在这次金融危机的时候被卖掉了。我就把这个铜章的历史和银行的历史结合起来写了这篇文章，发表之后别人觉得这个体裁非常好，说让我再写一个，我就写了英格兰银行的事情，每篇都会用铜章串起来。

王巍： 接下来跟姜董事长聊一聊并购那些事儿。因为中国工商银行的发展过程很重要的一个特点就是并购，特别是最近十几年，海外并购非常迅猛。其实并购应该是中国银行的事情，结果工商银行通过并购成为全球最大的银行。我想请教一下，你怎么判断并购对整个工商银行发展过程的影响？

姜建清： 关于历史问题允许我再讲两点。第一，我们做企业的人应该多关注历史，古语说"以史为镜，可以知兴替"。丘吉尔也讲过类似的话，你对过去能看多远，你对未来就能看多远。第二，今天所做的事就是明天的历史，明天的人如何看我们的历史？每个人都要警醒。银行史就是让银行家警醒的一门学问。

讲到并购的话题，为什么近几年中国银行业并购和企业并购发展起来了？主要原因是中国经济已经发展到了这个阶段。十几年前你讲并购，很多人可能并不理解，什么是并购都要解释半天。今天你随便"谷歌"一下就有很多条解释，每个人都知道并购是什么。工商银行过去是一家国内本土银行，但是慢慢地我们感觉到必须要使我们的结构更加均衡，除了业务的均衡、资产负债的平衡、长期短期的平衡、信贷结构的均衡之外，还要有国际国内业务的平衡。因为我们有越来越多的客户要走出去，如果你没有跟着走出去，他们就会离你而去，他们离你而去就会影响你本土的业务。在这种情况下，我们决定走出去。

走出去的过程是有方式可以选择的，上市是一种做法，并购也是一种做法，两种做法并不矛盾，关键是选择最合适的方式。相比来说，海外上市比较容易，有些地方虽然成本低，但是成长慢、本土化时间长；而并购难度大、存在风险，并购的成功并不在于并购本身谈判的成本价格有多便宜，主要是看整合之后能不能产生整合效应。我们当时一共进行了16次并购，到目前为止工商银行海外资产是3000多亿美元，在42个国家设有机构，全球职工1.4万人，税前利润3万美元，70%的利润来源于并购企业。

所以，不能简单地仿照学习，每个企业都有它不同的特点，非常重要的是要了解自身到底有没有整合的能力。并购首先是要谋定而动，要符合战略，要坚持战略协同，世界上所有好的公司，在投资过程中都会围绕

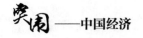

它的核心业务开展并购；其次是要风险可控，并购要在你能把握的可承受的范围内，不要去冒很大的风险；再次是要价格合理，并购价格要有个可比较的区间；最后就是要整合便利，整合便利一般要融入自己的体系，形成战略协同。这几点是我们每次并购都成功的关键因素。并购之后，就要稳定人心、树立信心、融入集团，这样才算是真正的整合成功。

【互动环节】

陈东升：你们是改革开放特别是中国崛起这一代的领头人，对于中国银行业变革的这个过程你有什么体会？

姜建清：我们恰逢一个伟大的时代，很少有一个国家在这么短的时间内，特别是改革开放几十年的时间里，产生了这么翻天覆地的变化，而且中国现在已经成为世界上的第二大经济强国。我们也非常幸运，恰逢这个伟大的时代，从内心来说能投身于这场波澜壮阔的中国金融改革事业，我们非常满足。中国的金融改革为什么成功？我觉得有非常多的经验值得总结。回过头来看，首先是确立了改革开放的道路，从科技和教育开始，20世纪70年代末80年代初培养了一大批年轻人，后来他们成为各个领域的精英，使中国改革开放的事业得以推进。

我给大家讲一个小故事，1995年，我在上海城市合作银行当行长，IFC（国际金融公司）来找我们，说给我们投资，帮我们改造。当然投资额度不大，但我们很欢迎外资国际机构来帮我们。接下来他们说可以帮我们找一家欧洲的银行，免费帮我们改善风险管理、公司治理和其他的一些业务，我们也非常欢迎。当时，爱尔兰有一家爱尔兰联合银行，他们对波兰的第二大银行已经进行了改造，IFC让我们去看看改造后的效果。于是我带了一个上海银行代表团到了波兰，波兰这家银行原来是社会主义的银行，苏联解体、东欧剧变以后，就变成了市场经济的银行。我跟他们交流，发现他们脑子里基本上一片空白，像被格式化了。你问任何问题，他们都回答不上来，就看着旁边从爱尔兰银行来的小青年，而那些小青年毕竟也回答不了多少问题。IFC的人一看就着急了，说马上说飞爱尔兰，你们可以直接去爱尔兰学习。

到爱尔兰后，爱尔兰联合银行派了部门总经理、副行长跟我们交流了三四天，每天讨论银行改革的事情。结束的时候，爱尔兰联合银行董事长请我吃饭，饭吃到一半的时候他拉我到旁边，很诚恳地跟我说，我们银行跟中国银行没有往来，但是我们与俄罗斯及原来苏联和中东欧的银行联系很多，我今天才感受到中国的银行家比那些国家的银行家要高明很多。我想他这种充满诚意的表达，也说明了在改革开放之后，我们在金融教育方面的成效显著。

秦朔：中国工商银行原行长杨凯生行长最近在回忆录中提到金融危机的时候，工商银行要收购一个美国投资银行，当时工行的方案是计划要写得积极一点，而姜董事长的意思却是要比较客观，要有足够的提示。最后这个方案被废掉了。在金融危机以后，特别是9.3万亿元新增资金狂潮里面，姜董事长都是比较克制的，我想知道您当时是怎么样的一种心态？

姜建清：我们的资产负债表除了并不多的资本之外，主要来自于老百姓的存款或者企业的存款，银行家承担的最重要的责任是信托责任，就是要替大家做好风险控制。因为这不是你的钱，你只是一个受托者，任何做金融业的人都应该牢记这一点。

这个具体的案例是真实的，美国金融危机爆发后，曾经对中国金融业不屑一顾的美国金融机构开始向我们抛出了橄榄枝，其中有一家是当时世界上的第四大投行。他们频繁地来找我们沟通，希望我们投资多少比例的股份，邀请我们参加他们的董事会等事宜。我对这件事情不是特别积极，因为一方面当时像这样一个公司能够看中我们，而且我们能一下子进入华尔街顶级的投行，成为他们的一个大股东，这确实是我们所追求的。但另一方面，收购一个投行或者商业性机构和收购一个矿产类的企业是不一样的。矿产类企业人员的技术含量不是那么高，而投行或商业性机构企业的价值就在于它的人员，一旦驾驭不好、管理不好，人员流失了，你所有的投资都将泡汤。所以对于投资以后能不能留住这些人才，我心中有很大的疑问。也就是因为这么一条比较简单的原因，我不太赞同这个收购。坦率地说，我不是一般的不赞同，基本上内心里我是否定这件事的。

他们董事长想来看我，我说没时间，因为那段时间正在忙着路演。结果我到洛杉矶去路演的时候，他们说能不能安排见他们董事长，我也说不见，我说我正在路演，不希望有什么负面新闻出来，所以这件事就过去了。

王梓木：姜行长是很精明和儒雅的行长，听说你喜欢收藏，那么你对艺术品的理解对你的工作包括你的观念有没有影响？

姜建清：这是一个私人爱好的问题。多年来，我对这方面有点兴趣，也有点小研究，也经常看看书。陶冶情操对每个人来说都是非常好的事情，不一定非得是企业家。我现在是退离了岗位的阶段，如果有一些兴趣和爱好，未来的生活会更加幸福、充满乐趣。前几天我跟一个朋友说，我对成功的定义是要能感受到幸福和快乐，而且这个幸福和快乐是一个平均值，是一种内在的感受，不是说出来的。拿个话筒对着你问，你幸福吗，这个说出来可能是幸福也可能不是幸福。如果把外界评价你是不是成功作为是否幸福快乐的标志，那就更错了。很多人把当大官、赚大钱当作人生目标，也是错的。真正的成功是做一些令你幸福、快乐的事。

提问1：特朗普上台以后对2017年的经济政策有很多影响，您能否给我们中小企业一些忠告？

姜建清：我认为企业固然要关心环境，因为环境的变化对我们企业有很大的影响。但我们更要做好我们自身的事，只有把自己的事情做好了，不管面对什么样的外部环境，你都可以干得比别人更好。

提问2：2017年年初中国央行外汇储备余额跌破3万亿美元，您怎么看待这个发展趋势？企业应该怎么应对？

姜建清：一个国家汇率走势的决定因素非常多，很重要的一点是与国家经济的发展、经济的成长有关。从中长期看，中国汇率的走势应该还是比较强势的。但汇率的走势又受一些预期的影响，这种预期可能会影响一些供求变化。所以，短期内到底有什么样的变化，我并不能在这方面给你提供非常好的建议。但是我觉得你应该根据自己企业的情况做出判断，比如你可以做一些风险对冲。从基本走势来看，我感觉不用太担心。因为最近美元涨势非常强劲，这在一定程度上也反映出大家对特朗普政策的看好，但美国经济最后如何还要看实际效果。

提问3：您觉得国家对外汇管制会有一些调整吗？

姜建清：外储本来就是储备，本来就是拿来用的，所以高一点、低一点都可以。对外储的掌握应该是国家领导人、外管局关心得多一点，你关心当然也非常好，总体上，上下浮动一点也是正常的，现在并没有出现你说的这种外汇管制，而且其对正常的政策投资还是支持的。习主席在达沃斯也宣布了中国未来5年对外投资的总量是7500亿美元，这也说明中国对外投资的政策没有变化。但因为前一阶段出现了一些投机的做法，现在适当地进行一些调整，目的也是保证未来的对外投资能够健康发展。

王巍：姜行长已经是第四次来亚布力论坛了，而且组织了考察团去非洲、欧洲考察，我也参加过一次。想请姜行长评价一下亚布力论坛，你怎么看亚布力论坛，你对亚布力论坛的期望是什么？

姜建清：一个论坛坚持了17年，非常不容易，而且越办越成功，这说明了亚布力论坛的生命力。最重要的一点是亚布力论坛所具有的思想力，正是这一点使亚布力论坛成为中国企业家尤其民营企业家头脑风暴和学习的重要场所。

孤独雷军

大红大紫的小米进入"新常态"了，无论是其自己公布的业绩还是最新的第三方统计数据，都显示出增速放缓的事实。雷军需要展示新的领导力，以"社群电商""互联网平台"和"生态链投资"这三驾马车，继续驱动小米。小米故事的另一个价值在于它的中国隐喻，它是"中国制造"如何升级、换代的绝佳样本。在2017年亚布力年会上，亚布力论坛理事、小米科技董事长兼CEO雷军讲述了他创办小米的初心，以及如何面对质疑、面对不确定的未来；通过问答环节，与现场多位嘉宾进行了交流，《英才》杂志社社长宋立新主持了对话环节。

"站在风口上，猪都会飞"，我想表达什么？任何时候都不要忘记抬头看路。当一个历史性的机遇扑面而来时，拥抱机遇、拥抱变化，是一个企业家应该做的最重要的事情，对我本人来说更是尤为重要。在经历近三十年漫长的创业之旅后，我认为不仅要埋头拉车，更要抬头看路，两者要有效结合起来。所有成功的企业，都是机遇造就的。当然，如果没有厚实的基本功，就算飞上天也会掉下来。这是我的第一层意思。

风口的猪本质在猪。每一个创业者，也包括我自己，不要把自己当企业家，而要当阿猫、阿狗。每一个创业者在走向成功的过程中，都要历经坎坷、折磨、误解、委屈、抹黑。我在创办小米的时候，就提出要有当猪的天分，要有创业之心、敬畏之心。一个人能放低自我，把自己当成"猪"，就没有人能击败他了，有这样的态度才有机会把事情做成。这是我的第二层意思。

小米遇到了什么问题？其实这个问题很难回答，因为以小米今天的规模，以小米异常复杂的商业模式，可能很多人不一定能看懂小米。我把它简化到了两个最核心的困难：超高速、爆炸性增长之后面对的挑战和如何突破商业模式的障碍。

超高速、爆炸性增长之后面对的挑战。小米从创业至今有六年半了，但是从公司注册开始，不到五年时间就突破了100亿美元的销售额，创造了商业史上的奇迹。在短短的几年时间里，小米公司员工由十几人变为一万人，营业规模超过100亿美元。做过企业的企业家和创业者都应该能理解，这是一个超高速运行的火车。但在超高速发展过程的背后，我们是否有很多应该做和没有做的事情？是否有很多应该做好的事情没有做好？事实上，无论哪一个企业都无法保持永远的超高速成长。当我们面临这么多逐步积累的问题的时候，小米在2016年提出"补课、减速、调整"——减速转型，抓住问题的本质来解决问题；补课开心就好，忘掉KPI，认认真真抓住企业的基本面，夯实基础。此外，"力争过千亿"是小米2017年的营业目标。以小米今天的基本功，这只是个小目标，因为小米内部有非常多的业务都超过了百分之百的增速。但本质上，这千亿的营业目标也不重要，重要的是我们是否真的夯实了基本面，这才是我所关心的。拳头收回来是为了更有力地打出去，基本功永远是每个企业运行最重要的事情。

如何突破商业模式障碍？小米创业时运用了高效率模型，在市场营销环节里采用了电商。因为我认为传统渠道效率非常低，所以最开始就把小米定位成手机电商。国内电商在过去几年里增长速度非常快，造就了阿里巴巴和京东这样的巨头企业。今天我们回过头去看的时候，发现电商其实只占整个商品零售总额的10%，手机行业更大一些，也不到20%。在过去这些年里，小米依托电商平台，迅速做到巨大的规模。

那么我们面临的困难是什么？过去几年，小米依托电商平台，规模迅速做大，就电商市场而言，我们已经做得非常好了。就算小米在电商市场的手机销售份额已经占到50%，遥遥领先其他竞争对手，但在整个手机市场也只占到4%，传统零售和传统渠道依然占有80%的市场份额。这才是小

米面临的最大问题，就是如何突破商业模式的障碍，如何在推崇的效率模型下走出电商。在思考这个问题的过程中，我经历了恐慌、迷茫到看到希望的全过程。要找到问题的解决之法，首先要回顾一下我为什么要创办小米，小米想解决什么问题，小米到底是怎么做的。

小米要做什么？要回答这个问题，我先回顾一下当初为什么做小米。2000年的时候我创办了卓越网，2004年亚马逊收购了卓越网，2007年上市。上市以后我就算进入半退休阶段了，到达了人生最美好的状态。在半退休状态下，无意中进入了天使投资行业，成为了早期天使投资行业的推手，做了三四年。但是在40岁那年，我突然感觉有些迷茫，当时的生活很舒服、惬意，却并不是我想要的。我在想我还有什么梦想没有实现，还可以做些什么，今天社会上有什么困难是我可以帮助解决的。我知道我所拥有的最强大的武器是互联网思维，也深知互联网的意义。但互联网思维能帮助社会解决什么问题？我看到的中国社会现状是，中国作为制造大国拥有全球最大的市场之一，但是中国人却看不起国内制造的产品，因为品质差、价格高。我所认识的企业家、创业者，都在努力把产品做好，但始终无法让中国老百姓满意。我深入了解之后发现，制造业企业的加价率是很高的，比如衬衣进到商店要加价10倍以上，女鞋则要加价5~8倍，但就算如此，挣钱的企业还是极少数。造成这种现状的原因是什么？企业面临的困难是什么？大部分中国制造业企业都在面临市场费用、广告费用、渠道成本、零售店成本、促销员工资都越来越高的困难。

面临这样的情况该如何解决？一种方法是投入更多的广告费用和促销员，继续提高售价，满足中国一些人群的虚荣心——认为越贵越有面子，品牌越高大上。另一种方法是减少研发制造成本，偷工减料。因此，当各种费用居高不下的时候，只有继续涨价和偷工减料两个出路，但都不能从根本上解决问题。所以我认为要想根本上解决问题就需要提高整个中国社会的运转效率，进行效率革命，把更多的钱投入到研发、创新、产品制造等环节。但想要大家都认同我这个解决方案，就需要我先身体力行做示范，让小米做这条"鲶鱼"，这就是我创办小米的初衷。

事实上，除了中国，那些发达国家在发展过程中同样也会遇到各种各样的问题，他们又是如何解决的呢？我研究了沃尔玛、无印良品等企业，发现了一些规律。他们都把顾客当朋友，做感动人心的好产品，这就需要技术、创新和设计。在消费理念升级以后，产品设计就显得愈发重要。基于这一研究，小米在产品制造过程中也高度重视技术、创新和设计。如今的小米网、小米之家，商品琳琅满目，整体设计处于世界一流水平。

那么如何才能系统化地提升运作效率呢？其实，运作效率的提升不仅体现在销售环节，产品研发制造到销售的每个环节都需要提升。首先最重要的就是在研发环节上就让一个产品能够覆盖足够多的客户需求，做得越少，产品越容易做好。其次就是销售环节，为了实现小米的成本定价，在初期创业的时候，我自己做了个小米网，前店后厂，自己生产自己卖，只用很少的费用就完成了所有销售环节。后来我们跟天猫、京东合作，实现全电商铺开，这就是小米模型。如果要是传统产业，中间的成本会非常高，1000元的成本，估计要卖到2500元才能赚钱。而小米1000元制造成本加运作成本，若卖1000元，我能打平甚至有微利，这就是我追求的极致模型。

在回顾了小米的创办初衷和效率模型后，那么如何突破电商这个模型？很多人告诉我要溢价，要有利润空间，卖得越贵越好。他们这个模型肯定是不行的，我要用互联网思维，去仔细想一想怎么帮助传统的销售渠道、零售店、连锁店做生意，到底有没有机会；并且我重新思考了小米的模式，互联网思维很重要的就是用户体验和高效率，性价比背后最重要的就是高效率。在初步想清楚以后，我认为小米的商业模式不应该是电商，而应该是新零售。电商其实只是新零售的一种，新零售的本质是用互联网思维重新武装整个零售业，使零售业具备高效率。

2016年2月，第一家小米之家开业，到2016年年底全国共有51家小米之家。小米之家每平方米的销售额达到人民币26万元，这是一个非常了不起的数字。2017年小米之家计划开店200家，未来3年的目标是开店1000家。我相信在全世界范围内，小米之家都可以被看作是非常了不起的连锁店。我认为把连锁店做好是很难的事情，但是如果真正做好了，那么小米之家就是为所有的连锁店走出了一条新路，不是不停地提高毛利率，压榨客户，而是跟客户共赢。

小米以手机领域为切入点，实现了我的商业理想。当在手机领域获得成功后，我的任务就是要思考这个模式可不可以复制。因此，3年前小米提出生态链计划，计划帮助100家创业公司实现梦想，到现在为止已有77家。对创业公司来说，产品做得好，就可以加入小米生态链序列，用小米的力量来做推广。同时也使小米之家具备了一定的品类丰富度，这对小米之家来说是非常重要的。目前小米之家有20多个品类，因为手机是低频消费产品，如果没有高频消费产品进行搭配，店里的人流量是远远不足的。我在创办小米时，定义的商业模式就是科技界的无印良品，就是要保持一定品类的丰富度，使小米整体商业模型成为闭环。

【互动环节】

宋立新： 您能不能用一个词形容一下2016年？

雷军： 我觉得2016年有点迷茫。

宋立新： 2016年年中您有一个讲话，题目叫作"小米现在在谷底，但是反弹的时候已经来了"。您怎么确认小米真的已经到谷底了？

雷军： 如果大家对小米没有那么高的期望值，如果我们没有找到比电商更好的运营模型，那么专注做电商就很重要。但是我们内心的冲动跟舆论环境，都希望小米能做得更好、更成功，这就是我2016年的焦虑和迷茫。在这种焦虑下，我想出了小米之家。我们内部讨论时说一定要创新、尝试，不比排名，做成一家好公司才是我们真正的目标。不一定份额大、营业额高就是好公司，找出自己的盈利模式，才是最重要的。

宋立新：2016年雷军也算是尝尽了人情冷暖，无论说什么都会有一个负向标题，叫"雷军终于承认小米不行了"。在这样一种声音下，相信在座的很多人都有许多问题。请蒋昌建第一个提问。

蒋昌建：我感受到一种振奋，一个承认自己不行的企业家给自己定一个小目标是一千亿，看起来是最不谦虚地承认错误的企业家。我有两个问题，第一个是您怎么只心甘情愿做科技业的无印良品，而不是用您超高的智慧去做线下小米式的万达或者是线上小米式的阿里巴巴？如果不这样做的话，您不会觉得自己的智慧被浪费了吗？第二个问题，您以小米产业为核心，以您看重的一些新兴创业者中好的产品为网络做"无印良品"，但您做的任何一个产品，无论是手机、空气净化器或者是其他小家电，都面临着很多企业的竞争，您如何应对美的、格力这样的企业的竞争？

雷军：我的商业梦想是帮助解决今天中国社会的问题。小米证明了电商模型的成功，到今天为止小米手机在电商领域里仍然是个不可争议的霸主。但如何在走出电商以后还能保持互联网效应？小米之家的模型或者科技界的无印良品，更多的是一种商业实践或者商业尝试，我希望为大家走出一条路，这条路能给社会带来巨大的价值，让大家关注的焦点转向效率的解决上，推动整个社会的共同进步，这是第一个问题的回答。

第二个问题，小米整个生态链计划启动以后，我们怎么面对传统巨头的竞争。我认为互联网就是一个高维度的武器，只要具有行业经验和实干能力，结合互联网以后，在非常短的时间，企业就能够在很多行业领域获得突破。这也是为什么我们生态链里有不少企业在短短一两年时间内就做到了中国第一甚至世界第一，比如移动手机做到了世界第一，手环做到了世界第二，净化器做到了中国第一，这些都充分验证了小米背后的商业模式。

赵民：您是否承认华为手机也具有互联网思维？其实我们并不知道

小米手环世界第二，净化器中国第一，没有宣传报道，您认为问题出在哪儿？

雷军：华为也是中国企业的骄傲，但华为今天能做得很好，我认为也是小米的贡献。华为向小米学习如何做用户体验，学习互联网思维，学习商业模式，但他们本质上还是传统模型，并不是互联网企业。

我们没有宣传那么多是为什么呢？是要让大家看到小米在手机行业取得的真正成就在哪里，就是推动了全行业的进步，干掉了第一只山寨机，淘汰了弱小企业，让一群有真正竞争力的公司脱颖而出。当然这也给了小米很大的压力，但是大家在共同进步。

宋立新：有一种言论说"小米的气场来自于低价，这种做法极大地伤害了中国制造业"，对此您怎么看？

雷军：我们在手机行业六年的实践结果是淘汰劣质的产能和粗制滥造的产品，让真正有竞争力、创新能力和经营管理能力的企业一步步展现出来。这就是推动社会进步的表现。如果我们保护低劣的东西，整个市场就会出现"劣币驱逐良币"的现象。我觉得小米是用它的高品质、高性价比，在推动各个行业进步。如果你想胜出小米这个模型，就要在传统渠道上做到极致。小米就是"鲶鱼"，推动各个行业都回过头来审视自己的项目、创新自己的产品。

宋立新：小米清场了山寨机后，给了OPPO这样的品牌极大的发展空间，您怎么看待OPPO的生长？

雷军：OPPO跟华为一样也是非常值得尊重的中国企业，我希望各个行业都能涌现出更多像小米、华为、OPPO这样的企业。

蔡洪平：任何行当都有规矩，无论是电商、互联网还是手机。小米之家让手机体验和销售从线上回到了线下，您愿意接受这个看法吗？

雷军：这个问题其实是说我们现在的商业模式，从线上走到了线下，而线上、线下两种商业模式又不一样。只有线上能够实现我期望的高性价比，线下的复杂度、成本之高令人瞠目结舌，高性价比无从实现。但我们要做的不是线上和线下的差异化，而是传统零售和新零售的差异化，小米之家就是答案。这是小米在商业模式上怎么突破的问题，我们的突破是什么？是把电商升级为新零售。不管是线上还是线下，只要效率和体验能达到，就是新零售的一种。电商还要经历漫长的增长，还有不足，但无论是电商还是小米之家这种模型，都是在解决零售业的问题。

宋立新：雷军所表达的是小米之家是理性价格驱动的高效率模型，他对新零售的定义跟电商尝试一样，着重点都在效率。我也听到有人说雷军不是革命者，是模仿型创新，只是做了一些模式的创新，很容易被取代。

雷军：这就提到了小米的另一个难点，因为小米处在科技行业，而持续的创新是科技行业最大的困难。如何同时把创新跟效率做好？我承认这是一个需要长期实践才能解决的问题。关于创新，我深知科技行业竞争的激烈程度，因此我们所有的创始人都具有平均20年的产业研发背景，最大的好处就是知道技术和创新的重要性。在科技领域里面，技术创新永远是主流。这一点我在过去讲得比较少，因为我们始终持续在做创新。大家会说你这个不如苹果，那个不如三星，那个不如华为，我真心想说，手机的技术竞争是各个行业里面最激烈的，它汇聚了全球最杰出的几家公司。我知道大家对小米有很高的期望值，但很多东西小米需要花时间一点一点去解决。大家可以反过来想，如果小米没有发展，它怎么立足于全球手机行业？

秦朔：中国四家最好的智能手机公司都不是上市公司，也看不到什么数据。在不违反泄露商业秘密的前提下，您是否能透露下这四家公司在服务端的收入规模？有消息说，小米在应用商店的收入过了一百亿，平均每个用户愿意花10美元下载应用程序，这是商业价值的体现。您认为小米服务端的这些收入是什么样的规模？

雷军：其实很多人关心一个问题，那就是限制毛利率以后，公司的营业水平以及员工、股东的回报会发生什么变化。我设计商业模型的时候也借助了互联网模型，互联网模型很多是免费的，但是免费之后怎么挣钱？互联网依靠零成本或者低成本模型获取了大量用户，然后通过增值服务、个性化服务获取企业利润。小米也是如此，手机定价只是成本价，那小米这个公司怎么持续发展？我们在整个互联网业投入了2000个工程师，设计各种增值服务和个性化服务，这些服务对2016年的利润贡献是相当不错的。

宋立新：很多人不愿意投资消费电子行业，认为消费电子行业生命周期短、形态多样化，管理经验和管理思维无法复制。比如生命周期最长的消费电子公司是苹果公司，但它现在也开始不断下滑。小米有77个品类的消费电子，现在有二三十种上线，管理这么庞大的消费电子人群，又背负着与其他手机制造商正面作战的压力，您对投资消费电子的感受如何？

雷军：消费电子行业是竞争很激烈的行业，首先要立足于技术创新，这一点是任何一个做消费电子的企业要认识到的；其次就是始终强调高性价比，当你强调高性价比，满足大多数人需求的时候，用户品牌的忠诚度和长期认可度是完全不一样的。所以为了应对消费电子急剧变化的今天，我们要左手抓技术创新，右手抓高效率，如果能够始终坚持做价格厚道的产品，我们是有机会长盛不衰的。

李亚：互联网思维促成了小米从硬件终端路径掌握互联网入口，这跟小米之家线下渠道，多品类新零售战略之间的关系是什么样的？

雷军：这个模型是"铁人三项"，一方面要把硬件做好，一方面要把新零售做好，另一方面还要把互联网服务做好。把硬件和新零售做好，突破小米的基数和总量。突破了这个总量，互联网的服务和收入会随之而来，我们很早就部署了整个互联网的生态链，参股投资了近100家互联网公司。这样做的目的，就是跟大家一起分享整个互联网带来的收益。

宋立新：有人说雷军有两个角色：一个是作为投资者的雷军是逐利的，但逐利是资本回报的使命；一是作为技术者的雷军是逐梦的，因为他总是享受自己的梦想一步步接近的快乐。逐利和逐梦有时是对立的，您是如何平衡这两个角色之间的关系？

雷军：我觉得梦想跟财务回报是既对立又统一的，没有扎实的运作，没有扎实的财报，没有扎实的业绩，梦想只能是空想。真正的梦想家需要立足于实业，一步步提升，绝非空想。很多人说你应该把东西卖得贵，我说我做的所有工作就是想改变大家的观点，东西便宜不一定表示这个东西不好，如果大家认为这是错的，我愿意错一辈子。不管有多少人劝我，我打算一条路走到黑，就是要这么干。

任志强：你是个南方人，你为什么叫它小米？我想你一定不了解小米。小米是所有粮食里面唯一呈碱性的，和其他粮食不同，但你卖的东西和其他科技企业或手机企业卖的都相同，所以你不应该叫小米。我们在阿拉善种节水小米改善环境，希望使水资源的问题得到解决，让沙漠中有更多的绿色植物出现，所以我们推出了"任小米"。结果我们在网上卖小米，也搞不清楚我们是在替你们做广告，还是你在拖垮我们的生意。我想你不如把小米给我，我"任小米"已经注册完了，你注册在我们之后，所以小米是不是要改一改？比如说叫雷军。或者，你是不是给我们投一些钱啊？这样可以让农民兄弟得到一些更实惠的东西，你起码帮着解决了一些农业困难。

雷军：我是南方人，我们想名字的时候首先是叫大米公司，后来有一个人提出来说，今天互联网要"去高大上"，要接地气，所以大家就说改成小米吧。小米这个品牌注册以后，的确给你们卖小米带来了困难，我在这里表态，愿意参与您的节能型、环保型小米的建设，作为对小米新型农业的支持。

提问1：能否请您介绍一下，线下店铺有哪些地方可以在效率方面进行改进？

雷军：零售业要提升效率首先得开源，其次得节流。开源的核心是怎么能让客户进店，提高进店的转换率。如果小米始终坚持价格厚道，就会获得客户的信任。大家到小米之家买东西是不看价钱的，因为价格厚道、品质高，这样买东西就没有负担。小米之家从小米品牌这个定位的基础上得到了一部分粉丝的信赖，所以进店转换率非常高，这是最本质的。而且小米在互联网上的传播度，对进店率也有非常大的帮助。其次，很重要的一点是告诉顾客你的店面在什么位置，同时要举办一些接地气的活动，让用户觉得亲切。比如小米之家经常号召粉丝来实习、做义工，帮助更多的粉丝解决在使用、体验方面遇到的困难。我们一直当客户是朋友。小米之家运营的关键有三条：第一，怎么让用户，哪怕是一小拨用户对你的品牌有非常高的信赖？第二，怎么利用互联网手段来吸引流量，让大家知道你的店在什么地方？第三，你和用户之间的关系能不能变成朋友式的？

提问2：跟乔布斯、任正非、段永平、董明珠相比，您觉得您最不同的竞争力是什么？

雷军：您刚才列举的都是全球范围里最杰出的企业家，他们肯定都有与众不同的抱负、与众不同的使命、与众不同的才华。跟他们相提并论我很有压力，我其实就是风口的猪，没有想过跟他们比较。我自己的梦想和使命里有几点想跟大家分享。第一点，我想解决中国供给侧的问题，我是带着解决问题来做小米的。第二点，我所推崇的商业理念是跟用户做朋友，虽然有很多想法跟今天的主流商业理念是背离的，但如果我们的商业模式是跟用户做朋友，相信市场会给出更高的评价，因为这样的公司才能长盛不衰。

宋立新：雷军给了自己一个十年、二十年逐渐被理解的预期。对于雷军的梦想和现在的精神状态，您的问题是什么？

刘东华：我没有问题要问，只是想说我听懂了雷军的想法。雷军通过互联网思维，通过他能动员起来的这个世界最强大、最有效的力量，把自己的心灵之美变成商业之美，再让商业之美回过来变成现实的世界之美。所以我对雷军、对小米是非常有信心的。

宋立新：雷军你最孤独的感觉是什么？

雷军：最孤独的感觉是几乎所有人都劝我把小米产品卖贵一点，我觉得大家不了解我的想法和追求。

宋立新：每一个梦想都有它自己的逻辑，这些梦想者在奢求理解之前，更需要一种包容的力量、宽容的环境，能让他们为自己的梦想去奋斗。孤独可能是每一个创业者、创新者必须付出的代价，也是一种始终伴随的感觉。亚布力论坛的温暖是梦想者力量的来源，我们给自己一个掌声，让梦想者更有力量！

万通兄弟的商业与道义

20世纪八九十年代，"万通六君子"海南江湖聚义，几年后又相继各自闯出一方霸业，成就了中国商业史上的一段佳话。"万通六兄弟"的命运，裹杂在时代洪流中，反映了中国经济改革的进程，他们重聚亚布力，会以怎样的方式讲述"江湖时代"和丰满人生？

在2017年2月9日的亚布力中国企业家年会上，由信中利美国创投公司创始合伙人王维嘉担任主持人，时任万通投资控股股份有限公司董事长冯仑、阳光100集团董事会主席易小迪、成都农业高科技有限公司执行董事兼总经理刘军、青普旅游首席战略官王功权、富鼎和股权投资基金总裁王启富再度聚首，深入长聊了当年创业背后更加细节的、不为人所知的故事。文章虽长，但满满的"江湖之气"，读之令人倍感痛快。聚会结束后，王功权先生赋诗一首，聊表感怀。

王维嘉：海南的"坏人们"终于又聚在一起了，其实"万通六君子"是中国民营企业野蛮成长的一个标志性组合，非常有名气。现在，整体的"标本"在这里。大家感兴趣的第一个话题，可能还是你们当年如何大块吃肉，大碗喝酒地闯荡江湖，后来又走上了不同道路的故事。到现在，你们也可以从那样的经历中提炼出一些东西来。可能很多人都读过关于你们的书，也了解过"六君子"的历史，但我还是想请你们讲一讲，当年你们六个人是怎么聚在一起的，怎么就开始了这么一段历程？

冯仑：在成立万通之前，我们就认识了。我最早认识的是启富，启富跟功权非常要好，他就把功权介绍给我认识。那时功权在海南省秀港工业公司当老总，而我当时在体改办。我们聊了以后，觉得"臭味相投"。刘军是北京理工大学毕业的，后来从成都的国营企业偷跑出来，那时候不叫"辞职"，他和功权是在海南的公共汽车上认识的。又赶上后来1989年的变化，我们四个就陆陆续续都去了南德打工。那时候潘石屹在我们原来单位下的分公司当副总。

1991年我们前往海南办公司的时候，潘石屹也已经下海了，并且到了海南，只是当时我们没怎么见面。后来是通过小易（易小迪）介绍，我跟小潘也熟了。公司成立大半年之后，潘石屹加入了我们。

王维嘉： 很多人都不知道一开始的"海南热潮"是怎么回事，当时为什么全国各地的人都扑往海南？有什么大背景？你们到海南两眼一抹黑，找谁混去？

王功权： 深圳办特区的时候，第一批前往深圳大干一场的基本上是高干子弟，民间还搞不明白这个事儿，但是深圳后来成功了。所以当海南建省的时候，大家都扑了过去。而且海南建省规模更大，同时关于海南建省中包含的商机也不局限于高干子弟了，几乎全民都知道了，再加上那时候闯荡深圳已经不那么容易了，而海南却大有机会。

王维嘉： 你当时在吉林省的省委宣传部，为什么想去海南？

王功权： 在省委宣传部的时候，我就天天研究系统以外的事，因为我学的是管理专业。在省委宣传部，如果你不是学哲学、政治、马列或者中文，应该说就是专业不对口的。当时我还想考中央党校，但是需要组织先批准，而我们处长天天让我干活，不让我复习这个课程。当时我就觉得不是特别安心，然后还出了两件事。第一件事是那时候因为要到宣传部任职，自己又准备考党校，所以我开始看大量有关共产主义的书籍。但是在看的时候，我又不好好学共产主义知识，还认真写了一篇名为《与马克思先生商榷：论分配》的文章，拿给同事们看。结果被处长报到了部长那儿，部长非常气愤地把我叫到办公室，把我的文章往桌上一拍说，"你算老几？还跟马克思先生商榷？"接着还在部里的一些会议上说，年轻人应该做好本职工作，弄得我特别不开心。

第二件事是我们处里有一个叫王姐的，帮别人办点事，别人送给她两箱东北黄河牌的香烟，那时候一条香烟就可以解决孩子的工作问题。这件事情被单位知道之后，单位就开始立案要处理王姐。王姐是预备党员，因为这件事情，预备党员的资格会被取消，这就意味着她的政治生涯要结束了，不能继续在省委宣传部工作。我毕业到单位工作的时候，王姐对我特别好，于是我那时候就觉得不应该这样。所以当我们党小组开会讨论对王姐的处理，大家一致同意取消她预备党员资格的时候，我就坚决反对，觉得应该保留她预备党员的资格，予以警告处分。当时我刚刚毕业一年多，处长和部长就分别找我谈话，"在表决的时候，我们处多年来都是一致通过，你这个小青年怎么会不一致呢？"但我还是很坚持。这两件事弄得领导很不开心，我也不高兴，所以当听到海南建省的消息后，就想着到那里去看看。

王维嘉： 那时候你拍拍屁股就走了？

王功权： 当时还有一件事情，就是之前我偷偷参加了一个招聘会，结果被深圳的八卦岭工业服务区录取了，做团委书记。从省委宣传部到企业下面的分公司做团委书记，这对我来说应该不难。但是我想，我原来是省委机关干部，在县里带职锻炼相当于是副部级干部，去一家公司做团委书记，感觉不太好，因为那个时候是很注重这些事情的。所以我想我得从省委宣传部到市委宣传部，而不是去企业分公司做团委书记，所以没打算去。但是深圳那边来了调令，单位领导也知道这件事了，批评我背着组织出去应聘。面对这样的情况，我就准备去深圳，但跟父亲一说，他就哭了，认为我失足了，无奈之下我只好留了下来。

但是这三件事放在一块，让我在这个单位没法混了。所以后来海南建省的消息传开来，我就什么都不想了，就想着离开去海南。所以我就先提出停薪留职，但是领导不批，最后只好写了辞职报告，一式五份，给部长、处长、干部处、机关党委、组织部各一份，然后就走了。

王维嘉：你这样硬走，不转人事档案，当时到海南没有问题吗？

王功权：感谢那时候的海南，思想很开放，不要这些东西。

王维嘉：启富，你去海南也是如此戏剧化吗？你原来在哪？本着什么初衷跑过去的？

王启富：我们当时都是热血青年，都是为了理想去了海南，因为一个机缘有幸在那儿相遇。我当时在航天部工作，是造导弹的，曾在哈工大上过学。在黑龙江的时候，我有一个理想——当总统。所以我跟特朗普有一个共同点，但是中国没有总统的职位，当时年轻不知道。我看美国的总统、日本的首相、英国的首相都是学法律出身的，所以哈工大毕业以后，我读了第二学历——法律，是国内第一批政法大学双学位学生，1987年当了律师。

海南一建省，我感觉有机会从政了。当时我就给海南省筹备组长写了一封信，毛遂自荐，说自己很厉害，是律师，想从政，想为国家的改革做贡献。他们就给我发了征调函，我就请假过去了。去了之后，他们说安排我到法院工作。但我还是想从政，想去省委。后来有一个机会，我被介绍到海南省开发建设总公司，在那里跟功权相遇了。

我印象特别深的是海南省开发建设总公司的秦总，他问我想干什么，我说想从事经营管理工作。秦总说，据我所知公司只有我一个人从事经营管理工作。我说，安排这样的工作是不是很为难？秦总说不是，你等一等。于是他给集团的副总王总打了电话，王总就给我安排了一个职务，海南省开发建设秀港工业区总公司办公室主任。后来我才知道，秦总是秦方宪的儿子，他有高干子弟的气度。

王维嘉： 刘军和小迪呢？你们两个怎么也去了海南？

易小迪： 现在想起来，当时好像是有点上当的味道。我是研究生，是计划系毕业的，在班上还是班长，找工作很容易，不像现在。有分配的信息，老师也会先告诉我。有一天我和老师一起吃饭，他跟我说了海南建省的事，我听到之后热血沸腾。回来以后，我想，这个消息不能告诉别人，我先去看看。去了之后，感觉挺好，但做了半年，我在的公司就垮了，其他人都走了。有一个人说，小伙子，你来一趟海南也不容易，如果你不走，我就给你5万块钱，于是我就拿着这钱办了一个印刷厂。我当时25岁，雇的人有三十多个，都比我年纪大。印刷厂经营一年多之后，我知道了做生意的艰苦。后来我要去注册公司，但要先拿一个证，需要8000块钱。那时候8000块钱就相当于小富豪了，也是我所有的流动资金，我拿到那个证之后，感觉这一张纸就值8000块钱。

刘军： 我跟小迪的经历比较类似。我是军人家庭出身，父亲从小就教育我，好男儿志在四方，要折腾。我在北京理工大学学管理，毕业之后被分配到成都的一家国防工厂——成都国营光明器材厂。当时管理系号称是"厂长的摇篮"，但我到了工厂以后，受到了很大的刺激，因为我发现也就那么回事。

成都国营光明器材厂是中国最大的做军用光学玻璃的工厂，一般毕业生是先实习，再到科室当干部。我被分配到一车间，是专门炼玻璃的车间，跟传统的炼钢厂一样，有一个巨大的炉子，一口巨大的锅，我们把炼玻璃的各种材料装进去。那些材料都是粉料，而且含铅量极高，把它放到炉子里熔化以后，倒在模具里退火，最后再压制。

我们是倒班制，今天什么时候上班，明天就什么时候下班；明天什么时候下班，后天就什么时候上班。因为炉子不能停，一停就报废了。上夜班得半夜12点开始，很困，但是还得干活。我给我师父一包红梅香烟，师父就帮我干一晚上活。因为他们都是抽5分钱、8分钱一包的烟，而红梅香烟那时候几毛钱一包，还比较贵。但是现在想想，那时候是年少无知，不能吃苦，很惭愧。带我的师傅是从农村招工招来的，一辈子都在厂里面干，身体含铅量很高。正常的情况下，人排了两次铅以后，必须从岗位上下来，但这个岗位挣钱多，我师傅排了三次铅还在干。后来我觉得这个工作有点不尊重人权，但当时还没有这个概念。同时，厂里的管理风格也非常粗放，基本上就是一口炉、一个人，像钉子一样放在那用，总体感觉不太好。后来海南要搞改革开放，而且不像深圳特区那样只对有关系的人开放，所以我一听说这事儿，就跟厂里请了假，去海南了。

当时我刚毕业不久，没有什么积蓄，所以从广州到海口只能坐长途大巴。那时候的大巴不像现在有空调，那时就是一辆铁皮车。那时候也没有高速公路，从广东到海南要坐滚装船，即汽车开到岸边后停下来，然后再开到一条船上坐船过去，最后一路颠簸到海南。

说实话，这件事对我的人生影响很大。因为我在去海南的大巴车上认识了功权兄。当时我一个人在大巴上，左右一看，有一个英俊大哥坐在我旁边。在家靠父母，出门靠朋友，我就问他，兄弟你干啥？说实话，功权比我大，他用考察的眼光看了我至少半分钟，想了想跟我说，去海南。我说，去海南干什么？他想了半天说，找工作。我说，那肯定是去找工作，不然去海南干什么？后面的故事，大家都知道，冯仑的书上都写了。总之，去海南的人，都有一颗不安分的心。

王维嘉：如果我们今天要拍一部中国的"西部片"，"闯海南"的画面应该是什么样的？当年全国各地有多少像你们这样不安分的青年去了海南？

冯仑：是"十万青年下海南"，但是找不到工作的可能性很大，那么多人乌央乌央地在街上，政府觉得这样实在是不行，就让大家走，很多人不愿意走，就在当地开了"绝不回头小吃部""不回头饺子馆"。最后，好多人都走了，只有我们这些人留了下来。

我们几个人认识的时候，平均年龄大概是24岁。一起办公司的时候，平均年龄是25岁，我大一点，加上我是25.6岁。刚才我说的这些故事，都是24岁以前的故事，那个时候是非常有激情的。再加上海南是"三不信女人"和"不安分男人"的天堂。"三不信女人"就是"不信情史、不信婚史、不信家史"的女人，加上"不安分的男人"，干柴烈火，海南就热闹起来了。

王维嘉：那你们到海南住哪儿、吃什么？到那儿面对的是什么情形？

冯仑：我当时在中央党校做讲师，政治体制改革到后期就结束了。海南准备建省的时候，我的那些同学比如迟福林在体改办，另外一个同学李勇军，给徐世杰当秘书，他们俩一块过来找我，我也就拎着包走了。到了海南，我们住在省委党校的楼顶上，在省委党校的食堂胡乱吃，其实那时候那样的条件在海南还算可以，坐4毛钱的中巴就能去海南郊区。

王启富：我一开始住在招待所，但是两三天后就找到了工作，跟功权一起住，再后来就跟冯仑大哥住在一起了。那时候，冯仑也是天天给我们讲故事，但是没有钱。1994年以后，我们就跟冯仑一块回北京了。但再后来，我还是想回海南创业。海南那时候啥也没有，我就做纸张批发。然后易总和我一块做上下游，潘石屹搞培训，我们三个就住在店里。不久之后我们又回来跟功权一块儿做，刚开始做万通的时候，我记得也是拿东西把办公室隔起来，用木头加纤维板隔出来一个宿舍。

易小迪：他们"不当家不知柴米贵"，我干过印刷厂，管理过员工，比较有经验。所以厂子也是我租的，一楼，非常便宜，那些住的地方也是我隔的。当时几万块钱能开一个很像样的公司。

王维嘉：你们最初办公司，半年以后散摊了，大家又回了北京，这是怎么回事呢？

冯仑：一开始没办公司，是在改革发展研究所做了半年，半年之后散摊了。散摊以后就到了北京，在南德打工。1991年，我们自己办公司的时候，又陆续回到了海南。我跟刘军一起给功权打电话，再找到小易，最后找到启富。大家一商量，最后小易说他有8000块钱，我说都拿过来吧。再加上功权借的一点钱以及启富和刘军拿的一点钱，几个人凑了3万块钱，拿到了一个公司执照，就开始起摊了。

当时也没有想到后来的故事，用鸡汤点的话来说，就是创业这些事儿不是设计出来的，是解决遇到的每一个问题，时间长了，事儿就算成了。

我记得有一次启富去买窗帘，把钱丢了，回来的时候很着急，因为我们就那么点钱。还有一次，我们要和别人去谈事，也没有钱，刘军就把一个朋友的录像机拿去典当了，用典当来的钱去买机票，结果机票被人骗走了，非常沮丧地哭了。再有一件事，刘军要去北京盖一个章，如果这个章盖不下来，那么整件事儿也就黄了，刘军咬牙切齿地说一定要盖上，主动提出去完成这件事。今天回头想，我们二十四五岁的时候，做每件事都很真诚、很用心、不害怕，等最后把这些事儿都解决了，我们也都已经50多岁了。

易小迪：当时要借500万元，利息是20%，利润要再分一半出去。那个条件，你仔细想想都不敢签字了。

冯仑：的确，我们刚开始是一直借钱，先借了3万块，再借9万、10万、500万。借钱的原因是要做一个项目，那时候我们要买下8套别墅进行改造，再卖出去。于是我们去按揭，但是得先有500万自有资金，剩下的1300万通过信托来筹借，没有说要抵押，也没有说要担保。在北京，我就骑自行车去亚运村，找到那个可以借到钱的人，手写了一张借条。其实这个人也不是最终借钱给我们的人，他愿意帮忙介绍真正愿意借钱给我们的人。在这之后，他让我到香港美食城见面，问我如何说服别人借钱给我，于是我就跟他讲了一个小时，讲完以后，人家点头说还可以，才决定带我去见金主。等见到金主后，我又把之前说服别人借钱给我们的话说了一遍，金主说，可以了，这才让功权办手续，到广东去拿钱。那时候我胆子比小易要大，因为我上一个东家就经常借钱，所以我感觉借钱很正常。

王启富：回想起来，我们也算是金融创新。我印象特别深的是，我和功权、小易一块去拿那个执照，不管过多少年我都记得那个执照上的名字是16个字：海南农业高技术投资联合开发总公司。其实当时我们还不知道要干啥，公司还是挂靠的，叫"农业"可能觉得这方面有一点机会。后来，我们知道做房地产有机会，才一点点开始做房地产。其实一开始是很模糊的，就是想干成一件事情，后来冯仑给我们定了目标——披荆斩棘，共赴未来。

刘军：之所以能这么做，其实有一个很大的政策背景。20世纪90年代初期，中国已经提出了金融体制改革的框架，于是出现了大量非银行金融机构，包括城市信用社、财务公司、金融公司，还有信托投资公司。炒房、炒地的时候，海南的企业去内地借钱，有很多是从这类金融机构入手，我们也是如此。而且那时候的金融环境很宽松，不需要抵押，也不需要担保。但是注册公司非常难，一般人注册不下来，因为本身就需要有一定的信用背书。

王启富：不是难，是不允许。我学过法律，1993年才有《公司法》，在1993年之前，是不允许私人注册公司的，所以当时是挂靠，公司性质还是全民所有制，不是私营企业。所以现在的环境比以前好很多。

冯仑：为什么我说是野蛮生长呢？因为统计下来，最初借给我们钱的人，非死即伤，"死"就是被枪毙了，"伤"就是坐牢了，我们没事，因为我们都还清了。

王启富：我们还分了20%的股份给借钱给我们的人。

冯仑：对，真的是高息。后来整个早期的经营环境都出了状况，刚才说的这些金融机构大部分也都垮了。

易小迪：除了冯仑之外，我再讲一个胆子大的人——潘石屹。这次潘石屹没有来，他平常跟我通电话比较多。记得那时他很兴奋，要成立一个8个亿的公司，我说8个亿太大了，还不起的，先成立个8000万的行不行？他说你懂什么。其实是8个亿的股份，股票凭证小潘印得跟真钱一样，一张卖130万，然后就让我拿着在北海卖。我说卖一块钱一股，他说不行，加价卖。

冯仑：印股票要有凭证，潘石屹就联系了一家印钱的公司，这个公司给我们印了股票，募集以后别人给一份子钱，我们给一张股票。

王维嘉：你们就这样募了8个亿？

冯仑：卖凭证是要枪毙的，但发定向募股是合规的，所以我们稍微谨慎了一点，在《人民日报》上刊登了募股广告，所有的事也都经过了人民银行的批准。当时民间完全没有这个概念，我们就先开始弄了，批完以后，胆子就大了。

王维嘉：牟其中在民营企业历史上应该算是一个历史人物了，你们在牟其中那儿都干了什么？学到了什么东西？

冯仑：我就学了一件事，法人代表很重要。因为我介绍功权来的时候，他们问功权是不是法人代表？功权说是，然后把公司的执照给老牟看了。于是他很快被任命为跟我一个级别。因为当时办公司非常难，如果你能办公司，还能做法人代表，就说明你不是一般人。

王启富：我感觉在老牟那儿收获是比较大的。两德统一，苏联解体，老牟就着急开会，研究这能不能给公司带来什么机会。我感觉他很有大局观，关心天下的事儿。还有一件印象特别深的事情就是学金融，学投资。我一开始弄不明白利率是什么，也没有存过钱，但我在老牟那儿学到了金融投资的知识，也改变了我的世界观。我记得我被派到天津公司当总经理的时候，拿着1000万元的汇票，受到当时开发区副主任的夹道欢迎。因为牟总说要投1000万元来造一栋开发区最好的大厦，这让我对钱的认识一下子就提高了。功权"学习"结束之后联系我，我就帮功权解决了就业问题。可能功权觉得无力报答我，就把太太的表妹送给我做老婆了。

王功权：我当时做的是南德集团核心企业投资公司的副总。创立万通的时候，我有一些优势：第一，我做过国有企业的总经理；第二，我蹲

过监狱，因此遇到问题的时候，相对来说我是最"成熟"的，而冯仑像个学者。

大家刚才谈到了500万借款，其实最难借的是最初的10万块钱，那还是我借来的。是怎么借来的呢？我一开始在一家国有企业做经理，但1964年我被抓起来了，回来之后我就离开了那儿。当时总公司的另外一个分公司老总希望我去做副总，但我那时候想自己琢磨着做点事。在这种情况下，我跟那个老总提出借10万块钱，如果到时候还不上，我就答应到他那里做副总。这才有了那10万块钱，然后我们才有钱租房子、装修、买窗帘，人家到公司来看的时候，觉得还挺像那么一回事儿。

南德是冯仑和启富引荐我去的，可能老牟见我蹲过监狱，又做过法人代表，跟他有共同点，所以我被提拔得挺快，差不多两三个月就晋升一次，从天津办主任到房产处处长，很快就跟冯仑平级了，并且我是业务干部，每个月比冯仑要多200元钱的业务补贴。

那个时候有两件事给我的震动特别大，可能由此我就养成了不怕大事的习惯。当时我在资金部，又是投资公司的副总，所以账上有多少钱我是知道的，整个集团的账上只有28万元，虽然在谈几笔贷款，但是都不太确定。于是老牟让人在一个地方办了一个特别辉煌的party，请了很多著名的学者、企业家和工商界人士，金融界还有15个人，都是一些信托公司的老总、银行的行长和副行长。那天真的是灯红酒绿，老牟非常从容，谈笑风生，讲话也很有水平。他往那一坐，引经据典，现场的记录稿都不用整理就是一篇非常好的文章。本来3个不靠谱的银行贷款，当天晚上就有1个答应了，应该是在那天、那种场所，被牟总的气魄和人脉关系给打动了。最后核算费用的时候，我发现其他的报销都下不来，出差费用也要自己先垫着，那场活动的花销是25万，这样账上只剩3万了，直到这笔贷款下来，心里才落地。所以这件事情给我的印象特别震撼，老牟在那种情况下敢这样去赌，并且那么从容。

还有一件事情，是换飞机。当时我们跟飞机场谈一个案子，账上可能有400多万，但是谈的是俄罗斯的4架图-154民航飞机。与国内各省联系后，来了很多著名企业，每个企业来一两个人，一共差不多有五六百人。南德提出你们的东西卖不出去，我们给你们解决。南德花钱，但也要由南德决定买谁的东西。我是那个组的组长，负责跟那些人谈，冯仑帮着老牟组织其他的事。我的压力其实特别大，因为我知道账上只有那么点钱，但要非常自信地跟那么多家企业谈判。事先，老牟把我找到办公室，跟我说，你一定要相信我能解决这个问题。但是那时候全国有大量国有企业的轻工产品卖不出去，在不确定的情况下，我们要和来自全国各地几百号企业的厂长、经理、副经理一家一家地谈、登记下来，花多少钱、买什么东西、什么型号都要谈，只有什么时候交货、什么时候付款这块空着。回过头来看，我发现整个事情其实是一条很长的业务链，并不是南德出钱，但最终这件事真的做成了。当时我感觉是参加了一个骗局，而且我是这个骗局的核心之一，所以心理压力特别大。按照我的性子，我会告诉对方我们现在账上有多少钱，我会怎么解决这个资金问题，你信就谈，不信就不谈。但老牟不是这样，他非常从容。

这两件事情，不能说对我产生的都是好的影响，但是它至少开启了我对事情的另外一种认识。后来我常常讲，屋里有暖瓶，你敢卖，是一类；另外一类是，屋里没有暖瓶你也敢卖，但是等人来买的时候，你屋里已经有了。搞好了，这就是资源整合得好；搞不好，最后就是一个骗子。

王维嘉：刘军去南德了吗？

刘军：我是功权介绍去的。当时海南一片萧条，得找饭吃，功权就托了人给我留消息。我当时在北京，打电话过去联系他。功权说了他的情况，我一听有饭吃，就过去了。

王功权：我离开公司之后，刘军也离开了，所以我一直有点抱歉，就托人给刘军带话，说如果你找到刘军之后，刘军还没有着落，就让他到北京找我。刘军这个小子事先也没有联系我，拎个大箱子就来了。

刘军：我在南德集团的体会跟功权有点相似。我当时去南德，第一是冯仑和功权力挺，说来了一个兄弟；第二我是老牟的老乡，都是四川人，于是让我做了高技术项目办主任。我在南德集团其实就干两件事：第一写科研，第二谈项目。功权刚才说了换飞机的事儿，老牟当时还准备把临电机组换成发电厂。

我们那时候谈业务极有特点，印象最深的是我去华北电管局跟他们的总工谈怎么引进苏联的临界机组发电。我就夹着牟总的两本小册子，跟人家谈几十亿的买卖。而且那个时候，他们都非常认真地接待我们，他们的职务就相当于现在华北电网的老总。所以我深刻体会到牟总说的一句话："没有做不成的事儿，只有想不到的事儿。"

王维嘉：小易，你坚守在海南，继续办印刷厂？

易小迪：对，我没有像他们那样去北京，而是在海南实实在在地办了一个厂，办了一年多。我那个时候跟潘石屹的接触多一些，我感觉对我有很大的好处，素质变化也大。

王维嘉：我们看到历史上有两种情况：一种是时势造英雄，一种是英雄造时势。你们六个特牛的人正好凑一起了，才造就了这么一段惊天动地的故事，还是这段时势把你们给拖出来了？

冯仑：我感觉我们是特别不牛的，有我们这种经历的人很多。而且我们的爹都是劳动人民，娘也是普通人。我们当中，只有功权和小易以前做过生意。难得的是，我们见习了一段时间，有几件事情感觉还算安慰。

第一，我们在做生意之前，都还算是认真的人。我们在一起从不讨论吃喝玩乐的事儿，都讨论很认真的事儿，比如价值观。加上我们的经历也差不多，所以我们能够一直在一起。

第二，我们是本分的人。我们做生意都没有想过一夜暴富，而是怎么能活下来，怎么把事儿解决好，也没有想过要赚多少钱。

第三，善于学习。遇到很多事儿，大家都去学习，不断地看文件，对外面的政策和变化能够及时地了解，反过来推动自己往前走。这就使我们早期做公司、做房地产、做定向募集，都能够略好一点。

第四，我们有诚信。第一笔借来的钱，20%的利息，加上利润的一半，答应给别人的都给了。包括后来我们答应别人的每一件事情，也都办了，这是第一位，自己赚多少钱是第二位的。所以到今天，我们6个人不管是不是在一起，在市场上没有欠别人一分钱。

这些因素都恰好证明我们是普通人。如果我们是牛的人，估计不是这么个干法。牛的人一下子就会很有钱，而且都是别人送来的；就算是借，也敢理直气壮地借钱不还；不行找我爹去，"我爹叫李刚"。

王功权：冯仑写的《野蛮生长》，实际上我是和其他读者一起看的，而且是很认真地看完的。我有不同的结论，在野蛮的环境下，我们这群人是相对文明的。所以后来我想，要不我什么时候写一本《文明成长》吧，跟冯仑唱对台戏。

第一，虽然一开始不知道自己的具体想法，但肯定是志存高远，我们讨论的问题都是天下大事，都是社会、人生，好像我们这些人理所当然就应该是社会的脊梁，应该做出贡献，但是应该做什么却不知道。最初不知道怎么挣钱的时候，我们就坐在黑咕隆咚的小隔间里，说有些钱坚决不能赚。在那样的情况下，我们多多少少还是有点坚守的，这很重要。

第二，冯仑特别能学习，他经常往外跑，跑回来之后就跟我们讲一堆新概念，从美国回来以后就跟我们提"信息高速公路"，我们就被迫开始整这个事；之后又提出"股份制改革"，逼着大家学习。我们的企业是相对稳定的，但是他的思想是相对超前的。比如在中国，我们算是比较早开始搞企业形象的，还用了会标设计的系统，引进国外的管理，上了一堆计算机系统化的课。他认为我们的管理还不成体系，今天建起来，明天可能就要瘫痪，所以我跟小潘被整得很烦。但是冯仑又写了《学习是进步的前阶》，学习确实是这样，要不停地学习新东西。

第三，不管再怎么野蛮，所有需要审批的事情，我们都去找政府批了。最初我们企业的执照是"国有联营企业"，后来国家出了一个"产权明晰"的政策，从海南率先开始。于是我们就以冯仑为主，拼命去跑政府，所以我们是比较早开始进行改制的企业，先把"国有联营"变成了"集体"，后来变成了"私人合伙"。北京的那次募集，让我和小潘去，小潘脸都白了。如果没有批文的话，一定会出事的，但是我们有体改委的批条，而且在整个过程中没有行贿，走的是正道。

所以要说是"野蛮生长"，我心里有若干个不服气，实际上是在野蛮的环境下，我们这帮人努力地文明成长着。

王启富：公司建起来以后，第一篇文章是《披荆斩棘，共赴未来》。社会上说我们是"六君子"，实际上是对我们的鼓励和赞赏，可能是因为我们这几个人有点理想，有家国情怀。

我们六个人有相同的特点。第一，有理想；第二，都是名牌大学毕业的，中央党校、人民大学、北理工、吉林大学、哈工大；第三，都是平民

子弟，而且基本上都不是一线城市的，冯仑是西安的，小潘是天水的，我是大连的，功权是长春的，刘军是成都的，小易是湖南的。我记得20年前，时尚杂志给我们做了一个专访，让我们背对背，然后问我们觉得我们之中哪个人最胆大。最后每个人都说自己最胆大。其实我们也正好是踩在改革的节点上，不是我们做得有多好，而是探照灯正好往这块照。

王维嘉：其实你刚才讲的几个特点，我想和当时20世纪80年代的大氛围有关。6个人都想做好人，也不是那么容易的一件事。你们在一起这么多年，如果要就个人的特点和特质互相给每个人一句话评价，你们会怎么说？

易小迪：冯仑和功权是领袖人物；启富是有开创性和冒险精神的；刘军是一个比较实在的实业家。

刘军：我感觉潘石屹是在经营上有天分的人，当时北京万通的第一个营销策略就是他做的，虽然他以前卖东西不多，但他的直觉很好。

王功权：冯仑是很聪明的；启富是很诚实的；刘军很注重生活情趣；小易是属于扎扎实实做企业的，个人修养也不错；潘石屹本来就有商人的底子，后来各方面的修行都很不错；我完全是脚踩西瓜皮，混到哪算哪，是很任性的一个人。

王启富：冯仑是思想家，是大哥和领袖；功权是诗人，有浪漫情怀，也是改革者；刘军很勇敢，是实业家；易总是最有智慧的，特别实干；潘石屹就像"商界的赵本山"，他本能地会做生意，自学成才。

王维嘉：你们6个人都是非常有理想的，今天也是激情饱满。现在你们已经功成名就，应该说是衣食无忧，那么在今后的二三十年里，你们最大的理想是什么？最想做的是什么？

冯仑：我感觉现在是"功未成，名虚就"，因为还想折腾。我们的第一个小目标就是养活自己，别把自己饿死，这个算是实现了。如果说下一个20年的目标，其实想要做的事儿还挺多的，最主要的是想脱离地球。

王启富：我的理想就是："读万本书，骑万里路。"目前已经骑车走遍中国，环海南和渤海，2017年又计划游欧洲，2018年准备走美洲，之后每年骑车走遍一个大洲。本来是我自己骑，现在又建了一个车队，还每年搞比赛，在加拿大也有挑战赛。

王维嘉：以玩为主，顺便赚钱？

王启富：很认真地在搞体育，我想搞一个中国的环环法自行车赛。

王维嘉："万本书"是哪些方面的书呢？

王启富：什么书都读一读，最感兴趣是人文、历史，看看世界，理解世界。但我还是在地球上，不像冯仑要冲出地球。

王功权：我从2015年开始创业，就是北京青成远游网络科技有限公司，做有情趣、有品位的文化度假产品，已经一年半多了。至少在这些年，我要把我的企业做上市，给投资人一个好的回报。而我自己的理想，我不太敢想，我只希望未来的自己和我的下一代，在这样的环境中能够免于恐惧。

刘军：我毕业的学校叫北京工业学院，后来叫北京理工大学，这几年我参加校友会活动比较多。我们是军工院校，1940年在延安成立，我看到很多师兄弟在这个行业为自己的事业以及民众做了很多事情。我是学工业管理出身的，我最大的理想是，有一天能回到学校教书，把我们的经验和教训告诉我们的校友们——实在的经历，而不是理论的东西。

易小迪：这么多年走过来，我觉得我们的"是非意识"都很清晰。无论我们是一起做生意，还是后来分家，都从来没有产生过利益上的纠纷，我们的是非观是一致的。

而我未来的理想，首先是想把自己的工作当作修炼，不断地修炼自己，同时在这个过程中，把好的价值观传递给员工。我相信拥有好的价值观的企业，一定能做好，一定会赚钱。这几年我在公司实际上是当校长，我尝试着影响他们，培训他们。

王维嘉：能聚在一起回想我们的历史，做中国民营企业的成长助教，真的是非常精彩。我从头到尾读过《野蛮生长》这本书，也认识了六君子，但在今天这个场合，看大家在一起互动，从这种火花、这种团队的身体语言，就可以看出他们的和谐程度。

这六个人，直到今天，仍然非常有理想，非常有激情，非常有追求。所以，万通的成功真的不是偶然。

以企业家精神实现突围

从0到1新征程

经济转型，是指从高速到中速、从出口到消费、从粗放到精细、从模仿到创新。在经济增长的三个阶段——要素驱动、效率驱动和创新驱动中，企业家精神愈发重要，因为企业家精神的核心就是创新。

企业家精神如何推动增长？可简单归纳为：一、从1到N，模仿、改良旧产品，利用市场在时空上的不均衡套利；二、从0到1，打破旧均衡，创造新技术、新产品、新服务，以新市场覆盖旧市场，从"0"的红海跃入"1"的蓝海。

宏观上所谓的"产业结构升级""增长模式转型""全要素生产率突围"，微观上体现为企业家对每一个旧均衡的破坏和对每一个新不均衡的创造。

套利空间越来越小、模仿难度越来越大，中国经济被迫转型，中国企业家被迫开始"从0到1"的新征程。

市场的主要功能是推动技术进步，市场以"企业家创新"的方式推动技术进步，而技术进步是增长的源泉。创新都是长周期和高风险的，企业家创新承担着经济世界的"不确定性"。

企业家是创新的主角，包括技术创新、商业模式创新与制度创新。企业家创新既要承担要素成本，又要承担制度成本。近40年来，面对这两项成本，中国企业家展示了高超智慧。经济转型，意味着要降低制度成本。

2016年年末，陈东升理事长带队赴以色列游学。在"创新的国度"里，宽容失败、允许冒犯的风气给我们留下了深刻印象。经济越依赖于技术、知识与创新，建立思想市场就越迫切。建立思想市场，是降低制度成本的有效途径。

中国企业新常态

中国经济的新常态，折射出中国企业的新常态，小米的故事是中国企业新常态的隐喻。无论是其公布的业绩还是最新的第三方数据，都显示出增速放缓的事实。雷军需要展示新的领导力。在2017亚布力年会《中国商业心灵》板块中，雷军说"因为梦想和坚持不被理解而倍感孤独"。

企业家信心反映了企业新常态。2016年下半年，中国企业家发展信心指数仍处于下行区间。一些调查结论有助于展望2017年。

首先是"不确定性"。一、企业家对世界经济的信心，降到了2010年以来的最低点；二、中国经济正处于持续的探底中；三、经济转型逼迫企业家创新，而创新都是高风险和不确定性的，企业家承担着这一风险和不确定性。不确定性的"三期叠加"，是2017年中国经济的显著特征。

调查同时显示，企业家群体前所未有地关注新技术。企业家对每一项新技术的好奇、关注和实践，是实现"转型"和"升级"的根本动力，因此，我们对"升级"与"转型"充满信心。

调查也表明，企业家对新政策（"当前经济政策"）的信心普遍高于旧政策（"一般经济政策"）。改革提升了企业家群体的信心，过去30多年的经验也表明，每一个经济下行期都同时是改革期。

亚布力指数致力于全面刻画企业家的行为与信心，以发现创新所需要的社会条件。创新需要宽容失败、允许"冒犯"的社会氛围。经济增长越依赖于创新，这一社会氛围就越重要，因为产品市场的丰盛最终来源于思想市场的丰盛。

呼唤企业家精神

正如大家所看到的，姜建清、雷军等企业家是年会特别节目——《中国商业心灵》的首期嘉宾。履新"中国—中东欧基金"董事长，只是姜建清银行家生涯的下半场，用他自己的话说，"换个角色继续履行银行家使命"。以工商银行为代表的中国银行业的崛起，绝非风平浪静，而是在危机和质疑中砥砺前行，中国银行业的蜕变与重生，是实践企业家精神的范例。

《中国商业心灵》是论坛的内容创新，其宗旨正是寻找中国的企业家精神！寻找企业家精神在商业、人文、公共、思想等领域的运用。我们相信，好的心灵造就好的商业，好的商业造就好的社会！论坛希望以此为契机，进一步弘扬、呼唤企业家精神，以企业家精神实现中国企业、中国经济的真正突围！

当然，这一目标的成功实现离不开企业家们的努力，也离不开一些品牌理念与亚布力论坛相契合的企业的支持。比如芙蓉王文化，在公众眼中，芙蓉王一直是一个低调、不事张扬的品牌。但就在这种低调中，多年的潜心运作让芙蓉王顺利成为烟草行业中式卷烟的代表品牌。用心聆听、厚积薄发，这或许就是企业乃至个人成功的关键。"传递价值，成就你我"，芙蓉王的品牌理念强调价值的传递与成就的共享，这与亚布力论坛的宗旨"让企业有思想，让思想能流传"不谋而合，也与企业家们发扬与传承企业家精神的希望和努力相契合。在此，感谢芙蓉王文化愿意与我们一起，成为中国企业家精神的传递者。